Thomas Laschyk

WERBUNG FÜR DIE WAHRHEIT

Thomas Laschyk

WERBUNG FÜR DIE WAHRHEIT

Überlasst die guten Geschichten nicht den Fake News

KOMPLETTMEDIA

Klimaneutral
Druckprodukt
ClimatePartner.com/13336-1905-1001

MIX
Papier | Fördert
gute Waldnutzung
FSC® C014496
www.fsc.org

Originalausgabe
1. Auflage 2024
Verlag Komplett-Media GmbH
2024, München
www.komplett-media.de
978-3-8312-0620-9
Auch als E-Book erhältlich
Lektorat: Redaktionsbüro Diana Napolitano, Augsburg
Korrektorat: Elisa Garrett, Bayreuth
Umschlaggestaltung: FAVORITBUERO, München
Layout und Satz: Daniel Förster
Druck & Bindung: GGP Media GmbH, Pößneck

Gedruckt in Deutschland

Aus Gründen der besseren Lesbarkeit wird bei Personenbezeichnungen und personenbezogenen Hauptwörtern in diesem Buch die männliche Form verwendet. Entsprechende Begriffe gelten im Sinne der Gleichbehandlung grundsätzlich für alle Geschlechter. Die verkürzte Sprachform hat nur redaktionelle Gründe und beinhaltet keine Wertung.

INHALT

»wieder so ein spinner mit seinen argumenten« [sic]
Paul H., Facebook

»Du gehörst überprüft du Lappen!
Hast du Beweise, sachliche Argumente?!
Ich wette nicht!« [sic]
@sommerwinter4010, YouTube

»Verstecken sie sich bitte nicht hinter irgend welchen Studien.
Nach 3 Jahren Pandemie müsste es doch genügend Daten
geben um alles ganz einfach nachzuprüfen.« [sic]
Unbekannter Nutzer, Twitter

»Das alles auseinanderzunehmen ist mir jetzt zu viel Arbeit.«
@JeanJacqueR1712, Twitter

WER FRAGT »WIE ERKENNE ICH FAKE NEWS?«, HAT SCHON DEN WICHTIGSTEN SCHRITT GEMACHT

Wenn du dieses Buch in den Händen hältst: Glückwunsch! Du hast den vielleicht wichtigsten Schritt im Kampf gegen Desinformation eigentlich schon hinter dir. Du kannst das Buch also wieder weglegen. Halt, warte, vielleicht besser doch nicht. Du ahnst aber (oder weißt) schon, wo das Problem liegt. Und du weißt, wo du nach Lösungen suchen musst.* Und ich habe auch schon erreicht, was ich erreichen musste: erfolgreich dafür gesorgt, dass du von diesem Buch erfahren hast und es in die Hände genommen hast. Meine »Werbung für die Wahrheit« hat funktioniert, behaupte ich. Lass mich sagen: Es ist der erste Hinweis darauf, dass das, wofür ich hier argumentieren will, auch funktioniert.

Das Buch richtet sich nicht an diejenigen, die regelmäßig auf Fake News hereinfallen, auch wenn es natürlich die sind, die es am meisten nötig hätten. Denn die werden dieses Buch wahrscheinlich gar nicht erst in die Hand nehmen. Die werden mich grundsätzlich und ungelesen ablehnen und alles, was ich sage und belege, kategorisch leugnen. Das ist ja das Problem. Es ist das Grundproblem, dass diejenigen, die am meisten auf Fake News hereinfallen, am wenigsten versuchen, sich gegen Desinformation zu wappnen. Sie weigern sich, sich kritisch mit Sachverhalten zu beschäftigen. Weil sie denken, ihr Konsum von einseitiger Propaganda sei bereits genau das.

Das Buch wird dir aber auch nicht erklären, wie man Fake News erkennt. Derartige Bücher gibt es schon viele. Und irgendwie haben sie alle bisher nicht ausgereicht, oder? Denn ich finde, die Frage »Wie erkenne ich Fake News?« ist die falsche. Wer diese Frage aufrichtig

---

* Das sollte jetzt nicht so sehr nach Eigenlob klingen :D

stellt, ist eigentlich schon nicht mehr Teil des Problems. Es ist also fast müßig, sie zu beantworten. Beziehungsweise, das ist schnell passiert, und wie das geht, findest du an vielen guten Stellen. Aber wenn du googelst, ob eine Meldung wahr ist, bist du bereits nicht mehr darauf hereingefallen. Wenn du einen Faktencheck anklickst oder auch bereits mein Buch in den Händen hältst, bist du ja schon bereit, mehr zu erfahren. Du liest meistens Faktenchecks, weil du nicht auf die Fake News hereingefallen bist, selten umgekehrt.

Nein, dieses Buch richtet sich an dich, *weil* du diesen wichtigen Schritt schon gemacht hast. Ich will dir nämlich sagen, wie wir vielleicht mehr Menschen dazu bringen können, das zu hinterfragen, was sie nicht hinterfragen. Und wie wir verhindern, dass wir als Gesellschaft immer mehr in einen Strudel hinabstürzen, in welchem Fakten keine Rolle mehr spielen. Weil jeder nur noch das behaupten kann, was er oder sie will und darauf vertrauen kann, dass es keine Rolle spielt, wenn man »auffliegt«, weil dem Zielpublikum andere Dinge wichtiger sind als die Wahrheit. Was in letzter Konsequenz unsere Demokratie und auch Freiheit bedroht. Denn für eine Demokratie brauchen wir einen gemeinsamen Grundkonsens darüber, was echt ist und was nicht, um Lösungen auszudiskutieren. Sonst landen wir in einer Welt, in der Evidenz und Fakten Ansichtssache werden und nur zählt, zu welchem »Team« du gehörst.

Was ich dir mit diesem Buch zeigen will, ist, was wirklich hinter Fake News steckt. Und warum unser teils hilfloser Versuch, mit »Faktenchecks« darauf zu reagieren, scheitert. Warum auch andere Lösungsansätze wie Gesetze oder der klassische Journalismus scheitern. Und was vielleicht stattdessen getan werden kann. Damit du in deinem Umfeld die Menschen dafür sensibilisieren kannst. Damit du mir dabei hilfst, diese Erkenntnisse in die Welt zu tragen. Nein, weder ich noch du werden die Welt retten. Das ist auch okay, setzen wir uns lieber erreichbare Ziele. Und nein, natürlich habe ich nicht die ganze »Wahrheit« für mich gepachtet, auch wenn der Titel es augenzwinkernd suggeriert. Es gibt keine »Wahrheit«, sondern nur Fakten und Evidenz. Doch meistens sind es diejenigen, die diese (richtige)

Unterscheidung anbringen, die einen gerade in einer Diskussion davon ablenken wollen, dass sie Desinformation verbreitet haben.

Es mag vielleicht nicht die »Wahrheit« geben, aber es gibt definitiv die Lüge. Während wir akademische Differenzierungen durchführen, gewinnt diese gerade die Oberhand. Deswegen will ich hier erklären, was wir jetzt tun können, um diesen Trend umzukehren. Je mehr Menschen wir zeigen können, wo das Problem liegt, desto schwerer werden es Desinformationsverbreiter haben, andere Menschen für Profit, Wählerstimmen und politische Macht auszubeuten. Das kann ich nicht allein. Dafür brauche ich deine Hilfe. Dafür habe ich das Buch geschrieben. Vielleicht können wir es zusammen schaffen. Wenn wir es gemeinsam tun.

Das Buch ist auch ein Plädoyer dafür, Aufklärung anders zu gestalten. Nicht immer so ernst zu sein, nein, sogar: nicht immer so seriös zu sein! Versteh mich nicht falsch: Es ist sehr gut und sehr wichtig, dass Wissenschaft sachlich, seriös und selbstkritisch ist. Dass wirklich alles auch belegbar ist.* Aber wenn Aufklärung im Lärm von Clickbait, Emotionen, Shitstorms und viralen Trends untergeht, haben wir auch nichts davon.

Ja, ich gebe zu, dieses Buch ist auch ein langer Erklärungsversuch, warum hinter den emotionalen und reißerischen Überschriften von Volksverpetzer mehr steckt, als vielleicht viele denken. Ich mache das nicht, weil ich nicht ernst und sachlich sein kann. Obwohl ich irgendwie schon das als Ideale betrachte. Ich bin aber mit Absicht nicht auf den ersten Blick »seriös«. Denn wer seine Informationen sachlich und ernst bevorzugt, wer Emotionen und plakative Sprache nicht mag – der fällt nicht auf Desinformation und Propaganda herein, oder? Der braucht auch seltener Faktenchecks und auch nicht zwangsläufig Volksverpetzer, oder? Den muss ich ja auch nicht im Speziellen erreichen. Wer aber sachbezogene und wissenschaftliche

* An dieser Stelle vorab die Entschuldigung, dass ich in diesem Buch über 400 Quellen angegeben habe. Ich will nicht, dass du mir blind glaubst, sondern alles selbst nachprüfen kannst.

Studien sucht, der wird ja bei uns auch glücklich. Denn hinter den reißerischen Überschriften versteckt sich dann ja trotzdem ein sachlicher und gut recherchierter Artikel mit vielen Argumenten und Quellen. Ein »Clickbait« insoweit, dass man hinter dem emotionalen Aufhänger mit einem gut belegten Faktencheck überrascht wird.

Reden wir nicht mal darüber, wie man Fake News erkennt, wie man die Google-Rückwärtssuche nutzt, nicht mal, wie wir eine utopische Gesellschaft schaffen können, in der alle aufgeklärt genug sind. Wir haben jetzt ganz akut ein Problem. Wir leben jetzt in der Realität. Wir erleben jetzt gerade, wie die Welt metaphorisch und teilweise sogar buchstäblich brennt. Und wie das Momentum, etwas dagegen zu tun, strauchelt.

Reden wir endlich darüber, wie wir verhindern, dass Demokratiefeinde mit Desinformation jetzt akut an den Grundfesten unserer Demokratie und Freiheiten sägen, während wir hilflos zusehen. Wir können nicht immer weiter das Gleiche tun und einfach nur hoffen, dass alles irgendwie von allein besser wird oder sich irgendetwas verändert. Weiter Faschisten zu Interviews einladen, weiter hilflos jeden Tag ihren Fake News hinterherrennen, während sie weiter immer mehr Menschen einfangen. Das funktioniert doch alles offensichtlich nicht.

Ich will dir zeigen, wieso »Faktenchecken«, wie wir es bisher versuchen, nicht die einzige Lösung ist. Wir brauchen weniger Debunkings von Desinformation, sondern mehr Werbung für die Wahrheit.

»The best fiction is far more true than any kind of journalism.«

Hunter S. Thompson,[1]
US-amerikanischer Schriftsteller und Journalist

DIE
WAHRHEIT
HINTER DER
LÜGE

Bevor ich darauf zu sprechen komme, was die Lösung sein könnte, müssen wir uns erst einmal klar werden, was das Problem ist. Und nein, es liegt nicht daran, dass wir alle besser sind und die anderen alle doof. Du bist nicht besonders klug und alle, die AfD wählen oder die sichere Impfung verweigern oder dergleichen, besonders dumm. Intelligenz oder Bildung hat nichts damit zu tun. Also einige Studien finden durchaus eine Korrelation zwischen Intelligenz und politischen Einstellungen[2], oder dass intelligentere Menschen sich öfter impfen lassen[3]. Aber du weißt, was ich meine: Sehr intelligente Menschen können sehr dumme Dinge glauben und auch Menschen mit weniger Bildung vertrauen der Forschung. Ein Doktortitel ist nicht zwingend ein Garant für Vertrauenswürdigkeit. Worauf ich hinaus will: Du könntest genauso gut auf diese Dinge hereinfallen. Sicherlich gibt es irgendwo in deinem Weltbild Aspekte, wo genau das der Fall ist. Du bist nicht immun gegen Propaganda.

Ich auch nicht, natürlich. Das gilt für mich genauso. Der erste Schritt ist, sich dessen bewusst zu werden. An uns beiden ist nichts Besonderes. Uns hätte es ebenso gut treffen können und wird es auch immer wieder mal. Denn die Wahrheit hinter der Lüge ist, dass niemand auf die Fake News hereinfällt, weil sie falsch sind.

> **Genau hier liegt der Knackpunkt: Jemand fällt auf Fake News herein, weil er sie für wahr hält.**

Ich will dich gerade nicht für dumm verkaufen, aber da ist ein ganz entscheidender Unterschied. Denn wir konzentrieren uns in unserem Kampf gegen die Desinformation tatsächlich auf Ersteres, also »Warum ist etwas falsch?«. Aber Letzteres, »Warum halten Menschen etwas für wahr?«, ist näher am Kern des Problems. Wir erreichen nichts mit Fakten bei denjenigen, die schon zuvor nicht durch Fakten überzeugt wurden. Wie dann? Was funktioniert heute anders als noch vor 20 Jahren? Und was nicht? Warum gibt es jetzt wieder eine gesichert rechtsextreme Partei in Deutschland, die Wahlen gewinnt? Und ja, falls es nicht offensichtlich sein sollte, es gibt einen direkten

Zusammenhang zwischen Fake News und dem Rechtsextremismus. Wenn du einer Ideologie anhängst, die Wissenschaft ablehnt, und deren zentrale Thesen zum Beispiel über »Rassen«, Migration oder das Klima einfach längst widerlegt sind und mit der Realität kollidieren, brauchst du Desinformation und Propaganda wie die Luft zum Atmen.

Um eine Antwort auf das Problem zu finden, müssen wir das ganze Problem verstehen. Wie Social-Media-Algorithmen, das menschliche Gehirn, marktradikale und rechtsextreme Ideologien Fake News nicht zu einem *Feature* machen, nicht zu einem *Bug*. Und wovon reden wir eigentlich, wenn wir von »Fake News« oder »Desinformation« sprechen? Das wird auch gern als Kampfbegriff umhergeschleudert – ebenso wie genau jener Vorwurf.

LÜGEN HABEN KURZE BEINE: EIN GLOSSAR DER TÄUSCHUNG

Um was geht es eigentlich? Reden wir alle über das Gleiche, wenn wir »Fake« oder »Desinformation« meinen? Was sind »Narrative«, was »Verschwörungsmythen«, was »Propaganda« und was eine »Lüge«? Wir müssen das Problem auch richtig beschreiben, wenn wir es verstehen wollen.

Eine der vielleicht bekanntesten »Fake News« aus der Pandemie ist die Behauptung des Ex-Schlagersängers Michael Wendler aus dem Sommer 2021, dass »im September fast alle Geimpften tot« sein würden. Garniert mit jeder Menge Ausrufezeichen- und Explosionsemojis. Es ist deshalb so gut im Gedächtnis geblieben, weil »der Wendler« (der im Übrigen mit bürgerlichem Namen Michael Norberg heißt) ja auch als Partyschlagersänger schon einen bekannten Namen hatte, und seine Meldung so prägnant wie überzogen war, dass es fast schon als Parodie seiner selbst funktionierte, und natürlich: weil es eine Vorhersage war, die sich sehr schnell als falsch herausstellte.

Es sind, während ich diese Zeilen schreibe, schon drei September vergangen und irgendwie ist genau das Gegenteil wahr: Fast alle Geimpften sind noch am Leben. Nicht nur das: Sie sind nicht nur prozentual viel seltener an Corona gestorben als Ungeimpfte, sie hatten zum Beispiel allein im ersten Jahr der Impfung sogar eine generell viel niedrigere Sterbewahrscheinlichkeit - um den Faktor 10.[4, 5]

Wir haben viel darüber gelacht. Sehr viel.[6] Und auch zu Recht. Das muss doch ein Paradebeispiel für eine »Lüge« sein, oder?

> **Der Duden nennt eine Lüge eine »bewusst falsche, auf Täuschung angelegte Aussage«[7].**

Ich persönlich finde, das trifft es schon sehr gut. Aber ich kann ehrlicherweise nicht belegen, dass sich Wendler bewusst war, dass es falsch ist. Ich kann nicht in seinen Kopf schauen. Vielleicht glaubt er den ganzen Wahn auch wirklich. Und verdiente nur zufällig nebenher durch regelmäßige Werbelinks für Notstromaggregate, Entgiftungskuren und allerlei anderen Unfug – unter anderem von einem Verlag für Verschwörungsmythen – Tausende Euros damit.[8]

Also ich müsste fairerweise bei meiner Wortwahl beachten, dass ich die »bewusste Täuschung« technisch gesehen nicht belegen kann. Dass »fast alle Geimpften« im September tot sein würden, ist aber unzweifelhaft falsch. Ist es ein »alternativer Fakt«? Das Unwort des Jahres 2017 zum Beispiel lautete »alternative Fakten«. Mit diesem Begriff würden »Falschbehauptungen salonfähig gemacht und mit Tatsachenbehauptungen auf eine Stufe gehoben«.[9] Damit kommen wir der Sache durchaus näher.

> **Eine »Falschmeldung« ist laut Duden wiederum eine »Meldung, Nachricht, die nicht dem wirklichen Sachverhalt entspricht«[10].**

Das trifft sicherlich zu, aber bei dem Wendler-Unsinn handelt es sich ja nicht nur um eine »Falschmeldung«. Er hat sich ja wiederum nicht einfach nur aufrichtig vertan. In der Forschung spricht man auch manchmal von »Misinformation«, wenn eine Meldung zwar falsch ist, aber ohne erkennbare Absicht zur Täuschung verbreitet wird. Es ist keine »Ente«, falsche Zeitungsmeldung[11], wie sie jedem Mal passieren kann. Auch mir.[12]

Lustige Geschichte. Wusstest du, dass ich, dass Volksverpetzer auch mal Corona verharmlost hat? Buchstäblich mit einer Grippe verglichen? Das war im Januar 2020. Weißt du noch, als die Meldung eines neuartigen Virus aus China noch eine Randgeschichte war, die sicherlich bald wieder vergessen werden würde? Zu diesem Zeitpunkt war noch keine einzige Infektion in Deutschland bestätigt. Selbst Prof. Drosten, der da fieberhaft* an dem weltweit ersten PCR-Test arbeitete, war wenige Tage zuvor noch vorsichtig optimistisch gewesen.[13] Die WHO hatte auch noch keine besondere Reisewarnung gegeben.[14] Aber eine Gruppe schürte regelrecht Panik: Rechtsextreme. Ja, erinnerst du dich noch? Die AfD und ihre ideologischen Verbündeten forderten Aufklärung zu Schutzmaßnamen (Alice Weidel), Einschränkungen von Flügen aus China (Reimond Hoffmann), in den AfD-nahen Gruppen hieß es: »Das corona Virus ist weitaus schlimmer als die Medien darstellen« [sic]. Man muss rückblickend sagen: Schade, dass wir nicht auf die Faschisten gehört haben.**

Das Problem, wie immer bei Rechtsextremen, ist aber, dass sie natürlich nicht wussten, wovon sie redeten. Sie sagten nur reflexhaft das Gegenteil dessen, was sie als den »Mainstream« vermuteten. Sie hatten hier nur ausnahmsweise zufällig recht. Der Beleg dafür ist allein schon die Tatsache, dass die AfD eine 180-Grad-Wende durchführte, sobald wir uns alle der tatsächlichen Gefahr des Virus bewusst wurden und die Pandemie losging. Während Alice Weidel am 12. März, wenige Tage vor dem ersten Lockdown, in Deutschland einen Lockdown wie in anderen EU-Ländern forderte, weil das sonst »fatale Folgen« haben werde,[15] forderte sie im Dezember »Kein

---

* Haha, sorry.

** Warte, habe ich das gerade wirklich geschrieben?

#LockdownJetzt« und »Rückkehr zu Vernunft & Menschlichkeit« [sic].[16] Der damalige AfD-Chef Jörg Meuthen forderte: »Shutdown Jetzt«,[17] im September beklagte Alice Weidel, dass der Lockdown »nie in dieser Form hätte geschehen dürfen«.[18] Also den, den man selbst laut gefordert hatte.

Der AfD konnte nichts Schlimmeres passieren, als dass sie aus Versehen vollkommen recht hatte und alle anderen Parteien ihre Forderungen umsetzten. Weil ihre faktenfernen Narrative darauf aufbauen, die Rolle des ungehörten Widerstandskämpfers zu spielen. Mehr dazu später noch.

Der schmale Grat zwischen Irrtum und Absicht

Aber erst mal zurück zu meiner Falschmeldung. Denn das falsche Spiel der Rechtsextremen habe ich auch schon im Januar 2020 durchschaut, auch wenn ich falsch damit lag, wie gefährlich das Coronavirus war. Ich schrieb einen Artikel, warum »Rechte Angst vor dem Corona-Virus« schüren wollen.[19] Kurze Antwort: um Grenzschließungen zu fordern. Der Faschist Martin Sellner erklärte wörtlich: »Offene Grenzen bedeuten auch offene Grenzen für Viren …« Den Rechtsextremen war schon immer die tatsächliche Gefährlichkeit von Corona egal. Ihnen war wichtig, das zu fordern, was sie immer fordern: Ausländer raus, Grenzen zu. Das habe ich damals aufgeschrieben, und das war damals richtig und ist es auch heute noch. Doch natürlich war die Behauptung, das »Virus ist nicht gefährlicher als SARS oder die ganz normale Grippe«, wie ich es von einigen medizinischen Quellen hatte, absolut falsch. Diesen Fehler bekam ich drei Jahre später immer noch zu hören, als Begründung, warum Volksverpetzer angeblich unseriös sein solle. Dabei nutze ich es noch öfter selbst als Paradebeispiel für unsere Fehlerkultur. Wie du gerade mit eigenen Augen sehen kannst.

Aber warum war das jetzt »nur« eine »Falschmeldung«? Na ja, ich habe nicht gewusst, dass das, was ich da schrieb, falsch war. Ich habe mich auf damalige Statements von Ärzten gestützt. Das ist natürlich keine Ausrede, falsch ist falsch. Aber was ich – und seriöse Medien – machen, um zu beweisen, dass es keine böse Absicht war, ist, sich zu korrigieren. Ich verschweige es dir nicht. Ich habe es buchstäblich in mein Buch geschrieben. Die Korrektur geschah auch durch einen ausführlichen Disclaimer zum Artikel und durch diverse Faktenchecks, die genau diese Falschmeldung widerlegten. Also ja: Das ist der Unterschied zwischen »bewusst« und »unbewusst«. Das beste Indiz dafür, dass Letzteres vorliegt, ist eine prompte Selbstkorrektur. Und keine faulen Ausreden.

Ich kann dem Wendler zwar nicht unterstellen, wissentlich die Unwahrheit zu verbreiten, aber was klar ist, ist, dass er wissentlich die und nur die Falschmeldungen verbreitet, die immer das Gleiche vermeintlich zeigen sollen: dass die Impfung nicht gut sei. Es hat System. Vielleicht trifft es dann genauer, dass es sich hierbei um eine »in den Medien und im Internet, besonders in sozialen Netzwerken, in manipulativer Absicht verbreitete Falschmeldung« handelt. Um die sogenannten »Fake News«[20]. Denn was ebenso klar ist, ist, dass Wendler ganz bewusst seine ganze Meldung (wie alle seine anderen) derart gestaltet hat, dass sie reißerisch und skandalös wirkt. Er will, dass ein gewünschter Eindruck entsteht und eine bestimmte Botschaft beim Leser ankommt. Selbst wenn er das nicht als »Manipulation« bezeichnen würde. Tatsächlich würde er sogar komplett leugnen, etwas Falsches gesagt zu haben. Beziehungsweise: Er tat es auch. Und seine faule Ausrede ist auch gar nicht mal so schlecht, um ehrlich zu sein. Denn: Sie stimmt, technisch gesehen.

Die »manipulative Absicht« wird deutlich durch die »letzte Warnung«, die natürlich komplett in Großschrift verfasst ist. Der Wendler wollte ganz eindeutig, dass seine leichtgläubige Gefolgschaft glaubt, die Impfung sei sehr schnell und sehr tödlich. Das hat er aber auch nicht wörtlich so gesagt, oder nicht?

Auf Nachfrage der Morgenpost rechtfertigte er sich: »Ich selbst habe nie behauptet, dass alle Geimpften im September sterben.« Bei dem Post handle es sich stattdessen um Aussagen von einem »Dr.

Coldwell«, der durch »zahlreiche Untersuchungen« sicher sei, dass die erste COVID-19-Impfung das »körpereigene Immunsystem um 15 Prozent reduziert und die zweite Impfung um 35 Prozent reduziert«.[21] Und das würde zum Tod »fast aller Geimpften« führen.

Nein nein, der Wendler hat doch nicht gelogen. Er hat nur die Lügen von anderen wiederholt! Der Witz hierbei ist: Das mit »September« und »fast allen Geimpften« hat auch der bekannte Hochstapler und vermeintliche Wunderheiler[22], der mit tatsächlichem Namen Bernd Klein heißt,* nicht gesagt. Das war nur die (absurde) Schlussfolgerung Wendlers aus wiederum eines anderen Fakes von »Dr. Coldwell«, der habe nur von angeblich geschwächten Immunsystemen nach einer Impfung gesprochen, was er aus einer Studie habe (die das aber auch nicht belegt).

Das ist einfach nur die Stille-Post-Version von Fake News, wo jeder noch mehr dazudichtet, bis am Ende der Quark von Wendler rauskam. Fake-Ception. Das Problem: Wir haben gesehen, was die deutliche Botschaft war: »Fast alle Geimpften im September tot«. Aber am Ende will es gar niemand behauptet haben. Im Gegenteil, die Pandemie-Leugner werden mit den Augen rollen, wenn du ihnen mit diesem Vorwurf kommst. Das hat doch nicht wirklich jemand geglaubt. Bonuspunkte, wenn sie darin sogar den Beweis sehen, wie der böse »Mainstream« immer alles mit Absicht falsch darstelle und so weiter.

Du merkst schon, wie brutal schwer es ist, gegen diesen Wahn anzukommen. Aber ja. Das sind jene »Fake News«. Aber auch wenn ich den Begriff »Fake News« hier und oft auch verwende – »Fake« ist halt auch kurz, knackig und on point und damit praktisch auf Grafiken und in der extrem schnellen Online-Kommunikation –, ist ein anderer Begriff eigentlich viel treffender: »Desinformation«.

---

* Der »Doktor« ist Teil seines Kunstnamens.

Doppelte Korrekturen und heiße Luft

»Desinformation kann im Allgemeinen als die *absichtliche* Verbreitung unwahrer Informationen definiert werden – zum Beispiel, um gesellschaftliche Spaltungen zu verstärken, politischen Zynismus zu schüren oder politische Akteure anzugreifen«, erklären die Wissenschaftler Judith Möller und Michael Hameleers zum Beispiel.[23]

> **Also zusammengefasst: Einer der wichtigsten Unterschiede zwischen »Misinformation« und »Desinformation« beziehungsweise »Falschmeldungen« und »Fake News« ist in meinen Augen die dahinterstehende Absicht zur Täuschung.**

Es gibt auch in der Forschung viele Begriffe und viele verschiedene Definitionen, doch meiner Meinung nach sind das oft nebensächliche Details. Für mich hat diese Unterscheidung am meisten Sinn gemacht. Fehler können passieren, aber Manipulation ist etwas anderes. Und ich betrachte hier in diesem Buch vor allem Letzteres.

Die Gründe können vielfältig sein: Man möchte Leute mobilisieren, zum Beispiel wählen zu gehen. Beim Brexit-Referendum wurden sehr viele durch Desinformation motiviert, für den Austritt aus der EU zu stimmen.[24] Oder umgekehrt: Demotivieren ist auch ein Ziel. »Fake News«, die die regelmäßigen Rekordtemperaturen (und deren Zusammenhang mit der Klimakrise) leugnen sollen, sollen den gesellschaftlichen Willen für Klimapolitik lähmen. Im Juli 2023 beispielsweise instrumentalisierten rechte Desinformationsmedien wie »Nius« eine ESA-Wettervorhersage, die bis zu 48 Grad Temperaturen für Südeuropa vorhersagten. Vorhersagen, die übrigens eintrafen: Auf Sizilien zum Beispiel wurden 46,3 Grad gemessen.[25] Am Ende war der Juli 2023 weltweit der heißeste Monat seit Jahrtausenden.[26] Es kann übrigens gut sein, dass es inzwischen schon heißere Monate gab, wenn du diese Zeilen hier liest. Verrückt, fast so, als sei wahr, was die Wissenschaftler über die Klimakrise sagen.

Ich glaube, genau davon wollte aber »Nius« ablenken und sie waren so erfolgreich dabei, zu behaupten, dass das alles in diesem Fall nur ein Missverständnis sei und Boden- und Lufttemperatur verwechselt worden seien, dass am Ende die seriösen Medien ins Schwitzen gerieten und wirklich selbst glaubten, eine Falschmeldung verbreitet zu haben.[27] Dabei war das alles heiße Luft. So war es zum Beispiel am Ende bei der Tagesschau so, dass der Korrekturhinweis erklärte, dass der vorherige Korrekturhinweis falsch gewesen sei und die ursprüngliche Aussage richtig gewesen war.[28] Verwirrend. Aber das war das Ziel. »Fake Nius«*-Gläubige wurden weiter überzeugt, dass das mit dem Klimawandel ja alles so nicht stimmen könnte und »die Medien« ja mal wieder übertrieben hätten, um unbegründete Panik zu schüren. Und bezeichneten schwitzend den heißesten Monat seit Beginn der Aufzeichnung bis dato als »kalt und verregnet«.

Coviteure

Dann gibt es natürlich auch noch den Anreiz, einfach nur Geld zu verdienen. Wendler und seine Prepper-Produkte hatten wir ja schon, aber der bekannteste »Coviteur« dürfte vermutlich »Querdenken«-Gründer Michael Ballweg sein. Der sammelte viele Hunderttausende Euros mit seiner Organisation von Demonstrationen in der Pandemie-Leugner-Bewegung. Auf sein privates Konto.[29] Wo das Geld am Ende gelandet ist und was er damit gemacht hat, ist nicht wirklich bekannt. Am Ende wurde er wegen des Verdachts auf Betrug und Geldwäsche vorläufig festgenommen und im März 2023 wurde Anklage erhoben.[30, 31]

Oder der Querdenker-Anwalt Reiner Fuellmich, der 2020 wohl über eine Million Euro sammelte, um angeblich eine Sammelklage auf Schadensersatz gegen Prof. Drosten & Co. durchzuführen.[32] Eine Klage, die es auch drei Jahre später immer noch nicht gab. Selbst

* »Wie viele Wortspiele willst du in einen Absatz einfügen, Thomas?« – Ja.

seine treuesten Weggefährten kamen dann irgendwann auf die Idee, dass seine ganzen Ausführungen zu PCR-Tests (und »blauem Licht« aus »Goggles«, mit dem Kinder »geblockchained« werden[33]) möglicherweise auch einfach nur einem großen Betrug dienten.[34] Fast so, als hätten sie von Anfang an unrecht gehabt, nicht?

»Es könnte ja wahr sein«

Nun, eine letzte Motivation, Desinformation zu streuen, ist nach Möller und Hameleers die ideologische Motivation. Warte, höre ich dich jetzt schon sagen, inwieweit war der ganze Rest denn nicht ideologisch? Die Grenzen sind fließend, und Menschen und ihre Motivationen sind komplex und vielschichtig. Oft liegen auch mehrere Gründe vor.

> **Aber ja, eine ideologische Motivation ist vermutlich der wichtigste Faktor bei der Desinformation, über die wir hier reden.**

Also: Leute teilen etwas, weil sie gezielt die Gesellschaft in irgendeiner Weise beeinflussen wollen. Weil sie diese Dinge glauben, und wollen, dass das auch andere tun. Sie sind auf diese Lügen hereingefallen und wollen andere damit »infizieren«. Für einen »guten Zweck«.

Mein Lieblingsbeispiel für eine derartige Desinformation ist eine Meldung aus dem Jahr 2017. Warum? Weil es gleichzeitig eines der am deutlichsten, offensichtlichsten frei erfundenen Märchen ist, das ich je einem Faktencheck unterzogen habe. Und dennoch eines, das Millionen Menschen erreicht hat. Und sogar überzeugt.

Da gab es eine Seite, die sich »nachrichten.de.com«* nannte, auf der sich jeder seine eigene Fake News basteln konnte. Die Seite bot an: »Erstelle dir deinen eigenen Witz«. Du musst nur ein Bild hochladen, einen entsprechenden Text in die Felder eingeben und fertig

* Jep.

war dein … äh, »Artikel«. Irgendjemand kam dann auf die *witzige* Idee, einen derartigen frei erfundenen Artikel zu erstellen, mit Frau Merkel, die ein Selfie mit einem Geflüchteten machte, im Titel und der Überschrift »700 Euro Weihnachtsgeld für Flüchtlinge«.[35] Und es wurde hunderttausendfach geteilt. Natürlich nicht als Witz. Sondern empört.

Das Einzige, was hier ein Witz war, war mein Faktencheck. Was gab es da zu checken? Es war buchstäblich von einer Witz-Seite und völlig frei erfunden. Ich kann gar nicht mehr dazu sagen. Das Spannendste an diesem Fake waren aber die vielen Kommentare, die ich dazu gelesen habe in den rechten Gruppen. Auf den Hinweis, dass es ein Fake sei, verteidigte sich eine rechtsradikale Teilerin: »Die 700 könnten – nach all den Verrücktheiten – wahr sein. Das ist ja das Erschütternde.« Es muss gar nicht wahr sein, damit man sich darüber aufregen kann. Es *könnte* ja wahr sein. Das reicht. Auf die Erwiderung, dass es doch von einer Fake-Seite stammt, kam nur »Tut doch nichts zur Sache!!!!« [sic]. An einer anderen Stelle sagte die gleiche Person über die Tatsache, dass die Meldung frei erfunden war: »Ich halt mich nicht m[it] Kleinigkeiten auf!!!«

Jup, die klitzekleine Kleinigkeit, dass das, worüber man sich gerade so aufregt, frei erfunden ist. Es ist zum Haareraufen. Aber du siehst: Es ist die ideologische Motivation. Die Leute teilen den Fake, von dem sie wissen, dass er ein Fake ist, bewusst, weil sie möchten, dass andere Schutzsuchende genau so hassen wie sie selbst. Weil es ja »so sein könnte«.

Die Wissenschaftler Möller und Hameleers beschrieben es als »Langzeitziel«: »Desinformation wird also nicht nur als Strategie verbreitet, um in Wahlzeiten Stimmen zu gewinnen, was ein kurzfristiges taktisches Ziel ist, sondern beruht auf einem geplanten und längerfristigen ideologischen Schema.«[36]

Diese Rassisten – und es ist fundamental am Ende einfach nur das – wollen, dass wir alle Geflüchteten verabscheuen. Der Grund ist ihnen letztlich egal, der kann auch gelogen sein. Denn – so denken sie – irgendeinen berechtigten Grund wird es schon geben. Sie glauben ja, dass sie Menschen mit anderer Herkunft nicht einfach so hassen. Irgendeine der Dutzenden Fake News, die man selbst glaubt und die man folglich dann auch teilt, wird schon richtig sein. Das reicht schließlich als Rechtfertigung für seine ideologische Ablehnung. Und ja, natürlich wird auch niemand rassistisch geboren. Aber derartige Desinformation liefert dann möglicherweise ein Ventil und Feindbild für soziale Unsicherheit und Abstiegsängste. Die relative Wahrnehmung des eigenen Wohlstands spielt ebenso mit hinein – wenn andere von Ausgleichszahlungen profitieren, und man selbst nicht, auch wenn es einem selbst nicht so schlecht geht. Studien zeigen, dass »Ausländern« die Schuld geben hilft, ein Gefühl von Kontrolle zu erlangen und internen Zusammenhalt zu stärken, wenn man ein externes Feindbild produziert.[37]

FRAMING UND NARRATIV

Womit wir zu der nächsten Dimension an »Desinformation« kommen. Wir haben bisher das »Warum« etabliert und was etwas zu »Desinformation« oder einem »Fake« macht. Ich kann noch kurz die verschiedenen Arten, wie manipuliert wird, durcharbeiten. Das »Was«.

Ist etwas frei erfunden, werden Grafiken manipuliert, wird etwas zu echten Bildern oder Ereignissen dazugedichtet oder werden eigentlich korrekte Informationen geschickt durch Dekontextualisierung dazu genutzt, einen bewusst falschen Eindruck zu erwecken? Also das Handwerkzeug, wie manipuliert wird. Manche Faktenchecker haben da spezielle Skalen und unterscheiden da dezidiert. Aber um ehrlich zu sein, ist das alles zweitrangig. Du findest genug Bücher und Seiten, die dir das erklären. Und ich finde: Wenn ein Post die Wirkung hat, dass falsche Dinge geglaubt werden, ist es weniger relevant, welcher konkrete Aspekt jetzt wahr und falsch ist oder irreführend. Die wenigsten Fakes sind zu 100 Prozent falsch, aber alles darunter erweckt den Eindruck, ein Fake könne nicht so schlimm sein. Meine bereits jetzt aufgezählten Beispiele haben auch quasi schon viele Methoden abgedeckt. Und wie ich am Anfang des Buches erklärt habe, selbst wenn du es noch nicht weißt, wirst du die Methoden sehr schnell begreifen, wenn du das Grundproblem begriffen hast. Natürlich ist das eine spannende Differenzierung und auch wesentlicher Teil der Arbeit gegen Desinformation.* Aber letzten Endes ist diese Unterscheidung zwar inhaltlich richtig, ändert aber auch wenig daran, dass Menschen auf diese Dinge hereinfallen. Das zu unterscheiden, kann sogar kontraproduktiv sein.[38] Wir haben schon gesehen, selbst die »Kleinigkeit«, dass eine Meldung völlig frei erfunden ist, hindert manche nicht daran, es zu teilen. Ich halte es fast für müßig, direkt bei Einstieg zu bewerten, wie »viel« einer Meldung falsch ist beziehungsweise welchen konkreten Fachbegriff wir verwenden, um immer das Gleiche zu sagen: Hier wird bewusst getäuscht, um dich zu manipulieren. Es gibt erfolgreiche Desinformationsverbreiter, die ihre Followerschaft indoktrinieren, oft ohne ein technisch gesehen falsches Wort zu veröffentlichen. Jeder Satz, jeder Artikel wird in Isolation gerechtfertigt und man tut scheinheilig so, als könne jeder den tatsächlichen Kontext durchschauen und die gewünschte falsche Interpretation sei maximal ein Versehen oder lediglich böse Unterstellung. Nein, die frei erfundene Meldung, die viral geht, wird immer seltener. Die Fake-Verbreiter lernen dazu und werden immer geschickter. Und ohnehin arbeiten die größten Akteure viel subtiler.

Wie der Rahmen deine Wahrnehmung formt

Was wirklich relevant ist, ist das »Wie«. Wenn ein rechter Blog etwas über »die Grünen« hetzt oder über Geflüchtete, greift er tatsächlich in der Regel zu »Fake News« in irgendeiner Form. Denn es muss ein

* Und relevant, wenn man nicht abgemahnt werden möchte. Es gibt »Querdenker«-Anwälte, die nur auf einen missverständlichen Nebensatz oder Begriff warten, um uns vor Gericht zu zerren, um uns so finanziell zu schaden.

Narrativ bedient werden, das grundsätzlich nicht oder so nicht der Wahrheit entspricht. Wir wissen bereits, dass der konkrete Wahrheitsgehalt bestenfalls zweitrangig ist. Um es überspitzt auszudrücken:

> **Ob eine Meldung wahr ist oder nicht, spielt bei der Verbreitung von Desinformation keine so große Rolle. Viel relevanter ist das »Framing«.**

»Framing«, aus dem Englischen »Rahmen«, beschreibt das Phänomen, dass wir jeden Sachverhalt, den wir beschreiben, unter einem bestimmten Winkel betrachten müssen. Du kannst nicht nicht framen. Wir alle framen. Wir haben alle einen Blickwinkel (und eine Ideologie!) und wer dir was anderes erzählen will, will dir wahrscheinlich gerade Desinformation andrehen. Ich nutze auch Framing und finde es kontraproduktiv und vielleicht sogar unehrlich, so zu tun, als wäre das nicht der Fall. Und »Framing« fängt schon ganz von vorn an – in der Art und Weise, worüber wir überhaupt reden.

Journalisten können natürlich nie über alles sprechen und es findet immer eine Auswahl statt. Geht ja nicht anders. Aber das kann bereits missbraucht werden – mit dem »cherry picking«[39] von bestimmten News und dem bewussten Ignorieren von anderen.* Du kannst über eine Sache berichten und nichts Falsches sagen, und durch die Wahl deiner Worte und durch ihre Kontextualisierung nun mal einen gewünschten (oder unerwünschten) Eindruck erwecken. Die Art und Weise, wie man ein Thema betrachtet, hat erhebliche Auswirkungen darauf, wie die Leserschaft es wahrnimmt.[40]

Eines meiner Lieblingsbeispiele für Framing hat Sprachwissenschaftler Dr. Eric Wallis als »Wortgucker« in einem Gastbeitrag für Volksverpetzer schon 2018 beschrieben. »Wie wir dazu gebracht werden, uns über Flüchtlinge und Hartz-IV-Empfänger aufzuregen«[41] nimmt ein vielleicht unerwartetes Beispiel: die Tagesschau. Was war passiert?

---

* »Cherry picking« ist eine »Fake News«-Strategie und eine Methode schlechter Wissenschaft. Sie beschreibt das Phänomen, dass man nur die Daten/Studien/Zahlen herauspickt, die die eigene These stützen. Ich finde, man kann auch »News« selbst »cherrypicken«.

Nun, viele Asylsuchende stellten Asylanträge in jenen Jahren. Zwischen 2015 und 2017 wurde über knapp zwei Millionen Asylverfahren entschieden.[42] Und viele wurden auch abgelehnt. 2017 wurden jedoch deutlich mehr Asylgesuche abgelehnt als im Jahr davor.[43] Das führte wohl wenig überraschend dazu, dass die Klagen gegen abgelehnte Asyl-Bescheide ebenfalls stark zunahmen. Und: Die juristischen Widersprüche waren auch sehr oft erfolgreich: Fast jeder zweite Kläger bekam vor Gericht Recht.

Also: In diesem Jahr war die Zahl der Verfahren größer, der Anteil der abgelehnten Asylgesuche und sogar die Zahl der laut Gerichten zu Unrecht abgelehnten Gesuche. Sprich: Die Gerichte haben nun mal besonders viele Menschen zu Unrecht abgelehnt und offenbar besonders viele Fehler gemacht. Wenn man es von diesem Winkel, also »aus diesem Rahmen«, betrachtet, könnte man sagen: Die Gerichte müssen wegen besonders vieler Fehler der Ämter beansprucht werden, was viele Kosten verursacht und sie überlastet. Linke-Politikerin Ulla Jelpke kritisierte genau das: Sie gab der Bundesregierung die Schuld, eine »politisch gewollte Abschreckung« durchzuführen und erklärte, die Behörden könnten die Bescheide auch selbst prüfen, um Gerichte zu entlasten.[44]

Aber vermutlich ahnst du schon, dass der Sachverhalt medial nicht aus diesem Winkel betrachtet wurde. Die Tagesschau titelte »Flüchtlinge in Deutschland: Gerichtskosten für Asylklagen steigen« und woanders sogar »Gerichte überlastet durch Asylklagen«. Das ist ja auch wahr und ja das, was passiert ist, wie wir gesehen haben. Die Tagesschau verbreitet keine Desinformation. Aber es wirkt anders auf dich, oder?

Narrative im Nachrichtenfluss

Während in meiner ersten Darstellung sicherlich dein Eindruck war, dass das Bundesamt für Migration und Flüchtlinge durch viele Fehler die Verantwortung dafür trug, dass es mehr Klagen gegen

Asylbescheide gab als nötig, so erweckt das Framing, was letztlich in der Tagesschau landete, den Eindruck, dass die Geflüchteten daran die Schuld tragen. Es sind ja ihre Klagen, die alles überlasten und Kosten verursachen. Wer wie unsere Freundin aus dem Beispiel mit den 700 Euro Weihnachtsgeld ohnehin Gründe sucht, warum sie Schutzsuchende hasst, könnte hier noch einen finden: Die überlasten unsere Gerichte und verursachen jede Menge Kosten.

Die WELT aus dem Hause Axel Springer, regelmäßig darum bemüht, rechtes Framing zu unterstützen, titelte »Asylklagen bringen Gerichte kurz vor den Kollaps«.[45] Man hätte genauso gut titeln können »Behördenfehler bringen Gerichte kurz vor den Kollaps«. Klar, diese eine Meldung und dieses eine Framing, das sich in den deutschen Medien durchgesetzt hat, hat jetzt nicht im Alleingang den Rassismus im Lande etabliert. Und ist eines der weniger verwerflichen Beispiele und auch keine Desinformation. Aber diese Meldungen werden ja nicht in einem Vakuum produziert. Es ist gewollt oder nicht ein weiterer Tropfen in einem Fass, das droht, überzulaufen.

Eine Langzeitanalyse deutscher Leitmedien zeigte 2023, dass fast immer, wenn es um Migration ging, diese als Risiko dargestellt wurde.[46] In einer Zeit, als die Kriminalität in Deutschland auf einem historisch niedrigen Niveau ist und zuvor jahrelang immer weiter auf historisch niedrige Werte sank[47], wurde 2023 in deutschen Medien so viel über Gewaltdelikte, vor allem Messerangriffe, berichtet wie nie zuvor. Und während die meisten Straftaten deutscher Tatverdächtiger nicht mal erwähnt werden, und dann meistens ohne Nennung der Herkunft, werden Fälle mit ausländischen Tatverdächtigen nicht nur krass überproportional in den Medien erwähnt, sondern fast immer mit der Nennung der Herkunft.[48]

Das Ergebnis: Deutsche Medien berichten sehr häufig über die seltenen Messerangriffe und dann fast ausschließlich über die noch selteneren tödlichen,* und wenn es wie in den meisten Fällen ein

* Was ja auch etwas nachvollziehbar ist: Sicherheit ist keine News. »Nachrichtenwert« haben ja eben die seltenen Ausnahmen, die dramatischen Geschichten.

deutscher Tatverdächtiger war, bleibt die Nationalität unerwähnt. Wenn die Herkunft genannt wird, dann fast ausschließlich eine ausländische. Das war früher übrigens nicht so: Erst seit der Instrumentalisierung von rassistischen Feindbildern durch die AfD und die Silvesternacht 2015 in Köln änderte sich das. Aber zu diesem Themenkomplex kommen wir später noch.

Also, warum rede ich jetzt so viel darüber im Kontext von Desinformation? Vermutlich sind die meisten dieser Berichte keine »Fake News«, auch keine »Falschmeldungen«, also unbeabsichtigt falsche Nachrichten. Dennoch verzerren sie die Wirklichkeit. Und schlagen dabei in die gleiche Kerbe wie die »Fake News«. Deutschland ist in den letzten Jahren, sogar abgesehen von den Pandemiejahren, in Sachen Kriminalität so sicher wie nie zuvor, aber dennoch liest du ständig von »Messerangriffen«, und dann sogar ganz ohne AfD-Hass ständig nur in Kombination mit »Ausländern« oder »Migration«. Jeder einzelne Bericht an sich mag relativ harmlos sein – wie gesagt, manchmal nicht einmal falsch –, aber wir sehen, dass in Summe ein völlig falsches Bild von der Realität gezeichnet wird, das von der Wissenschaft nicht bestätigt wird. Dazu kommen dann noch stärker negatives Framing, die ganzen Verschwörungsmythen und Desinformation über »Migranten«, »Geflüchtete« usw.

> **Hier steckt der wahre Ursprung, warum »Fake News« so viel Schaden anrichten. Weil jede dieser Meldungen – selbst wenn sie wahr ist – auf das gleiche »Konto« einzahlt. Sie bedienen immer das gleiche Weltbild. Das gleiche »Narrativ«.**

»Narrative« – »sinnstiftende Erzählungen«[49] – sind der Grund, warum Leute alle Dinge glauben. Desinformation ist letztlich nur ein Baustein, ein Symptom des Problems. Ich habe Literaturwissenschaft studiert, und vielleicht verstehst du jetzt, warum ich heute über »Fake News« spreche. Ich habe meine Masterarbeit über Story telling in Social-Media-Fake-News geschrieben und dabei eines festgestellt, was für viele gefühlt zweitrangig ist, aber in meinen Augen essenziell zu wissen ist im Kampf gegen Desinformation: Wir kämpfen nicht so sehr gegen Falschbehauptungen per se, sondern vielmehr gegen … Falscherzählungen. Es geht mehr um Geschichten, weniger um die Behauptungen, aus denen sie sich zusammensetzen. Gegen falsche Narrative.

Oder viel weniger prätentiös: Ich habe festgestellt, dass jeder »Claim«, jede Behauptung, um es wertneutral darzustellen, entweder im Kleinen die übergeordnete, gewünschte Erzählung reproduziert oder sogar einfach nur implizit darauf anspielt.

Fake News sind letztlich einfach Geschichten oder zumindest Teile davon. Dabei ist das Ausmaß zu beachten: Es gibt auch kleine Narrative in großen Narrativen. Oder anders ausgedrückt: Die »kleinen« Geschichten, die Gegenstand der täglichen Kommunikation – und Desinformation – sind, spiegeln jeweils eine »große« Geschichte wider: ein »Meta-Narrativ«. Diesen »großen Erzählungen« wird nachgesagt, dass sie unsere kulturelle Identität bestimmen.[50] Diese großen Meta-Narrative sind es, die unseren Diskurs bestimmen und letztlich unsere Kultur und unsere Politik beeinflussen und historisch beschreibbar machen. Das sind nach Foucault die ganz großen Ideen und Ideologien – wie die Vorstellung vom Fortschritt oder sogar so etwas wie Marxismus.[51]

Plump gesagt: Das sind die großen »Linsen«, wie wir als Individuen oder als Gesellschaften die Welt betrachten und durch die wir jedes Ereignis interpretieren. Ein »Meta-Narrativ« des Nationalismus wäre demnach die Vorstellung, dass es einst (vor oder nach dem Zweiten Weltkrieg ist da nur Radikalitätssache) ein utopisches Deutschland gegeben hätte, das durch böse Menschen oder Ideen – Grüne, Linke, Ausländer, Juden oder Toleranz, »Globalismus«, die EU – zerstört wurde. Ein nationalistisches Merkmal ist die Vorstellung einer imaginierten, homogenisierten Vergangenheit, die oft gemeint ist, wenn von »traditionellen Werten« gesprochen wird.[52] Die Gesellschaft sei zu dekadent, verweichlicht, unmännlich, hysterisch, panisch, angstvoll, verweiblicht, hier weiteres, vermeintlich negatives Adjektiv einführen.[53] Jetzt müssten nur noch die Nationalisten an die Macht kommen und alle »Bösen« verschwinden und dann wäre alles wieder gut.

Damit eng verknüpft: dass Deutschland »früher« mächtig, sicher und wohlhabend und so weiter gewesen sei, aber das jetzt nicht mehr so sei – meistens wegen »Migranten« oder Geflüchteten. Das ist das rechtsextreme Meta-Narrativ. Und ich sage: eines, das sich nicht mit der Realität deckt und großen Teilen der Forschung widerspricht. Eine Studie[54] zeigte, dass dieses inhärent nostalgische Meta-Narrativ gezielt von kulturell konservativen Parteien bedient wird und Wähler unzufriedener mit der Regierung macht – und eher dazu führt, dass sie radikal rechte Parteien wählen.*

Die meisten Narrative der Rechtsextremen fügen sich in diese Über-Erzählung ein. Oder reproduzieren sie in einem konkreten Beispiel. Jedes Mehr-Messer-Märchen[55] reproduziert dieses Meta-Narrativ mit dem leider erfolgreichen Fehlschluss, dass viele emotionalisierte (und oft erfundene) Einzelfälle schon die Wahrheit abbilden würden. Es ist tatsächlich paradoxerweise sogar so, dass wir mehr über derartige Einzelfälle berichten und sie dramatischer empfinden, je seltener sie vorkommen. Wenn derartige Verbrechen wirklich Alltag wären, wären sie ja keine Schlagzeilen wert. Genau dafür brauchen wir die Wissenschaft, die prüft, ob die gefühlten Wahrheiten auch echte sind.

> **Das Narrativ der Rechtsextremen ist immer:**
> **Es war einmal ein friedliches Deutschland. Dann kamen Ausländer wegen der Linken und Grünen. Jetzt ist alles schlecht.**

Seien es dann schlechte Konjukturprognosen nach Pandemie und Krieg, jede Schlagzeile über einen gewalttätigen Vorfall oder sogar, wenn Deutschland mal ein paar Wochen im Sommer mehr Strom aus dem Ausland kauft, weil es dort gerade billiger ist.[56] Und weil Erneuerbare aus dem Ausland halt billiger sind als teure Kohle aus Deutschland.[57] Im Kontext des Narrativs und mit dem jeweils

* Studien zeigen übrigens umgekehrt, dass rassistische Parteien Zustimmung verlieren, je mehr Menschen einwandern: https://www.econstor.eu/handle/10419/216900.

passenden Framing bestätigen sie für manche Menschen jedoch ganz subtil immer diese gleiche Über-Erzählung. Es ist immer die gleiche Geschichte, die damit erzählt wird. Viele Menschen halten sie bewusst oder unbewusst dann für die Realität. Dann spielt die einzelne Meldung und deren Wahrheitsgehalt keine so große Rolle. Jede Information wird nur durch die Linse dieser Meta-Narrative betrachtet.

Ich glaube, das ist das Geheimnis hinter den Fake News. Sie sind Teile von Narrativen. Sie sind selbst kleine Geschichten und Teile von großen Geschichten. Besonders wichtig: von Narrativen, die sich nicht mit der Realität decken oder sie viel zu verkürzt darstellen.

Verschwörungsmythen – Narrative auf Steroiden

Am deutlichsten wird das vielleicht in einer »Extremform« des politischen Narrativs: der Verschwörungserzählung. Während wir für alles Geschichten brauchen, um für uns einen Rahmen zu finden, mit der wir die Welt verstehen, und im Grunde jede Weltanschauung ein Narrativ darstellt, handelt es sich hierbei noch um eine Spezialform, die aber im Kontext von Desinformation extrem relevant ist, denn sie gehen Hand in Hand.

Während die Verschwörungs-Expertinnen Katharina Nocun und Pia Lamberty zwischen »Verschwörungsmythos« als übergeordnetes Narrativ unterscheiden und die »Verschwörungserzählung« als konkretes Beispiel davon[58], verwende ich die Begriffe austauschbar. Ersteres sehe ich nur als Sonderform von »Meta-Narrativ« – nur als Verschwörungsmythos. Ich verwende, wie inzwischen in der Forschung üblich, auch bewusst die Begriffe mit »Mythos« und »Erzählung«, um den fiktiven und erzählerischen Charakter zu verdeutlichen und nicht die »Theorie«.

Eine Theorie ist eine wissenschaftlich nachprüfbare Annahme über die Welt, eine Verschwörungserzählung zeichnet sich aber genau dadurch aus, dass man sie nicht nachweisen kann, wie Lamberty und Nocun richtig erklären. Also zusätzlich zu der Eigenschaft, dass sie eine (verkürzte) Erklärung über Ereignisse oder den Zustand der Welt in Form einer Geschichte darstellen, weisen Verschwörungsmythen weitere Merkmale auf.

Sie nehmen an, dass »als mächtig wahrgenommene Einzelpersonen oder eine Gruppe von Menschen wichtige Ereignisse in der Welt beeinflussen und damit der Bevölkerung gezielt schaden«.[59] Doch das ist nicht das Wichtigste: Eine Verschwörungserzählung hat die Eigenschaft, dass sie nicht widerlegt werden kann. Klingt vielleicht zuerst nach etwas Positivem, aber das heißt nicht, dass sie wahr ist, sondern dass hier eine Zirkellogik vorliegt. Sie kann durch Gegenargumente und Widersprüche widerlegt werden. Aber für den Verschwörungsideologen kann es keinen Beweis geben, der ihn überzeugt, falschzuliegen. Auch hier spielen Fakten und konkrete Belege kaum eine Rolle. Für jeden Widerspruch kann man sich eine Erklärung einfallen lassen. Wenn die kleine Gruppe der »Bösen« die ganze Welt beherrscht und übermächtig ist, kann sie ja alles manipulieren. Da wird sogar die Abwesenheit von Beweisen zum Beweis. Man behauptet, dass es keine Beweise gibt, sei der Beweis für die Verschwörung, denn sie haben absichtlich die Beweise verschwinden lassen! Aber damit kannst du buchstäblich alles behaupten. Es ist alles ein riesiger Zirkelschluss, und wenn du das erwähnst, bist du ganz sicher auch nur ein bezahlter Troll von »denen da oben«, um Zweifel zu streuen. Also, wie sieht so eine Extremform eines Narrativs aus?

Wie Verschwörungsmythen Leben zerstören

Eine der ersten Personen, die im Dezember 2020 mit einer Covid-19-Impfung geimpft wurden, war Tiffany Dover, Krankenschwester aus Tennessee. Nie zuvor starben in der Geschichte der USA in einem Jahr mehr Menschen als 2020.[60] Natürlich wegen der globalen Pandemie und der Hauptursache Corona. Deswegen war das mediale Interesse auch enorm, als die ersten Impfungen durchgeführt werden konnten. Wie viele Menschen war Tiffany Dover vor einer

Spritze nervös und erlitt einen kleinen Schwächeanfall direkt nach der Impfung. Es ist auch völlig normal, bei einem schwachen Kreislauf kurz das Bewusstsein zu verlieren.[61] Besonders auf einen leeren Magen – was bei Tiffany der Fall war. Als Krankenschwester im tödlichsten Monat der Pandemie hatte sie einfach keine Zeit, etwas zu essen.[62] Nachdem ihr kurz schwindlig war, was für sie ganz normal war, ging es ihr aber sofort besser. Sie gab danach ein Interview und ist bis heute körperlich wohlauf. Doch ihr Leben wurde trotzdem zur Hölle. Nicht wegen der Impfung, die erhöhte nämlich, wie sie sollte, ihren Schutz vor dem gefährlichen Virus, wie es inzwischen wissenschaftlicher Konsens ist.[63] Nein, sondern weil ihr kleiner Schwächeanfall leider vor laufender Kamera geschah.

Die Betrüger und Desinformationsverbreiter auf Telegram & Co. drehten weltweit massiv auf: Dover fiel um – und muss folglich in direkter Konsequenz an der Impfung gestorben sein. Die »Todesspritze« und das »Biotech-Gift« habe angeblich das getan, wovor die Propagandisten warnten. Das einzige »Problem«: Tiffany Dover lebt und ist wohlauf. Doch der hasserfüllte Mob im Netz, der durch das Video aufgehetzt wurde, widersprach ihr heftig. Sie habe gefälligst tot zu sein. »Ich bin an diesem Tag nicht gestorben«, sagte Dover in ihrem ersten Interview drei Jahre später gegenüber NBC News, »Aber das Leben, das ich kannte, tat es«.[64]

Die Verschwörungsgläubigen unterstellten ihr und einer ihr ähnlich aussehenden Kollegin, Teil einer Cover-up-Operation zu sein, um ihr Ableben zu vertuschen.[65] Eine Kollegin würde sich jetzt nur schnell als Double ausgeben. Weil die echte Tiffany Dover da schlecht ins Wahn-Bild passte, wurden sie und ihre Familie massiv bedroht, auf allen Social-Media-Plattformen wurde sie heimgesucht und nie in Ruhe gelassen. Ihr Gesicht und ihr Name gingen viral. Sie tauchten vor ihrem Haus auf. Die Verschwörungserzähler fälschten sogar Sterbeurkunden, die dann als Beweise fungieren sollten.[66] Es wurden Webseiten für sie kreiert und ein besonders eifriger Verschwörungs-Rapper aus Italien schrieb einen Song über sie.[67] Aus Verzweiflung musste sie sich komplett zurückziehen. Sie verließ ihren Job. Bombardiert, bedroht und besorgt schwieg sie über zwei Jahre, bevor sie sich wieder an die Öffentlichkeit traute. Sie erklärte, dass sie niemandem mehr traute. Zu viel Angst hatte sie, Interviews zu geben. Sie bereute es später. Denn das Schweigen und ihre Flucht aus Social Media verstärkten das Märchen über sie. »Die Stille ist das, was das Feuer entfacht hat«, sagte sie.

Okay. Eine unglaubliche, eine tragische Geschichte und ein Paradebeispiel, wie diese ganze Sache mit Social Media und Lügen außer Kontrolle geraten kann und in reinem Verschwörungsdenken mündete. Und längst kein Einzelfall: Der US-Football-Spieler Damar Hamlin überlebte einen Herzstillstillstand,[68] ist inzwischen auch wieder wohlauf und wieder im Kader seines Teams[69] – aber weil Verschwörungsideologen ihn anlasslos zum »Impfopfer« erklärten, muss auch er ein Body-Double bekommen haben. Eines, das zufälligerweise auch so gut Football spielen kann, dass er in einem Profi-Kader aufgestellt wird.

Wenn ich all die Beispiele so präsentiere, dann kannst du auch nicht anders, als beinahe zu lachen und den Kopf zu schütteln, oder? Damar Hamlin und auch Tiffany Dover leben. Das ist der Fakt. Sie können also nicht tot sein. Das eine schließt so ein wenig das andere aus, nicht? Und selbst davon ist noch ein Zusammenhang mit einer Impfung weit entfernt, geschweige denn eine weltweite Verschwörung, »die größte Vertuschung der Geschichte«, Body-Doubles und der ganze Wahnsinn, für den es nie irgendeinen Beweis gab. Wenn du einmal anfängst, Fake News zu glauben, weil dich ein fiktives Narrativ gefangen hat, ist dieser Wahn das Endziel. Am Anfang ist es vermeintliche Skepsis, ob die Impfung wirklich so gut sein kann, aber am Ende musst du Body-Doubles erfinden, damit dein Weltbild noch irgendwie Sinn ergibt. Das passiert, wenn das Narrativ wichtiger wird als der einzelne Fakt.

Es hat am Ende mehr mit einer Sekte gemeinsam als mit rationalem Denken. Und nein, wer an Verschwörungsmythen glaubt, ist weder krank noch dumm noch naiv.[70] Wir besitzen alle die Fähigkeit, in dieses Loch hineinzufallen. Deswegen müssen wir alle auch aufpassen.

Verschwörungsmythen sind nur einfach die letzte Konsequenz des Phänomens, das ich hier beschreibe: die Tendenz, die ganze Welt verkürzt durch die Linse einer bestimmten Erzählung wahrzunehmen.

Das ist übrigens an sich ganz normal und natürlich, und wehe du denkst, das treffe nicht auf dich zu. Tut es auf dich und mich. Das Problem beginnt jedoch, wenn wir exzessiv anfangen, zu versuchen, die Fakten an unsere Weltanschauungen anzupassen und nicht umgekehrt. Wenn wir die Komplexität der Welt auf eine einzelne Erklärung herunterbrechen.

> **Je mehr wir anfangen, nur den Narrativen zu glauben, und weniger den Fakten, desto mehr rutschen wir ab in die Verschwörungsmentalität.**

Das ist nur die Endstufe eines Prozesses, der beginnt, wenn wir anfangen, in Social Media nicht mehr jede einzelne Meldung nach ihrem tatsächlichen Wahrheitsgehalt zu bewerten, sondern danach, ob es zu unserer Ideologie passt. Zu dem, was wir wahrhaben wollen.

Diese Verschwörungsmythen können letztlich sehr brutale Konsequenzen haben. Und ja, das fängt schon im ganz Kleinen an. Es gibt nicht die »harmlose« Fake News. Letzten Endes ist jedes Detail wichtig, denn rein theoretisch macht ja eine Mini-Meldung jetzt nicht den Unterschied. Aber irgendwo wird eine kritische Masse überschritten. Und Ausreden zählen auch nicht.

> **Wenn ein gefährliches Narrativ bedient wird, ganz oder in Teilen, richtet es Schaden an.**

Anspielungen, Symbole, Platzhalter im Kontext des Narrativs

Und das mit dem »Teile davon« meine ich sehr ernst. Es reicht, wenn nur rhetorische Fragen gestellt werden, oder auf die eigentliche

Kernaussage nur angespielt wird. Wenn codierte Begriffe als Anspielung reichen, damit Wissende erkennen, worum es geht. Wusstest du, dass »Ostküste«[71] schon ein Signalwort für antisemitische Verschwörungsmythen sein kann, in denen Juden angeblich die Welt kontrollieren?* Oder eben nur über ein auf den ersten Blick merkwürdiges Detail gesprochen wird, aber trotzdem jeder weiß, worum es wirklich geht. Das ist in meinen Augen das wichtigste und verbindende Merkmal von Desinformation und Verschwörungsmythen: Sie kehren immer wieder zum Narrativ zurück. Selbst wenn man es nicht auf Anhieb sieht.

Eine der zeitweise größten Fake News der Pandemie drehte sich um die Pandemie-Leugner-Demo in Berlin vom 1. August 2020. Und zwar haben wir eine ganze Woche lang darüber diskutiert, wie viele »Querdenker« jetzt eigentlich da waren. Wirklich! Wir haben bei Volksverpetzer drei Artikel dazu geschrieben und einer davon war einer der Texte mit der größten Reichweite, die wir je hatten.

In Berlin demonstrierten an diesem Tag laut Polizei 17.000 Pandemie-Leugner, aber lass es ruhig großzügig 20.000 gewesen sein.[72] Die exakte Zahl ist ohnehin zweitrangig. Die Zahl und sogar noch kleinere Zahlen nannten die Veranstalter am Anfang auch noch selbst und so viele waren auch ursprünglich angemeldet. Doch die änderten schnell ihre Behauptungen, als es losging. Es ist normal, dass die Teilnehmer und Veranstalter einer Demo ihre Zahlen großzügiger angeben. Bisschen optimistisch sein, auch mal zu verdoppeln. Aber sie um den Faktor 65 zu erhöhen, ist schon beeindruckend. Schnell hieß es bei den »Querdenkern«: Es seien 1,3 Millionen Menschen gewesen.

Ja, so habe ich auch geschaut. Und diese absurde Zahl und die fanatische Verteidigung wurden in den verschwörungsideologischen Kreisen sehr schnell Dogma.[73] Innerhalb weniger Stunden wurde Social Media mal wieder zum Schlachtfeld und jeder diskutierte die

* Die Chiffre »Ostküste« steht in neonazistischer Terminologie für New York, das angebliche Zentrum des jüdisch beherrschten Weltkapitals.

dämlichen Teilnehmerzahlen dieser kleinen Demo. Wer nicht bei der 1,3-Millionen-Lüge in den Gleichschritt verfiel, war der Feind. Die Diskussionen wurden so heftig, wir mussten am Ende Fotos auswerten mit Sonnenstand, Schattenwurf, Koordinaten und Crowd-Counting-Tools, um auch wirklich das zu beweisen, was eigentlich schon die ganze Zeit klar war: dass das maximal um die 20.000 Leute waren.[74]

Was der Fake hier war, ist ja offensichtlich: die Demozahl. Aber … warum? Wo ist da das Narrativ, fragst du dich vielleicht. Die Lüge über die Zahl wurde zum Symbol. Zum Stand-in für diese Ideologen. Denn wenn es wirklich so viele waren, wie zu einigen der größten Versammlungen in Berlin, die es je gab, wie zum Beispiel die Love Parade 1999 mit 1,5 Millionen Menschen,[75] dann sind die »Querdenker« nicht nur eine Bande von Freaks, die zu viel auf Telegram abgehangen sind, sondern eine echte Massenbewegung mit der Mehrheit der Bevölkerung hinter sich. Sind sie aber nicht und waren sie nie. Aber deshalb klammerten sie sich an diese Zahl. Die Zahl hat diese Geschichte symbolhaft legitimiert. Nämlich diese Geschichte: Ein böses Deutschland macht böse Corona-Maßnahmen, aber dann kommen die guten Helden – die sie praktischerweise selbst sind – und befreien das Land, Corona weg, Maßnahmen weg, Impfungen weg, Happy End. Tolle Geschichte. Und die lachhaft aufgeblasene Teilnehmerzahl dieser einen Demo, dieser Fake, wird zum Platzhalter dieses Narrativs.

DER »FAKE DES THESEUS«

Selten ist eine Meldung komplett frei ausgedacht. Auch Fake-Verbreiter wissen, dass das zu leicht auffliegt. Eine wichtige Technik ist, eine Meldung von anderen abzuschreiben, aber dabei … Kreativität walten zu lassen. Nur ein »bisschen« zu überspitzen, oder einen Aspekt herausgreifen, der gut in das gewünschte Narrativ passt. Dass derjenige, dessen Post wir weiterspinnen, das vielleicht auch schon gemacht hat, und so eine lange Kette an »Stiller Post« entsteht, da ist ja niemand individuell schuld dran. Meint man.

Ich hatte es weiter vorn schon beim Wendler-September-Fake erwähnt. Aber ich möchte das Phänomen noch mal gesondert aufzeigen. Diese Methode nenne ich den »Fake des Theseus«. Das Schiff des Theseus (oder das Theseus-Paradoxon) ist ein philosophisches Paradoxon aus der Antike. Theseus, ein athenischer Held, reiste viel mit seinem Schiff. Auf seinen Reisen mussten immer wieder Planken seines Schiffes ausgetauscht werden. Laut Plutarch gab es damals bereits den Streit über die Frage, ob das Schiff noch dasselbe, ursprüngliche Schiff sei, wenn nach vielen Jahren kein einziges der ursprünglichen Planken noch übrig sei.[76] Es ist ein philosophisches Paradox und nein, da gibt es keine eindeutige Antwort, sonst würden wir nicht seit Tausenden Jahren darüber diskutieren.

> **Ich argumentiere, dass es mit Fake News ähnlich laufen kann: Eine ursprünglich wahre Geschichte wird immer weitererzählt und dabei stets nur leicht verändert.**

Hier kann ich aber eine eindeutige Antwort liefern: Das, was am Ende herauskommt, ist nicht mehr das gleiche Schiff.

Es spielt noch ein weiterer Aspekt mit rein: der Versuch vieler politischer Akteure (und da will ich mich auch gar nicht herausnehmen), jede Forderung eines politischen Gegners maximal empörungswürdig und dramatisch darzustellen. Das ist nicht per se verwerflich, auch wenn ich es gerade so geframed habe. Denn zum Beispiel Faschisten basteln stets viele Euphemismen, um ihre menschenverachtenden Ideologien zu verharmlosen. Sie sprechen beispielsweise von »Remigration«[77] oder »geregelter Migrationspolitik« oder dergleichen, meinen aber brutale Massendeportationen auch von deutschen Staatsbürgern teilweise. Es ist also nicht zwingend falsch, zu versuchen, hinter die Kulisse von verharmlosendem Framing zu blicken. Es führt aber oft dazu, dass das »Umframen« bereits nicht mehr richtig ist und in einer bloßen Unterstellung oder einem

Strohmann-Argument* mündet oder eben einen falschen Eindruck hinterlässt. So sorgte BILD im April 2022 für viel Verwirrung und einen kleinen diplomatischen Skandal, als eine Ablehnung der ukrainischen Regierung eines Angebots eines Besuchs von Steinmeier zu einem »Ukraine-Verbot« und einer »Ausladung« hochjazzte, was ja so nicht ganz richtig war.[78]

> **Dieses Umframen ist auch eine Waffe im rechten Meinungskampf und eine Fake-Methode in sich. Ein absichtliches Falschverstehen, wenn man so möchte.**

Wenn ich zum Beispiel sage, dass ich es super finde, wenn jemand weniger Fleisch isst, heißt das eben nicht, dass ich irgendetwas verbieten will. Das ist ein wichtiger Baustein im »Fake des Theseus«. Stell dir vor, du tauschst jede Planke des Schiffes nicht gegen eine gleichwertige Planke aus, sondern gegen einen Stein zum Beispiel. Am Ende wird es ganz sicher nicht das ursprüngliche Schiff sein, sondern … wasweißich … eine Festung. Man versucht, dir zu verkaufen, dass es das ursprüngliche Schiff des Theseus sei. Also: Wenn in mehreren Schritten – durchaus von verschiedenen Personen – immer ein Aspekt der ursprünglichen Meldung leicht, aber dennoch unzulässig verkürzt oder übertrieben wird. Steigen wir gleich in das Beispiel ein, damit du verstehst, was ich meine.

Vorab: Du darfst alles essen, was und wie viel davon du willst. Niemand verbietet dir irgendetwas. Auch nicht die Ampel-Regierung 2023. Aber weil Fleisch eines der größten Klimakiller ist[79] und der übermäßige Konsum ungesund ist und wir laut Deutscher Gesellschaft für Ernährung (DGE) weniger essen sollten[80], hatte sich das Bundesministerium für Ernährung und Landwirtschaft (BMEL) überlegt, neue Empfehlungen zu bringen.[81]

---

* Ein Strohmann-Argument ist, wenn man die Gegenposition falsch wiedergibt, um vermeintlich die Debatte zu »gewinnen«. Du argumentierst gegen Dinge, die dein Gegenüber nicht gesagt hat.

Das wars. *Sie haben es sich überlegt.*

Auf Anfrage erklärte die DGE, es gab weder eine neue Empfehlung für die Menge des Fleischverzehrs noch einen Entwurf dafür.[82] Was wirklich passiert war: Es gab offenbar interne Berechnungen und Überlegungen, zu denen man Fachkreise und Wirtschaftsverbände hinzuzog. Dabei nutzte man verschiedene wissenschaftliche Methoden zur Errechnung der Ernährungsempfehlungen, die gesundheitliche und ökologische Aspekte berücksichtigen. Eine der vielen Methoden hätte 10 Gramm Fleisch pro Tag ergeben. Doch das war keine Empfehlung, die DGE hatte sich nicht einmal auf eine Methode geeinigt. Das hier ist das ursprüngliche Schiff. Das ist die Wahrheit, die quasi niemand erfahren hatte: Die DGE überlegte, ob und wie man ihre Empfehlungen (!) anpassen könnte, beriet sich hierzu mit verschiedenen Leuten und begutachtete verschiedene Berechnungsmethoden. Offenbar kommt bei einer davon 10 Gramm Fleisch pro Tag raus. Klingt das schlimm? Ist das ein »Fleischverbot«? Jeder vernünftige Mensch wird wissen: Nein. Aber dann ging das Planken-Tausch-Spiel los.

Laut einem Artikel der »Lebensmittel Zeitung« fanden es Vertreter der Fleischindustrie aber völlig überraschend ungut, wenn die Menschen weniger Fleisch essen würden und protestierten. Das eine Beispiel von vielen, das nicht einmal eine Empfehlung war, mit den 10 Gramm, wurde zum Schreckgespenst. In dem Artikel passierte der erste Plankenaustausch: Die 10 Gramm wurden heftig kritisiert und es wurde spekuliert, ob in diesem Fall Kantinen mit DGE-Zertifizierung kein Fleisch mehr anbieten dürften oder dergleichen.[83]

Hier wurde aber schon unzulässig überspitzt: Die 10 Gramm wurden als gegeben und geplant gezeichnet – was sie nie waren. Aufbauend darauf kam die nächste Planke: Man fantasierte wild, was für Auswirkungen eine derartige Empfehlung auf Kantinen haben könnte und malte einen absurden Ernstfall aus. Hier wird einfach nur der Extremfall vom Extremfall genommen für ein Szenario, das es nicht einmal gibt.

Dann kam die BILD dazu. Die dreht den Regler noch mal auf 11, wie immer. Die BILD weiß manchmal genau, wie sie täuschen kann, ohne direkt zu lügen – und dass das gewünschte Framing ankommt, sieht man ja auch an den Reaktionen. Sie titelt »Nur noch eine Wurst pro Monat für jeden«[84] – das hat niemand je gefordert, ist nicht geplant und ist lediglich das Ergebnis einer (von vielen) *spekulativen*, unverbindlichen Berechnung der Deutschen Gesellschaft für Ernährung, an die sich selbst dann niemand halten müsste, wenn sie geplant wären.

BILD gibt buchstäblich weiter unten im Text zu: Es müsse »sich per se keiner an die Richtlinie halten«. Die, die es nicht gibt und nicht mal geplant ist. Sie spekuliert jedoch, dass es sein *könnte*, dass Kantinenbesitzer »faktisch gezwungen werden, wenn sie ihr DGE-Zertifikat behalten wollen«.

> **Das hat rein gar nichts mehr mit der Realität zu tun. Das war alles frei erfunden. Und wenn BILD einen Startschuss für Fake News gibt, geht der News-Cycle eben damit los.**

Schon bald kreischten rechte Fake-Verbreiter auf, dass ein »Fleischverbot« kommen werde, träumten vom »grünen Überwachungsstaat« und so weiter und so fort. Auch Bayerns Ministerpräsident Söder machte seine knallharte Ablehnung einer Forderung, die es nie gegeben hat, zu einem zentralen Slogan im bayerischen Landtagswahlkampf.[85] Hat Söder Fake News verbreitet? Kann man teilweise nicht einmal direkt so behaupten. Aber er ist definitiv daran beteiligt, dass falsche Narrative verstärkt werden, und versucht, sie für sich zu nutzen. Narrative, die letzten Endes aber sehr gut auch Demokratiefeinden in den Kram passen. Genau so stärken die demokratischen Parteien die AfD.[86]

Der »Fake des Theseus« kommt da als persönliche Rechtfertigung gut gelegen. »Technisch gesehen« stimmt es schon, ganz sicher. Man muss halt nur an jeder Stelle die Gehirnakrobatik rechtfertigen und die Logiksprünge. Deshalb laufen diese Fakes so gut. Das Problem ist, dass diese Fakes letztlich eben viele Menschen »anstecken«. Menschen, die dann anfangen, doch ein wenig daran zu glauben. Denn wenn so viele Leute etwas sagen, dann muss da zumindest ein bisschen was dran sein, oder? Und völlig egal, ob das Schiff des Theseus am Ende noch das gleiche Schiff ist wie am Anfang oder doch inzwischen ein Kupferkessel ist: Die Passagiere darin kommen so oder so bei der rechtsextremen AfD an.

»SHAREBAIT« UND IRREFÜHRENDE ÜBERSCHRIFTEN

Oder ein anderes Phänomen: das Nur-Überschriften-Lesen, Clickbait und Leute, die das gezielt ausnutzen. Wobei »Clickbait« ja eigentlich gar nicht das Problem ist. Clickbait ist eine Bezeichnung für eine Strategie, Nutzende in Social-Media-Plattformen dazu zu verleiten, eine Weiterleitung auf einen Artikel oder einen Blog anzuklicken, indem sie Interesse wecken, das gestillt werden will. Verpönt, weil es meistens genutzt wird, um dich zu verleiten, auf etwas zu klicken, um Geld mit dir zu verdienen (durch Abo-Abschlüsse oder Werbung)[87], und meistens das große Versprechen nicht eingehalten wird, halte ich inzwischen das gegenteilige Phänomen für viel gefährlicher. Gibt es dafür einen Begriff?

> **Ich nenne es mal den »Sharebait«. Damit meine ich Überschriften, die dich eben nicht dazu verleiten, den Artikel anzuklicken, sondern dass du sie ungelesen teilst. Sie triggern das Teilen, den »Share«, eben nicht den »Click«.**

Die Überschrift sagt bereits alles, was bei dir ankommen soll. Also du denkst, du wüsstest nach dem Lesen der Überschrift schon alles, was du zum Thema wissen sollst. Der Artikel dahinter wird maximal als Appendix wahrgenommen. Die Überschrift selbst ist die (Des-)Information, die genauso gut auch ohne Artikel die Runde machen könnte – und es oftmals auch in Form von Screenshots tut. Die Überschrift verspricht ebenfalls etwas, das der Artikel wahrscheinlich auch nicht einhält, aber du willst es eben *nicht* herausfinden. Du willst, dass es wahr ist, und teilst es deshalb. Eng verwandt damit ist der »Ragebait«, der Entrüstung durch (irreführende) Überschriften auslösen soll.[88]

Klar kann das heißen, dass die Desinformation auch einfach schon in der Überschrift steht. Aber viel »geschickter« sind irreführende Überschriften, hinter denen sich ein Artikel versteckt, in dem der Autor sogar ordentlichen Journalismus betreibt, nicht wirklich Falsches schreibt und auch andere Perspektiven angibt, und trotzdem Desinformation via Überschrift betreibt.

Ein gutes Beispiel ist der Desinformations-Blogger Reitschuster auf seinem gleichnamigen Blog. Der weiß ganz genau, dass seine Leserschaft nur die passenden Überschriften lesen will, die sie indoktrinieren, und liefert sie ihnen auf perfideste Art und Weise.

Ein Beispiel: Im Oktober 2020 erklärte Top-Virologe Christian Drosten in seinem NDR-Podcast, dass die meisten Menschen zu jenem Zeitpunkt (noch) keine Immunität gegen Corona aufgebaut hätten.[89] Im Laufe des Gesprächs zitiert er eine Argumentation aus den USA, nach deren Theorien man »schon zu großen Teilen geschützt« sei – er erwähnt jedoch, dass er dem nicht zustimme, und erklärt auch, warum. Die Details sind hier jedoch zweitrangig, denn was der Desinformationsverbreiter Reitschuster daraus gemacht hat, ist manipulativ wie geschickt.

Er titelte: »Drosten: Wir sind ›zu großen Teilen schon geschützt‹ – Unglaubliche Aussagen des Virologen, die verschwiegen werden«.[90] Du merkst es sicher selbst: Nur durch diese Fake-News-Überschrift könnte man meinen, dass Drosten schon im Herbst 2020 Entwarnung gegeben hätte – und nicht erst Anfang 2023.[91] Dabei hat er das de facto nicht getan. Im Gegenteil, er hat dieser Aussage explizit widersprochen. Und Reitschuster tut so, als sei es völlig in Ordnung, seine Leserschaft so zu täuschen, denn gegen Ende seines Artikels, das nur vor Verschwörungsraune und negativem Framing trieft, erwähnt er tatsächlich sogar, dass Drosten genau das Gegenteil gesagt habe. Er stellt sich dumm und behauptet, Drosten drücke sich missverständlich aus. Obwohl er das definitiv nicht getan hat, Drosten sagte buchstäblich: »Und es wurde gerade in den USA auch schon eine sehr große Argumentation darauf aufgebaut, die sagt [...]«, und dann eine Wiederholung dieser Argumentation, die Reitschuster perfide aus dem Kontext riss. Es ist bestenfalls verantwortungsloser und grottenschlechter Journalismus, aber wohl einfach nur gezielte Desinformation mit schlechten Ausreden. Reitschuster arbeitet pausenlos so, wie wir in sehr langen und ausführlichen Artikeln mit vielen Beispielen bereits belegt haben.[92]

Natürlich ist das klassische Beispiel für diese Sharebaits die BILD. Wirtschaftsminister Robert Habeck ist pausenlos Ziel von rechtem Hass und Desinformation. In einem ZEIT-Interview sagte er, dass er trotz dieser ständigen Lügen von BILD & Co. kein Bedauern habe und seine Arbeit machen wolle.[93] Ja, die irreführenden Schlagzeilen wurden buchstäblich erwähnt. Und trotzdem sagte Habeck: »Das, was ich im Moment mache, ist das Beste, was ich in meinem bisherigen politischen Leben gemacht habe. Es bedeutet mir richtig viel, und ich bin stolz darauf. Ich habe immer viel gearbeitet, aber noch nie so viel wie in den letzten zwei Jahren. Ich weiß, wofür ich das tue. Es gibt null Hadern, null Zaudern, null Bedauern, gar nichts. Ich bin ganz verschmolzen mit der Aufgabe, die ich im Moment habe.«

Und jetzt ratet mal, was die BILD Böses daraus gemacht hat? Die titelte: Trotz Wirtschaftskrise und Heiz-Debatte: »Habeck hat ›null Bedauern, gar nichts‹«[94]. Richtig bösartig, oder? Die Lügen-BILD tut so, als würde Habeck das fehlende Bedauern zur Wirtschaftskrise äußern, was einfach nicht wahr ist. Oft – aber nicht in diesem Fall – erklärt auch die BILD im Artikel selbst, was der tatsächliche Kontext ist und invalidiert ihre eigene Überschrift. Außerdem beliebt: die Suggestivfrage mit Fragezeichen. »Ist die BILD ein lügendes Hetzblatt?« Man darf doch Fragen stellen. Aber es reicht ja schon, um Desinformation zu verbreiten.

Laut einer Studie von Forschern der Columbia University wurden auf Twitter* 59 Prozent der in sozialen Medien geteilten Links vorher nie angeklickt. Die Menschen lesen nur die Überschrift und teilen den Link, ohne ein einziges Wort des Textes zu lesen.[95] Eine neuere Studie zeigt, dass nur 51 Prozent der Leute, die angeben, einen Artikel »gelesen« zu haben, ihn auch wirklich ganz gelesen haben. 22 Prozent haben nur die Überschriften gelesen.[96] Und gib es zu: Du liest ebenfalls oft nur Überschriften. Mache ich auch! Wer hat denn die Zeit, jeden Tag Dutzende Artikel zu lesen? Ich schaffe das auch nicht und es ist buchstäblich mein Hauptjob. Du musst dich nicht rechtfertigen, das zu tun, wenn du müde abends vor dem Einschlafen noch etwas am Handy rumscrollst und dann nur die Überschrift liest. In diesem Zusammenhang ist das Phänomen von »Clickbait« vielleicht gar nicht mehr so schlimm. Dann liest man wenigstens vielleicht mal, was hinter der großtrabenden Überschrift wirklich steckt.

Letzten Endes gibt es noch die »dog whistles«. Als »Hundepfeife« bezeichnet man es, wenn codierte Sprache so genutzt wird, dass sie das Zielpublikum eindeutig versteht, jedoch nicht Eingeweihte die versteckte Bedeutung überhören – wie die Hundepfeife, die so hohe Töne nutzt, dass Menschen es nicht mehr hören können. Hunde jedoch schon.[97] Eine dieser wichtigsten Chiffren sind »Finanzelite«, »Hochfinanz« und ähnliche. Was nach kapitalismuskritischen Kontexten klingt, ist meist auch einfach eine »dogwhistle« für: Juden.[98]

Denn ein Fehler, den wir als Gesellschaft bei der Bekämpfung von Desinformation machen, ist, die einzelne Lüge isoliert zu betrachten. Aber die ganzen Meldungen – wahr oder falsch, irreführend oder nicht – tauchen ja alle gemeinsam auf. Ob die einzelne BILD-Schlagzeile aus dem Kontext gerissen ist oder man böswillig die Worte im Mund verdreht, oder sogar zur Abwechslung mal wahre

---

* Ich weiß, Elon hat der Seite inzwischen den Namen »X« gegeben. Aber das wird nur für Verwirrung und Missverständnisse sorgen, also bleibt es in diesem Buch bei »Twitter«.

Sachen berichtet: Alles wird zu einer langen Liste an Meldungen, die du am Stück konsumierst. In ein und dem gleichen »Newsfeed«. Als Literaturwissenschaftler würde ich sagen: Sie bilden einen gemeinsamen Text. Mit vielen Autoren, aber mit einer übergeordneten Botschaft. Da der Feed sich ja gezielt nach deinen Interessen richtet, der Algorithmus gezielt das heraussucht, was er glaubt, was du lesen willst, weil du zuvor schon mit Ähnlichem interagiert hast, hat dieser Feed sehr schnell auch ein konsistentes Narrativ.

IT'S THE NARRATIVE, STUPID!

Eine Geschichte kann sehr simpel sein. Du brauchst im Grunde genommen lediglich eine Ausgangssituation, eine Veränderung und eine Endsituation.[99] Diese Veränderung muss natürlich chronologisch und kausal sein[100], sprich, hintereinander passieren und logisch aufeinanderfolgen, aber dann haben wir eine Geschichte.

Es ist übrigens aber ebenso wichtig, dass diese Veränderung nicht zwangsläufig ist und sie sich »entsprechend der ›Logik‹ bzw. ›Ordnung‹ der dargestellten Welt auch anders hätte ereignen können«[101]. Es hätte eine »Alternative« geben können. Also: Der Ball rollt vom Tisch und fällt auf den Boden, ist noch keine Geschichte. Und: Wenn die Darstellung impliziert, dass das ein erzählenswertes Ereignis ist, also etwas »Besonderes« ist.* Der Ball rollt vom Tisch und fällt an die Decke. Das könnte eine Geschichte sein.

Wir Menschen lieben Geschichten. Denn dein Gehirn reagiert nicht unterschiedlich auf eine Erzählung, ob sie wahr ist oder nicht. Deine emotionalen Reaktionen auf ein schreckliches Ereignis in den Medien sind genauso echt wie deine Reaktion beim Anschauen eines Kinofilms. Tatsächlich ähnelt deine emotionale Bewertung von erzählten Ereignissen sogar denen, die du hättest, wenn du das Erzählte selbst

---

* Und das ist vollständig aus der subjektiven Perspektive.

erlebt hättest.[102] Du musst genauso lachen oder weinen, dein Puls erhöht sich, Hormone werden ausgeschüttet. Diese körperlichen und psychischen Reaktionen machen die implizit transportierten Werte und Fakten zu intensiven Erlebnissen, welche Identifikation ermöglichen und diese viel leichter und besser im Gedächtnis abspeichern.[103]

Unser Gedächtnis ist im Übrigen auch narrativ – wir vergessen ja das Allermeiste wieder. Wir erinnern uns weniger an wichtige Sachen, sondern an starke Emotionen. Eine Information, die mit Emotionen verknüpft wird, bleibt demnach auch besser und länger im Gedächtnis. Eine gute »Story«, die dich emotional bewegt, bleibt dir viel besser in Erinnerung als langweilige Zahlen. Obwohl Zahlen dir viel mehr über die Realität verraten können. Genau deswegen habe ich dir in meinem Buch bisher Geschichten erzählt und nicht einfach nur Definitionen runtergerattert.

Denn wenn ein Fake sich in einem bekannten Narrativ bewegt, reagiert dein Gehirn mit den gleichen psychologischen Mechanismen, die Erinnerungen kreieren und strukturieren, was ihre gefühlte Glaubwürdigkeit und ihre Erinnerungswürdigkeit erhöht.[104] Eine gefährliche Falle. Diese einfachen Weltbilder gehören zu einfachen Weltbildern, die uns Halt geben und leichter zugänglich sind. Dazu gehört auch, die Welt in eine In-Group und eine Out-Group einzuteilen: in »Die« und »Wir«. Schön einfach und schön falsch.

Das war natürlich schon immer so, so funktionieren unsere Gehirne. Was neu ist: das Internet und Social Media. Wie nie zuvor hast du Zugang zu Information und so einfach wie nie zuvor ist es, dich an diesem Austausch zu beteiligen. Du kannst alles lesen, du kannst alles schreiben und du kannst alles lesen, was Leute so geschrieben haben. Das ist an sich nicht das Problem, das ist theoretisch sogar das Gegenteil eines Problems, das ist eine wunderbare Sache. Doch die Milliarden Posts würden schnell unübersichtlich werden, wenn man nicht irgendwie filtert, was (für dich) relevant ist. Das machen Algorithmen, Search Engine Rankings, undurchsichtige Programme der jeweiligen Plattformen, die entscheiden, was dir letztlich angezeigt wird.

Die Schöpfer dieser Algorithmen, wie Facebook oder Google, haben vielschichtige Absichten, aber eine große ist: Geld verdienen. Klar, man analysiert, was dir gefällt und womit du interagiert hast, und liefert dir dann mehr Inhalte, die ähnlich sind. Beiträge, die viel Interaktion verursachen, werden noch mehr Leuten angezeigt. Das mag vielleicht auch in deinem Interesse sein, aber eine der wichtigsten Aufgaben der Algorithmen ist es, dafür zu sorgen, dass du so viel Zeit wie möglich auf der Plattform verbringst. Damit man dir mehr Werbung anzeigen kann, damit du dort mehr Geld ausgibst, damit man deine Daten weiterverkaufen kann.[105]

> **Das, was dir angezeigt wird, wird nach verschiedensten Kriterien ausgesucht. Aber eines ist bestenfalls ziemlich weit unten in der Liste der Prioritäten: dass das Geschriebene oder Gesagte den Fakten entspricht.**

Versteh mich nicht falsch, die Plattformen machen nicht nichts und ich will auch nicht so tun, als ob es nicht aufrichtige Bestrebungen gäbe, etwas gegen die Flut der Desinformation zu tun. Facebook zum Beispiel hat über die Jahre verschiedenste Änderungen an seinen Algorithmen vorgenommen, um Fake-News-Seiten die Reichweite zu entziehen.[106] Doch das Problem ist strukturell – auf mehreren Ebenen. Wir Menschen werden immer automatisch mehr mit Beiträgen interagieren, die aufregend, spannend und interessant sind – also Emotionen in uns auslösen. Die Algorithmen werden uns immer mehr von dem zutragen, was wir (vermeintlich) sehen wollen. Das ist ihre grundlegende Aufgabe.

Verwundert es dann jemanden, dass auch Studien zeigen, dass Desinformation für viel mehr Interaktionen sorgt?[107] Eine MIT-Studie zeigte, dass Desinformationen sich schneller und tiefer verbreiten als die Wahrheit. Sie werden viel eher geteilt und verbreitet. Warum? Weil sie viel stärkere Emotionen auslösen.[108]

> **Emotionen lassen Dinge viral gehen.[109] Fake News sind die viralen Stories. Sie sind die Debatten.**

Denk an die größten, hitzigsten und diskursbestimmendsten Debatten der letzten Jahre. Den meisten lagen Fake News in zentraler Rolle zugrunde. Trump, Brexit, Corona: Unsere Debatten sind Debatten über die Wahrheit. Dort, wo über – oft eindeutige – Fakten gestritten wird, dort entstehen Interaktionen. Die Polarisierung – das Einteilen in Freund/Feind – geht mit Desinformation Hand in Hand und ist einer der wichtigsten Treiber von Interaktion.[110]

Fake News sind das Beste, was den Social-Media-Seiten passieren konnte. Es ist natürlich schwer, es konkret nachzuweisen, aber Donald Trump hatte sicherlich einen positiven Einfluss auf die Reichweite, Bekanntheit, Nutzung und letztlich den Umsatz von Twitter.[111] Die erbitterten, politischen Kämpfe haben natürlich in erster Linie den Fake-Verbreitern, Demagogen und Extremisten geholfen. Aber eben auch den Plattformen, auf denen diese stattgefunden haben. Noch abseits von der richtigen Debatte nach Berechtigung und Möglichkeiten der Umsetzung haben die Plattformen letztlich grundsätzlich wenig Interesse daran, genau die Posts zu drosseln, die zu den erfolgreichsten Beiträgen gehören.

Facebook hat Studien unter Verschluss gehalten, in denen es um die geistige Gesundheit von Jugendlichen und der Nutzung von Social Media ging.[112] Facebook geht gegen Fake News quasi nur in den USA vor – und ein Leak zeigt, dass ihr Algorithmus Hass und Fakes bevorzugt.[113] Traffic ist Geld. Und Fakes sind Traffic.

Alle Maßnahmen von Regierungen oder auch der Plattformen selbst sind Tropfen auf den heißen Stein. Das Faktencheck-Programm von Facebook, an dem auch tolle Kollegen wie von Correctiv teilnehmen, sieht super aus – identifizierte Beiträge werden markiert und für den Algorithmus herabgestuft.[114] Aber selbst wenn man von vornherein nicht bereits Politiker von diesem System komplett ausgenommen hätte, hat es große Schwächen. Bis Faktenchecker einen Beitrag entdecken und ihn ordentlich überprüft haben, kann der Beitrag schon teilweise einen oder mehrere Tage ungestört Reichweite bekommen. Abgesehen davon, dass es ja nur eine begrenzte Zahl an Beiträgen gibt, die man rein von den Kapazitäten her faktenchecken kann.

Eine von uns 2020 untersuchte Facebook-Seite hatte sich zu jenem Zeitpunkt schon vier Correctiv-Faktenchecks eingefangen, aber so viele hatte sie allein in 24 Stunden veröffentlicht.[115] Es sind ja Millionen Posts von Tausenden Nutzern. Denn die andere Seite von Social Media ist: Wir sind nicht mehr nur alle Konsumenten von News – wir sind alle gleichzeitig auch Produzenten geworden. In der Sprache der Kommunikationswissenschaft sind wir alle auch gleichzeitig Sender.[116] Und selbst wenn diese Anstrengungen massiv ausgebaut werden würden, bringt das alles wenig, wenn die großen Desinformations-Seiten nicht systematisch angegangen werden. Eine Studie[117] aus dem Jahr 2021 zeigte zum Beispiel, dass die 10 größten Klima-Fake-Seiten 69 Prozent der Klimawandelleugnung produzierten.

Wie wir nun nach meinen Erläuterungen wissen, ist es ein Teil des Problems, dass wir alle zu passiv und unkritisch konsumieren, aber das war ja in gewissem Ausmaß immer schon so. Die eigentlich großartige Errungenschaft, dass jeder von uns auch eine Stimme im Netz haben kann, die gehört wird – ich meine, jeder Volltrottel kann einen Blog starten* – hat offensichtlich auch die negative Konsequenz, dass wir jede unkritisch rezipierte Information ebenso unkritisch weiterverbreiten können.

Jeglicher Kontrollmechanismus ist weggefallen.

Um Journalist in einem etablierten Medium zu werden, musst du dich zumindest theoretisch an gewisse Standards halten und bist dir in der Regel der Verantwortung als »Gatekeeper« bewusst. Klar, Beispiele, wie auch das scheitert und missbraucht wird, gibt es genug. Aber jedem Journalisten ist zumindest bewusst, dass man als Journalist diese Macht und diese Verantwortung hat. Wenn du etwas in deiner Instagram-Story teilst, fühlt es sich an, als würdest du deinen Freunden was in gemütlicher Runde erzählen, was du irgendwo

* Und dann, wenn der Blog gut läuft, ein Buch darüber schreiben.

gelesen hast, aber eben in viel größerer Runde und in viel größerer Häufigkeit. Deine Freunde können das sofort auch wiederum ihren Freunden erzählen. Ein Lauffeuer-Stille-Post-Spiel. Nur halt mit der gesamten Kommunikation in unserer Gesellschaft. Wir sind alle zu kleinen Medienschaffenden geworden, aber wir verhalten uns nicht so. Du musst dich nicht schlecht fühlen, wenn du nur Überschriften liest und nicht alles nachgoogelst. Dann teile das Zeug aber auch nicht.

Jetzt lass uns das alles kombinieren: Wir haben Gehirne, die sehr leicht durch Emotionen ausgetrickst werden können – solange du emotional reagierst, schaltest du nicht das logische Denken an. Wir konsumieren und produzieren im gleichen Zug Content auf Social Media und unsere schlechtesten Impulse werden von den Plattformen und den Algorithmen auch noch verstärkt. Mixe noch »bad actors« mit hinein, die das gezielt für Profit oder eine politische Agenda ausnutzen wollen, und wir haben einen Cocktail, in denen Tausende Feeds spielend leicht durch *survival-of-the-fakest* zu deiner persönlich zugeschnittenen Indoktrinationsmaschine werden. Und dich radikalisieren. Am Ende vergiftest du dich mit Tier-Entwurmer[118] oder wählst Faschisten. Oder beides.

Und jetzt die Eine-Million-Euro-Frage: Was können wir dagegen tun?

»Wer dich dazu bringt, Absurditäten zu glauben, bringt dich auch dazu, Ungeheuerlichkeiten zu tun.«

Voltaire zugeschrieben,[119]
französischer Philosoph und Schriftsteller

WAS IST (NICHT) DIE LÖSUNG?

Okay, Fake News bestimmen unser Leben. Fake News haben die Briten aus der EU austreten lassen, Trump Präsident werden lassen, die rechtsextreme AfD in Umfragen Höchstwerte bekommen lassen.

Es gibt unzählige Geschichten, wie Desinformation die großen Debatten bestimmt und Politik beeinflusst hat. Frei erfundene Geschichten sorgen dafür, dass Tausende auf der Straße demonstrieren, und für internationale Zwischenfälle.

2016 hatte die 13-jährige Lisa in Berlin-Marzahn Ärger in der Schule und traute sich deswegen 30 Stunden lang nicht, nach Hause zu ihren Eltern zu kommen, und übernachtete bei einem Freund. Ihre Familie hatte sie als vermisst gemeldet – und als Ausrede behauptete Lisa dann, sie sei von »südländischen Männern« entführt und vergewaltigt worden.

Die Lüge des Mädchens wird sehr schnell sehr groß: Ihre Familie ist russischstämmig und in dieser Community verbreitet sich die Geschichte wie ein Lauffeuer. Eine Vergewaltigung, von »Migranten« noch dazu, bestätigt gerade dort gewisse Weltbilder. Passend dazu entstand die Verschwörungserzählung, dass nur deshalb seriöse Medien und die Behörden nicht über den Fall berichteten, weil sie es »vertuschen« wollten. Die offensichtlichere Erklärung, weil es frei erfunden war, kam wenigen in den Sinn.

Schon einen Tag später demonstrierten aufgebrachte Personen vor einem Flüchtlingsheim in Berlin-Marzahn, warfen eine Fensterscheibe ein, ein Wachmann wurde verletzt. Wegen einer frei erfundenen Geschichte. Gänzlich eskalierte es, als ein russischer Staats-Propagandasender die Lüge aufgriff und fleißig die Verschwörungserzählung befeuerte, dass niemand in Deutschland über die erfundene Geschichte berichte, weil angebliche Straftaten von Geflüchteten systematisch vertuscht werden würden.

Dann gesellten sich deutsche Rechtsextreme dazu, die ebenfalls demonstrierten. Rechtsextreme Magazine titeln von »Krieg«. Die erfundene Geschichte wird immer weiter ausgeschmückt und für politische Narrative instrumentalisiert. Am Ende kommt es zu großen Demonstrationen von Russlanddeutschen in ganz Deutschland, 700 Menschen vor dem Kanzleramt. Schließlich wiederholt sogar der russische Außenminister die Verschwörungsmythen und macht Deutschland Vorwürfe.

Kehren wir wieder aus der Parallelwelt zurück: Es war gar nichts passiert, wie sich dann herausstellte. Das Mädchen hatte alles nur erfunden aus Scham.[120, 121]

Ein Jahr später schämten sich einige Russlanddeutsche, so instrumentalisiert worden zu sein. Manchen ist später klar, was die russische Propaganda damit erreichen wollte: Man wollte die eigene »Gesetzlosigkeit« und »Vertuschung« im Land relativieren. Auch wenn einige die Lüge später erkennen, es hat dem russischen Regime geholfen, es hat der AfD geholfen, die unter Russlanddeutschen überdurchschnittlich beliebt ist.[122] Es ist nur ein Beispiel.

Fake News richten viel Schaden in unserem Land an und sie sind kein Randphänomen. Sie bringen Menschen auf die Straße, sie beeinflussen Wahlen. Desinformation hat in der Pandemie sehr viele Leben gekostet.[123] Sie sind Alltag. Es ist klar, dass wir dringend etwas dagegen tun müssen.

WARUM GESETZE VERSAGEN

Für viele ist es ein Reflex, dieses offensichtlich negative und gefährliche Problem zu sehen und sich zu fragen: Kann man da nicht einfach was verbieten? Ein Gesetz, das Fake News unter Strafe stellt? Das klappt aufgrund einer Vielzahl von Dingen nicht. Zum einen schon deshalb, weil nicht einmal geltendes Recht systematisch in Social Media durchgesetzt werden kann.

Das 2017 beschlossene Netzwerkdurchsetzungsgesetz soll dabei helfen, dass bereits bestehende Gesetze im Internet überhaupt regelmäßig angewendet werden.[124] Denn eines stimmt: Man hat oft den Eindruck, dass Social Media ein rechtsfreier Raum sei. Im Netz gehe es »wie im Wilden Westen zu, ohne Regeln, ohne Sheriff«, sagte ein französischer Professor für Information und Kommunikation.[125]

Ich persönlich ging schon mit deutlichen Beleidigungen von Neonazis zur Polizei und wurde lediglich mit einem Schulterzucken empfangen. Denn auch ohne »Fake News« sind Beleidigung, Volksverhetzung, üble Nachrede und alle anderen Strafbestände ja längst verboten. Im Internet aber oft völlig folgenlos.

Je mehr Social Media zur Öffentlichkeit wird, auf denen unser Diskurs stattfindet, umso weniger spielt eine Rolle, was das Gesetz sagt.

Auch die EU hat den Digital Services Act 2022 beschlossen, der für eine strengere Aufsicht von Online-Plattformen sorgen soll.[126] Aber wie der Anwalt und mein geschätzter Freund Chan-jo Jun regelmäßig betont: Das reicht alles nicht.

Die großen Plattformen wehrten sich erfolgreich vor Gericht dagegen, dass illegale Inhalte automatisch an die Behörden weitergeleitet werden sollten.[127] Im Endeffekt mündete das alles darin, dass die Plattformen quasi gar nichts machen – und das Bundesamt für Justiz nur zuschauen kann.

Eine detaillierte Daten-Dokumentation zeigte im März 2023, dass zum Beispiel Twitter systematisch Tweets mit rechtsextremen, diskriminierenden und beleidigenden Inhalten nicht angemessen bearbeitet. Erstmeldungen werden nicht ausreichend betrachtet oder sogar mutmaßlich übergangen. Klar, das kann auch daran liegen, dass Elon Musk durch seine Entlassungen Twitter in der Hinsicht handlungsunfähig machte und ohnehin kein ernstes Interesse daran hat, Rechtsverletzungen oder Desinformation einzudämmen.[128] Schließlich ist er inzwischen selbst einer der größten Verbreiter und Möglichmacher von Desinformation und (antisemitischer) Verschwörungsmythen.[129,130] Ein breites Bündnis an Juden hat deshalb schon zum Boykott von Twitter aufgerufen.[131] Und immer mehr Unternehmen nehmen am folgerichtigen »X-odus« teil.[132] Aber ich schweife ab.

Die Analyse zeigte: Von knapp 1000 gemeldeten Tweets wurde nur auf einen winzigen Bruchteil reagiert und noch weniger wurden entfernt.[133] Jun sagt: »Wir sehen zum ersten Mal, wie schlecht Twitter tatsächlich reagiert und wie machtlos das Bundesamt für Justiz tatsächlich ist.«

Ein gutes Beispiel ist eine Hasskampagne gegen den Antisemitismusbeauftragten aus Baden-Württemberg, Michael Blume. Rund um eine Blase aus rechten Fake-Verbreitern wurden Verleumdungen und Falschaussagen über ihn verbreitet. Mithilfe der Hilfsorganisation und Anwalt Chan-jo Jun ging er gegen Twitter vor, die die illegalen Inhalte einfach nicht löschen wollten. Und das waren wirklich brutale Lügen und Anschuldigungen – Vorwürfe von Antisemitismus und sogar Pädophilie. Hier haben die rechten Hetzer deutlich versucht, jemanden mundtot zu machen und zu zerstören.[134] Natürlich bekam Blume dann vor Gericht in erster Instanz Recht und Twitter musste diese krassen Sachen löschen.[135] Es kann sich aber nicht jeder den Aufwand und die Zeit leisten, erst umständlich mit Anwalt vor ein Gericht zu ziehen, damit bösartigste Lügen über einen viel zu spät gelöscht werden.

Ich selbst musste schon umständlich und kostenaufwendig den Umweg über den Anwalt gehen, damit Twitter rechtswidrige Inhalte löscht. Jun sagt es selbst am besten: Das sind nur Urteile mit Symbolwirkung. »Ein rechtskräftiges Urteil, nach dem ein Inhalt nach zwei Jahren gelöscht wird, zeigt uns zwar, was Meta oder Twitter künftig anders machen müssen, hilft dem Betroffenen jedoch nur, wenn es ihm allein ums Prinzip geht.«[136]

> **Es wäre erst einmal ein Erfolg, wenn auf Social-Media-Plattformen die gleichen Gesetze gelten würden wie im Rest des Landes.**

»Die Umsetzung der bestehenden Gesetze wäre ein notwendiger, aber nicht hinreichender Anfang. Wir würden unser Ziel erreichen, wenn man alle Verhaltensweisen, die offline verboten sind, auch im Online-Bereich entsprechend regeln würde. Dieser Gleichlaut existiert bisher nicht. Wir brauchen die Durchsetzung von Bußgeld gegen Plattformbetreiber, Vorgehen gegen anonyme Accounts, einen Bußgeldkatalog für kleinere Delikte, Schadensersatzregeln für

Verleumdungsschäden, präventive Polizeiarbeit im Netz und leichteren Zugang zu Rechtsbehelfen für User.«[137]

Es ist eigentlich sogar noch schlimmer: Eine wachsende Minderheit an Radikalen glaubt sogar, dass diese Rechtsstaatlosigkeit im Netz ihr gutes Recht sei. Allein zu verhindern, Recht durchzusetzen, dass man nicht Rufmord mit Lügen und Verleumdungen begehen kann, sehen sie als unrechtmäßigen Angriff auf sich an. »Die Täter von Hasskriminalität glauben ernsthaft, mit ihren Mordaufrufen, Holocaust-Vergleichen oder Verleumdungen Verfassungsrechte wahrzunehmen, erleben sie doch Anerkennung durch ihre Anhänger statt Sanktionen«, sagt Chan-jo sehr richtig.

Ja: Wenn du vor Gericht ziehst, weil man Hass und Lügen über dich verbreitet, inszenieren sich diese Leute als unterdrückte Opfer einer Diktatur, die sie mundtot machen wolle. Sie bedienen ihr Opfernarrativ – weil sich das gut verkauft und weil sie damit alles rechtfertigen dürfen. Aus persönlicher Erfahrung kann ich sagen, dass Volksverpetzer nur einen Bruchteil der Hassrede meldet und noch weniger zur Anzeige bringt, weil meistens ohnehin nichts passiert. Man fühlt sich völlig auf sich allein gestellt. Und wenn man dann nicht eine so große Community hat, die zu einem hält, reicht ein Shitstorm und man ist buchstäblich »gecancelt«.

Aber um zum Thema zurückzukommen: Personen wie Chan-jo Jun kämpfen gerade darum, dass im Internet überhaupt mal Gesetze eingehalten werden. Wie wollen wir da erst »Fake News« verbieten? Und ich hatte dir ja schon erklärt, in welchen verschiedenen Formen Desinformation auftreten kann.

Häufig wird der Europarat zitiert, wenn es um Gesetze gegen Fake News geht, der Desinformation definiert als »Informationen, die falsch sind und absichtlich erstellt werden, um einer Person, sozialen Gruppe, Organisation oder einem Land zu schade«.[138] Aber wo wollen wir juristisch feststellen, wo etwas ein Fehler war, wo etwas böse Absicht?

Im »Digital Service Act« der EU-Kommission wird »Desinformation« oft erwähnt. Aber nicht definiert, was die EU darunter versteht. Nimmt sie die Definition des Europarats? Bestimmt am Ende die

EU-Kommission, was sie konkret meint?[139] Wie will man das den feststellen? Nicht nur das: Was genau bedeutet es denn, wenn man »Schaden« anrichtet? Als Anti-Fake-News-Blogger kann ich diesen Vorwurf leichter machen – und ich plädiere dafür, dass Journalisten das auch öfter tun sollten. Aber Richter? Der Staat? Nein, danke. Ja, falschzuliegen und sogar zu lügen ist nicht verboten. Das ist eigentlich auch gut so. Ich möchte in keinem Horrorstaat leben, in dem der Staat bestimmt, was wahr ist und was nicht. Die Übergänge von wahr und falsch sind fließend, Nuancen entscheidend und Sprache und Kommunikation ohnehin nie eindeutig und kontextabhängig. Ich will auch mal Fehler machen dürfen, ohne gleich Probleme mit dem Staat zu kriegen. Und Dinge wie üble Nachrede oder Verleumdung sind ja bereits verboten.

Das alles auch nur unter der Annahme, dass wir es mit einem gerechten und demokratischen Staat zu tun haben. Die Möglichkeit zum Missbrauch ist immer gegeben. Autorin und Journalistin Ingrid Brodnig ordnete diese Problematik auch schon auf ihrem Blog kritisch ein: die Probleme, Fake News juristisch zu erfassen und zu bestrafen, aber auch der vorschnelle Reflex, jeden Versuch, etwas dagegen zu unternehmen, mit einem schlimmstmöglichen »Wahrheitsministerium« zu betiteln und jegliche differenzierte Auseinandersetzung unmöglich zu machen.[140] Leute schleudern mir diesen Begriff bereits entgegen, weil sie jeden Versuch, Fakten in die Debatte einzubringen, bereits als Beschneidung ihrer Grundrechte inszenieren wollen. Aber dennoch bleibt die Problematik: Ich habe noch keinen Vorschlag gesehen, der das Problem sauber juristisch beschreiben oder lösen könnte. Auch nicht, ohne unsere Gerichte zu überlasten. Es ist sehr schwierig und gefährlich, zu versuchen, das Problem mit staatlichen Mitteln anzugehen. Das zuvor erwähnte französische Anti-Fake-News-Gesetz wurde vom Desinformations-Experten François-Bernard Huyghe so eingeordnet: »Ich finde es im besten Fall nutzlos, im schlimmsten Fall freiheitsfeindlich.«[141]

> **Ohnehin würde es vielleicht schon mal helfen, wenn wir es schaffen, dass bestehende Gesetze in Social Media angewendet werden.**

WARUM KLASSISCHER JOURNALISMUS VERSAGT

Bei den Gesetzen kommen wir also nicht weiter … Organisationen wie HateAid versuchen zwar ihr Bestes, aber wenn wir schon nicht mal bestehende Gesetze in der Praxis zuverlässig durchsetzen können, sind die bereits theoretisch problematischen Ideen zur juristischen Bekämpfung der Fake News ehrlich gesagt Wunschträume.

Wir können auch nicht einfach darauf warten, dass irgendwer irgendwann mal mit der Lösung kommt. Erst recht, weil man nicht damit rechnen sollte, dass ein Gesetz das jetzt alles richten wird. Während wir warten, richten Fake News immensen Schaden an, immer weiter. Etwas Schnelleres muss her.

Die Überschrift dieses Kapitels lässt schon vermuten, dass klassischer Journalismus auch nicht die Lösung bietet, deshalb werde ich hier jetzt nicht künstlich so tun, als würde ich erst mal das Für und Wider abwägen. Ich meine, wenn der klassische Journalismus eine erfolgreiche Strategie gegen die systemische Desinformation hätte, würde ich dieses Buch nicht schreiben müssen. Was auch immer die großen Medienhäuser und Journalisten derzeit machen – es wirkt offensichtlich nicht, ne?

Bitte nicht falsch verstehen. Journalisten haben eine wichtige Aufgabe. Trotz allem würde ich sagen, dass die meisten auch gute Arbeit machen. Oder zumindest: gute Absichten haben und sich Mühe geben, ihre Ideale umzusetzen. Aber das scheint trotzdem nicht zu funktionieren. Auch ohne die schwarzen Schafe und die Fehler bleibt das »Dilemma, dass man selbst dann, wenn man alles richtig macht, eigentlich etwas falsch machen kann«, wie es Klaus Raab vom MDR so treffend sagte.[142] Und selbst wenn es nur bei dem Vorwurf bleibt. Journalisten werden zum Beispiel beschimpft, dass sie dem AfD-Chef Chrupalla kritische Fragen stellen,[143] wahrscheinlich von den gleichen Leuten, die gern den Pauschalvorwurf machen, dass Journalisten genau das nicht tun würden, wenn sie alles schreiben, was unter der Forderung nach einem Kriegsgericht für alle Regierungsmitglieder liegt. Auf dem Papier ist der unvoreingenommene Journalist, der beide Seiten fair ablichtet und ein Werteurteil dem Leser überlässt, ein schönes Ideal. Und auch oft das, was Journalisten heute noch machen. Aber das ist eben ein Problem. Das Hanns-Friedrichs-Zitat wird in diesem Kontext viel zitiert: »Einen guten Journalisten erkennt man daran, dass er sich nicht gemeinmacht mit einer Sache, auch nicht mit einer guten Sache.«

Dieser Satz wird als Verurteilung von »Haltung« und »Meinung« bei Journalisten gelesen. Besonders rechte Desinformationsverbreiter brüsten sich deshalb sehr gern, eben keine »Haltung« zu besitzen. Natürlich, um dreist darüber hinwegzutäuschen, dass sie nichts anderes besitzen. Nur halt eine Haltung, die auf Vorurteilen und Unwahrheiten beruht. Doch wie Rüdiger Jungbluth bei Correctiv extensiv aufgearbeitet hat, steckt mehr hinter dem Zitat. Ein Zitat, das doch so nicht den Vorstellungen von Friedrichs entsprach: »Anders als ihm heute von Bewunderern und Kritikern unterstellt wird, hatte Friedrichs nichts gegen Meinungsfreude im Journalismus. Er verachtete Journalisten wie den ZDF-Chefredakteur Reinhard Appel und nannte ihn in seinem Buch einen ›Propheten der Ausgewogenheit, der brotlosen Kunst, es allen recht zu machen‹. Den bissigen ›Monitor‹-Moderator Klaus Bednarz schätzte er dagegen sehr. An den täglichen Kommentaren in den ›Tagesthemen‹ störte Friedrichs, dass in denen eine Meinung oft gar nicht zu erkennen sei.«[144]

Eines der wichtigsten Dinge, die im Journalismus betont werden, ist die strikte Trennung zwischen Meinung und Bericht. Und ich will das hier auch gar nicht schlechtreden. Das ist eigentlich sehr sinnvoll.

> **Damit einher geht aber leider der weitverbreitete Irrtum, dass dadurch jeder »neutrale« Bericht keine Meinung oder Perspektive enthalten dürfe oder könne oder die schreckliche Ausrede, dass eine Meinung sich nicht um Fakten zu scheren brauche. Letzteres entsetzt mich immer wieder.**

Ein Kommentar ist keine Ausrede, sich nicht auf Fakten zu stützen

Ein »Kommentar« im MDR stellte Ende November 2022 die Suggestivfrage, ob »Ungeimpfte zu Unrecht beschuldigt« wurden.[145] Der Autorin, eigentlich aus der fachfremden Wirtschaftsredaktion, griff ordentlich in die Framing-Kiste und stellte Behauptungen auf, wie man sie sonst aus »Querdenker«-Gruppen kannte. Die absolut berechtigte Kritik an Verschwörungsmythen und Fake News von Impfgegnern stellte sie folgendermaßen dar:

Ungeimpfte wären arme »Sündenböcke« gewesen, auf die man sich damals »stürzte« und so weiter. Es waren heftige Behauptungen und weitreichende Anschuldigungen. Die Autorin versagte aber daran, diese Dinge zu belegen. Ironischerweise verlinkte sie diverse Faktenchecks – doch die widerlegten direkt ihre Behauptungen. Ungeimpfte haben ganz besonders dazu beigetragen, dass das Coronavirus verbreitet wurde. Ein wissenschaftlicher Bericht von 2021 zeigte: An 8 bis 9 von 10 Infektionen war ein Ungeimpfter beteiligt.[146] Die meisten Neuinfektionen gingen auf das Konto der Minderheit der Ungeimpften. Die Autorin leugnete letztlich, dass die Impfung die Ansteckung eingedämmt hätte, und schlussfolgerte daraus, dass man Ungeimpfte nicht zum Schutz von Risikogruppen hätte benachteiligen dürfen. Sie betrieb Cherrypicking und baute einen Strohman auf, an welchem sie sich abarbeitete, um am Ende ihre eingangs gestellte Suggestivfrage tatsächlich zu bejahen. Ihr Argument war komplizierter, und wer unsere ausführliche Analyse lesen möchte, wir haben seinerzeit einen langen Artikel dazu geschrieben.[147]

Denn es stimmt nicht: Impfungen dämmen die Ausbreitung des Virus ein und entlasteten die Intensivstationen. Ungeimpfte lagen 9-mal häufiger auf der Intensivstation als Geimpfte.[148] Die Reaktionen auf den Artikel waren erwartbar: Pandemie-Leugner jubelten. Die »Mainstream«-Medien würden ihnen recht geben. Und der MDR kennzeichnete den Artikel auch später erst als »Kommentar«

und änderte einige Formulierungen ab, die einfach falsch waren nach unserem Faktencheck. Außerdem wurden einige Zitate mit mehr Kontext ergänzt.

Doch der verheerende Artikel der fachfremden Autorin blieb trotzdem öffentlich mit dem gleichen Fazit und Framing. Der MDR begründete es damit: Es sei ja ein »Kommentar« und die persönliche Meinung der Autorin. Ach so, ja sorry, dann kann man natürlich die jahrelange Arbeit von Wissenschaftlern zur Aufklärung über die Pandemie zunichtemachen und »Querdenkern« die Steilvorlage liefern, Hunderte Studien damit zu invalidieren, dass der »ÖR« ja doch schon »längst zugegeben hat«, sie hätten die ganze Zeit recht gehabt. Die werden sicherlich begreifen, dass es nur ein Kommentar mit einem suggestiven Titel ist, dessen Faktengehalt man kritisch betrachten muss.

Ich bin sehr großer Fan der öffentlich-rechtlichen Medien, aber derartige Vorfälle zeigen die offenen Flanken des klassischen Journalismus. Seine Meinung zu äußern ist natürlich erlaubt, sollte aber kein Freifahrtschein sein, sich nicht mehr an Fakten und dem Stand der Wissenschaft halten zu müssen.

> **Man kann unterschiedliche Meinungen zu einem Thema haben. Aber nicht unterschiedliche Fakten.**

Meinungen müssen sich trotzdem an die Fakten halten. Umgekehrt brauchen auch »neutrale« Berichte eine »Haltung«. Ein Journalist soll nicht stupide unkommentiert die Aussagen verschiedener Personen aufzählen und dann den Leser selbst herauspicken lassen, welche ihm mehr gefallen, wenn es um Fakten und Wissenschaft geht. Oh, Person X sagt, es regnet, aber Person Y sagt, es regnet nicht. Wer weiß? Ein Journalist darf auch rausgehen und nachschauen, wie das Wetter wirklich ist. Ich habe nur das Gefühl, manchmal haben Journalisten Angst, einer Seite deutlich Recht geben zu »müssen«. Denn es sieht wie Parteilichkeit aus, wenn man das macht. Man wird ja ohnehin schon von den Trollhorden täglich heimgesucht, die einem genau das vorwerfen. Deshalb sollten Journalisten genauso wenig Falschaussagen von anderen stehen lassen, wie selbst welche als »Meinung« zu rechtfertigen. Das wird besonders in Interviews deutlich.

Ein Interview ist keine Ausrede, Desinformation Reichweite zu geben

Bis zum Verfassen dieses Buchs wird der Faschist Björn Höcke noch zu Interviews öffentlich-rechtlicher Sender eingeladen.* Und den Begriff »Faschist« habe ich übrigens nicht leichtfertig gewählt, sondern weil er auf Höcke auch zutrifft.

Das Verwaltungsgericht Meiningen erlaubte 2019 AfD-Gegnern, Höcke so zu bezeichnen, weil es keine rechtswidrige Beleidigung sei, sondern »auf einer überprüfbaren Tatsachengrundlage beruh«.[149] Falls du noch mehr überzeugt werden willst, kannst du auch 25 Zitate von Höcke lesen, die ich gesammelt habe, in welchen er millionenfache Deportationen mit »wohltemperierter Grausamkeit« von »kulturfremden« Menschen fordert, bei denen wir »leider ein paar Volksteile verlieren werden«. Und noch weitere antisemitische Codewörter aus der NS-Zeit, rechtsextreme Verschwörungsmythen – das volle Programm eben.[150]

Nun, zurück zum Thema: Dieser Mann darf sich im ZDF weiter als normaler Politiker inszenieren und über (zu viel) Digitalisierung an Schulen plaudern. Dort platziert er Propaganda-Begriffe, hetzt gegen »Multikultisierung«, gegen Inklusion und eben auch gegen die Presse, die ihm gerade die beste Bühne gibt, die er sich wünschen kann.

* Ich habe das so formuliert in der vielleicht leichtgläubigen Hoffnung, dass sich das irgendwann mal endlich ändert.

Der MDR* rechtfertigte dieses Interview mit einem Faschisten im August 2023 damit, dass man nicht auf die »klassische journalistische Darstellungsform« des Interviews verzichten könne, wenn man Leuten die Positionen eines Faschisten transparent machen wolle.[151]

Aber … kann das wirklich für Faschisten gelten? Journalisten rechtfertigen sich oft damit, dass man als geschickter Journalist den Gesprächspartner ja gut »entlarven« könne. Man müsse mit ihnen reden, um sie zu entlarven. Dazu mehrere Dinge: Es gibt genug Beispiele, in denen das den Journalisten nicht gelungen ist. Und dann ist man einfach nur der beste Helfershelfer, um rechtsextreme Propaganda zu verstärken. Doch selbst im besten Fall, wenn es gelingt, dass man einen AfD-Politiker durch kritische Fragen in die Ecke drängt und ein Höcke das Interview abbricht und der Presse mit »massiven Konsequenzen« droht,[152] bekommt der Faschist immer noch das, was er wollte: seine prominente Opferrolle.

Wenn der Journalist in das Interview geht, um Höcke sozusagen »fertigzumachen«, selbst wenn das absolut gerechtfertigt ist, dann muss die AfD das nicht mal als Angriff verzerren, weil es letztlich einer ist. Die Leute, bei denen sich diese Propaganda verfangen soll, die werden mal wieder nur sehen: Die Presse möchte der AfD schaden. Und schlägt wieder in die gleiche Kerbe des »Lügenpresse«-Narrativs. Wenn der Journalist unkritisch den AfD-Politiker dessen Propaganda und Lügen herunterbeten lässt, wird die AfD nicht sagen: Oh, die Presse ist doch fair! Nein, sie wird genauso weitermachen wie bisher. Die AfD kann so nur gewinnen. Im Gegenteil, sie wird dem Journalisten die Vorwürfe direkt ins Gesicht sagen und vor einem Millionenpublikum behaupten, dass er nichts mehr sagen dürfe.

Interviews mit Rechtsextremen werden immer scheitern, weil sie sich mit voller Absicht nicht an die Spielregeln halten.

---

* Es war nicht direkt Absicht, wieder den MDR hier an den Pranger zu stellen, aber vielleicht sind manche ÖR-Sender problematischer als andere?

Eine Studie von 2023 hatte untersucht, wie sich Interviews mit rechten Aktivisten auf die Zuschauer auswirken, und festgestellt: Wenn Rechtsextreme im Fernsehen sind, bekommen sie höhere Zustimmung. Es gibt keine »Entzauberung«. Sendezeit für Rechtsextreme stärkt Rechtsextreme – sie kritisch einordnen kann bestenfalls dazu führen, dass die Stärkung größtenteils ausbleibt. Wenn Journalisten es richtig machen, können sie dadurch bestenfalls keinen zusätzlichen Schaden anrichten.

Und klar, wenn die AfD nicht eingeladen wird, wird sie sich groß als Opfer inszenieren. Was de facto also nichts verändern würde. Die Öffentlich-Rechtlichen haben keine Pflicht, die AfD einzuladen. Die Programmautonomie liegt bei den Sendern selbst.[153] Das hat auch das Bundesverfassungsgericht bestärkt.[154] Es ist ja nicht so, als sollte man die AfD totschweigen oder dergleichen. Es gibt noch Mittelwege zwischen: »Wir bieten ihnen eine große Bühne« und »Wir versuchen, sie vor der Bevölkerung zu verstecken«.

Reportagen, investigative Berichte über diese Partei und deren Programmatik, im richtigen Rahmen können wirklich aufklären. Man kann sie ja sogar interviewen, aber dann in eine Sendung einbauen, die die richtige Einordnung und Faktenchecks ergänzt, die man live nie machen könnte. Lügen aufzustellen ist viel einfacher, als sie richtigzustellen. Übrigens ein Grund, warum das ganze Format der Talkshow wegen mir komplett eingestampft werden könnte. Aber das nur am Rande.

Aufregende Vorfälle sind keine Ausrede, irreführende Narrative zu pushen

Auch gute Journalisten in seriösen Medien können irreführende Narrative und Desinformation kolportieren, selbst wenn sie sich an ihre journalistischen Standards halten und manchmal sogar versuchen, dem zu widersprechen. Ich möchte mal etwas ausschweifen und über ein weitverbreitetes Narrativ sprechen.

In der Silvesternacht 2019* attackierten 20 bis 30 teils Vermummte drei Polizisten nach einem Festnahmeversuch. Dabei sei ein Polizist schwer verletzt worden. Besonders bemerkenswert macht den Fall, was in den Medien gelandet ist.

In der ersten Pressemitteilung sprach die Polizei von einer »Notoperation«, dass ein Angriff »von Unmenschen« »geplant und organisiert« worden sei. All diese Dinge stellten sich als falsch heraus. Aber erst einige Tage später, als Journalisten das herausfanden.[155] Doch dass es nicht so überdramatisch abgelaufen ist, wie ich es eingangs beschrieben habe, das hat man nicht mitbekommen, wenn man die Medienberichte im Anschluss gelesen hatte, die sich auf die teils falschen Polizeimeldungen berufen hatten und teilweise selbst noch weiter dramatisierten.

»Brutale Straßenschlacht in Leipzig: Chaoten wollten Polizisten töten«, schrieb Tag24, und selbst das toppte unsere BILD noch einmal mit der Fake News »Polizei warnt vor neuem RAF-Terror«[156]. Hier wurde das Narrativ »Linksradikale sorgen für bürgerkriegsartige Kämpfe« deutlich bedient. Die Deutsche Welle titelte damals übrigens »Verletzte bei Silvester-Randale in Leipzig«, aber wiederholte die fiktive »Notoperation« als Fakt.[157]

Wenn die Polizei schon eine verzerrte Vorlage liefert, und Knalltüten wie bei BILD völlig eskalieren, dann machen seriöse Medien vielleicht seriöse Arbeit, aber es verpufft in der medialen Aufregung. Klar, abgesehen von den Falschmeldungen der Polizei, auf die sich die Deutsche Welle leider verlassen hat – der deutsche Journalistenverband betont, Polizeiberichte kritisch zu hinterfragen[158] und sie nicht als »privilegierte Quelle« zu betrachten, der man uneingeschränkt vertrauen kann –, hat die Deutsche Welle alles richtig gemacht. In der Flut an aufgebauschten Schlagzeilen und Ergötzung an echter oder vermeintlicher Gewalt kann eine kleine (deutsche) Welle aber kein Gegengewicht sein. Im Gegenteil, sie wird in der Masse als

* Das mit dem Jahreswechsel kann verwirrend sein, deswegen spreche ich fortan von Silvester in dem Jahr, das jeweils zu Ende ging. Die meisten Berichte sind dementsprechend aus dem Folgejahr, weil nach Neujahr erschienen, offensichtlich.

weitere Bestätigung der krassesten, emotionalen Überschriften verstanden, weil sie ihnen ja nicht fundamental widerspricht. Wenn die Krawall-Medien den Ton gesetzt haben, geht der Rest unter.

Das »Silvester-Narrativ«

Nehmen wir ein nächstes Beispiel. Und bleiben wir bei Silvester, denn große, rechte Narrative, die mindestens zum Teil auf Unwahrheiten basieren, sind inzwischen wohl eine Art Neujahrstradition.

> **Dieses gesamte Narrativ ist ein eindringliches Beispiel, wie unser journalistisches System außerstande ist, systematische Desinformation einzudämmen.**

Im Gegenteil, seit der berüchtigten Silvesternacht 2015 in Köln hat sich jenes »Silvester-Narrativ« entwickelt. So gut wie jede Silvesterfeier in unserem Land verläuft friedlich und ohne Verletzte. Aber dass nichts passiert ist, ist ja keine Geschichte. Und keine Nachrichtenmeldung. Hier liegt das Problem.

Denn Krawalle, Verletzte, Angriffe auf Rettungskräfte und auch Tote sind zwar selten, aber grundsätzlich an Silvester leider relativ normal. Es gibt kein Anzeichen dafür, dass es schlimmer werden würde. Die Berichte von 2018 lesen sich genau wie die von 2022, und genaue Zahlen gibt es nicht, die man unabhängig prüfen könnte.[159] Im Gegenteil, Gewaltkriminalität geht seit vielen Jahren weiter zurück und ist derzeit auf einem historisch niedrigen Level.[160] Krawalle an Silvester gibt es jedes Jahr. Und an vielen Orten in Deutschland. Deswegen haben wir ähnliche Diskussionen ja jedes Jahr aufs Neue. Sie lösen dann direkt die Debatte ab, ob man privates Böllern verbieten sollte, um eben genau derartige Verletzungen und Rettungseinsätze zu minimieren. Die Beliebigkeit der einzelnen Vorfälle zeigt sich zudem daran, dass die Bilder teilweise austauschbar sind, und viele Leute es gar nicht merken.

In der jüngsten Silvester-Debatte von 2023 wurde ein Video viel geteilt, dass einen Vorfall von 2019 zeigte. Ich habe oben ja schon Silvester 2019 erwähnt. Auch damals gab es Videos von Polizisten, die von »aggressiven Jugendlichen« angegangen wurden.[161] Silvester 2017, ich zitiere die Tagesschau: »Die Angriffe auf Rettungskräfte und Polizisten an Silvester und Neujahr haben eine politische Debatte ausgelöst.«[162]

Die Silvester in den Pandemiejahren waren eine offensichtliche Ausnahme, auch wenn es sogar 2021 Auseinandersetzungen gab, die es in Schlagzeilen schafften. In Leipzig, Stuttgart oder Dresden gab es »Unruhen«[163]. Obwohl es allgemein sehr ruhig war, ruhiger als sonst. Ein Sprecher erklärte in Stuttgart: »Sogar an manchen Sommernächten hatten wir mehr zu tun.«[164]

Aber das zeigt schon ein bisschen den Punkt, den ich machen will: Es wird berichtet, wenn etwas passiert, und irgendetwas passiert immer. Nur durch das Lesen der Schlagzeilen und der aufgeregten Kommentatoren und Politiker, die einzelne Fälle zur Profilierung nutzen wollen, wirst du nie ein gutes Bild davon haben, ob irgendetwas »schlimmer« geworden ist. Genau das war aber die vorherrschende Meinung in der Silvesterdebatte 2022 auf 2023. Eine Meinung, die so weitläufig geworden zu sein scheint, dass einige Journalisten das ungeprüft für gegeben halten.

Die ZEIT titelte am 2. Januar 2023: »Lauter, härter, brutaler.« Es habe »bundesweit« »Angriffe auf Einsatzkräfte« gegeben und: »Die Gewalt fiel extremer aus.«[165] Die Rechtfertigung für dieses Urteil? Neben dem Aufzählen einiger Vorfälle die Meinung zweier Vertreter von Einsatzkräften. Ein Sprecher der Hamburger Feuerwehr und ein Sprecher der Essener Polizei, die den persönlichen Eindruck hatten, dass die schon immer stattgefundenen Angriffe eine »neue Qualität« gehabt hätten oder »mir persönlich in dieser Form noch nicht bekannt geworden« wären.

Ich will die persönlichen Eindrücke der beiden nicht relativieren, aber es sind auch einfach nur die persönlichen Eindrücke zweier Sprecher, mehr nicht. Einer betont sogar die Subjektivität seiner

Wahrnehmung. Erst ganz am Ende des Artikels wird erwähnt, dass die Lage »nicht überall eskalierte«, dass in »Chemnitz, Dresden und vor allem in Leipzig [...] sogar weniger los war als bei früheren Silvesternächte«.[166]

Aber es war ja nicht nur dort ruhig. Andrej Reisin von Übermedien zählte völlig untergegangene Schlagzeilen auf, die in vielen Städten die Friedlichkeit betonten: »In Hannover zog die Polizei eine weitestgehend positive vorläufige Bilanz.« In Stuttgart zog man eine »positive Bilanz« ohne »schwerwiegende Vorkommnisse«. Die Münchner Bilanz war »arbeitsreich«, aber augenscheinlich ohne besonderes Gewaltgeschehen. Auch Ober- und Mittelfranken, inklusive Nürnberg, zogen eine »positive Bilanz«. Ein »positives Fazit« gab es auch in Leipzig, ganz im Gegensatz zum letzten »richtigen« Silvester vor der Corona-Pandemie, als es zu Straßenschlachten mit Teilen der linken Szene kam, über die medial auch mehr oder weniger hysterisch berichtet wurde. In Düsseldorf sprach die Polizei zwar von einer silvestertypisch »hohen Einsatzintensität«, vermeldete aber gleichzeitig »bislang keine schweren Straftaten«. Sogar die Polizei Hamburg nannte es eine »im Vergleich ruhige Silvesternacht!«.[167]

Ein seltsamer Widerspruch zur Aussage des Sprechers der Feuerwehr von oben, oder? Offenbar ist das auch kein universeller Eindruck gewesen.

Wenn ich es so frame, kannst du dich vielleicht sogar fragen, ob überhaupt irgendetwas passiert ist. Aber natürlich haben so gut wie alle über Neukölln, Berlin gesprochen. Und es ging immer um das gleiche Narrativ, das »Silvester-Narrativ«. Es ist nur eine Unter-Kategorie des rechtsextremen und völlig fiktiven Meta-Narrativs von »Deutschland war friedlich, 2015 kamen Migranten, und jetzt ist alles schlimm«.

Zur Erinnerung: Deutschland ist, was (Gewalt-)Kriminalität angeht, auf einem historisch niedrigen Niveau. Genau die Jahre nach 2017 sind die friedlichsten und gesetzestreuesten seit der Wiedervereinigung. Eine Tatsache, die manche AfD-Köpfe explodieren lassen würde, wenn sie sich nicht ganz schnell gegenseitig vergewissern könnten, dass der böse Volksverpetzer mit seinen Zahlen aus der Polizeilichen Kriminalstatistik (PKS) ja nicht ihre schönen Narrative widerlegen könne. Du selbst magst dich fragen, ob das wirklich sein kann, und das zeigt, wie krass sich das rechte Märchen von »es wird alles immer krimineller« durchgesetzt hat. Aber ja, die sechs Jahre mit den wenigsten registrierten Straftaten sind die letzten sechs – 2017 bis 2022.[168]

Deshalb muss nicht mal Hautfarbe oder Herkunft in diesen Kontexten erwähnt werden, um das rassistische Narrativ zu bedienen. Auch wenn es immer öfter schamlos gemacht wird, weil der Rassismus in unserem Land immer salonfähiger wird. Sogar CDU-Politiker sprachen jetzt sogar von einem »westasiatischen Phänotypus« und »dunklerer Hauttyp«.[169] Wir wären nicht Deutschland, wenn nicht einfach jedes verdammte Problem auf Ausländer geschoben werden könnte. Am liebsten Probleme, die man massiv selbst aufbauscht. Nicht »komplett erfindet«, denn natürlich gab es ja einige Vorfälle. Wie jedes Jahr. Es gab ja ein dramatisches Video von Angriffen auf Einsatzkräfte. Und es ist zu verurteilen, und es ist ein Problem, über das wir diskutieren könnten. Doch das eine Video (und viele Fake-Videos, die dazugestreut wurden) stehen sehr schnell nicht mehr für den einen Vorfall, sondern werden zu einem Symbol erhoben.

> **Die einzelne (in dem Fall in groben Zügen echte) Geschichte wird zu dem Beweis des Narrativs, an das man ohnehin glaubt.**

Man spricht es oft nicht direkt aus, aber der Verweis auf diesen Einzelfall wird stets im Diskurs als Hinweis verstanden, dass es eben kein Einzelfall sei, sondern nur ein Beispiel eines viel größeren Problems. Und dieses eine Video reicht für die meisten, um dieses angeblich größere Problem auch schon zu belegen.

> **Denn was reicht, um Menschen zu überzeugen, sind nicht Zahlen, Statistiken oder Aussagen von Experten, sondern eine gute Geschichte.**

Das Problem: Nicht nur werden einzelne Vorfälle herausgepickt, sie werden außerdem massiv aufgeblasen. Denn selbst in Neukölln ist nicht alles passiert, was die Medien berichtet haben. Am 2. Januar waren es noch »200 Vermummte« gewesen,[170] dann wurden 145 Festnahmen daraus, und am Ende – eine ganze Woche danach – stellte es sich erst heraus, dass es nur 38 Festnahmen bei dem relevanten Vorfall gewesen waren. Und auch diese Zahl ist nur bedingt zu gebrauchen. Zudem waren die meisten 21 – und deutsch.[171]

Neukölln ging viral, weil es besser in das Narrativ gepasst hat. Neukölln hat einen selbst für Berlin hohen Anteil an Menschen mit Migrationshintergrund.[172] Selbst der Hinweis, dass die meisten Tatverdächtigen (noch nicht mal Täter!) Deutsche waren, interessiert in der Debatte nicht. Dann wird nach den Vornamen gefragt. Die Debatte in Deutschland wurde genau darum geführt. Aber das geht völlig am Thema vorbei. Dass wir über Neukölln überhaupt derartig intensiv und aufgeregt gesprochen haben, war bereits der Fake. Was? Wir berichten über einen Vorfall, in einem Viertel mit einem der höchsten Migrationsanteile des Landes? Und da sind dann viele mit Migrationshintergrund? Sag bloß.

Aber vermutlich werden genau deshalb auch diese Vorfälle weniger medial in den Vordergrund gerückt. Nicht nur findet hier ein extrem intransparentes Cherrypicking einzelner Vorfälle statt, diese werden alle auch noch aufgebauscht und dramatisiert. Es werden Fake-Videos geteilt, um die Stimmung anzuheizen, Boulevard-Blätter wie BILD ergötzen sich an der Inszenierung mit allen denkbaren Superlativen, und hinzu kommen Pressemitteilungen der Polizei, die auch eine Agenda hat, aber die viel zu selten kritisch eingeordnet wird.

Reisin erklärte die Diskrepanz zwischen der letztlichen Faktenlage und den aufgeregten Debatten in den Medien, die sich ja auf Pressemeldungen der Polizei stützten: »Entweder, die Pressemeldungen der Polizei zum Jahreswechsel sind mehr oder weniger wertlos – oder Medien inszenieren sich einen Gewaltexzess, der in dieser Form nicht stattgefunden hat.«[173]

Auch wenn es hier in diesem Kapitel viele falsche Zahlen und teilweise falsche Videos gab, das meiste, worüber ich hier gesprochen habe, waren nicht »Fake News« in dem Sinne, wie es die meisten verstehen. Versteh mich nicht falsch, es gab sehr viele. Die AfD und ihre Trollhorden haben zusätzlich zu diesem ganzen aus dem Ruder gelaufenen Berichten, Framings und Narrativen noch ihr Übriges getan. Aber es hat sie gar nicht erst gebraucht, um diese Debatte zu erzeugen, diese vermeintlichen Selbstverständlichkeiten, auf die sich die Weltbilder der Fake-Gläubigen stützen. Sie haben ihr Fake-Narrativ ja auch schon so durch die »Mainstream-Medien« erhalten. Wie viele Tatverdächtige es denn jetzt waren, oder ob das eine Video gar nicht Neukölln 2022 war, sondern Hongkong 2019,[174] das ist alles nicht so wichtig. Denn dass es »lauter, härter, brutaler« geworden sei und irgendwie »Migranten« etwas damit zu tun hätten, das steht in allen großen Zeitungen und auch in denjenigen, die sich sicherlich nicht den Vorwurf machen müssen, die Agenda der AfD fördern zu wollen.

Die Wahrheit hinter dem »Silvester-Narrativ«

Und bevor ich weitergehe, kann ich erst jetzt, in diesem Kontext den Elefanten im Raum ansprechen, denn ich möchte das Thema jetzt noch nicht abschließen, ohne die andere Seite anzusprechen – die Fakten. Ja, das ganze Narrativ besteht aus einseitig herausgepickten Beispielen und ist grundlegend rassistisch. Es ist konstruiert und aufgebauscht, von Grund auf. Deswegen habe ich den »Faktencheck«, die Widerrede, die die meisten in diesen Debatten anbringen, mir jetzt zum Schluss aufgehoben.

Die wichtigsten Faktoren für Gewalt und Kriminalität sind: Männlichkeit und eine prekäre Lage, Alter und Bildung.[175, 176] Nicht Hautfarbe oder Vornamen, auch wenn Menschen mit Migrationshintergrund wahrscheinlicher eben in prekären Lagen leben und schlechteren Zugang zu Bildung haben, aus strukturellen Gründen.[177] Es ist absolut richtig, darauf hinzuweisen.

Die CDU-nahe Konrad-Adenauer-Stiftung stellt nicht nur fest, dass der Verweis auf »kulturell bedingte Männlichkeitsvorstellungen oder religiöse Faktoren« zu kurz greift, sondern spricht von »sozialer Desintegration«: Es ist ein komplexes Zusammenspiel von verschiedenen Faktoren, wie »niedriger sozialer Status«, »Heterogenität« in Norm- und Wertvorstellungen und »fehlender Mobilität«, die zu Spannungen führen. Es sind zusätzlich interne und externe Faktoren, wie auch Diskriminierung auf persönlicher und staatlicher Ebene.

Des Weiteren spielen 2022 natürlich auch die Frustration, Langeweile und psychische Probleme aus der Pandemie eine relevante Rolle. Man schlägt »vielfältig abgestimmte Maßnahmen« vor, die auch in der Vergangenheit Erfolg zeigten, wie »Einrichtung von verstetigten Sozialraumkonferenzen«, »Paradigmenwechsel in der Sozialpolitik«, bessere personelle und materielle Ausstattung an Schulen und Einbeziehen der lokalen Zivilgesellschaft.[178] Es tut mir fast leid, dass ich hier konstruktive Lösungen und tatsächliche Probleme nur am Rande anspreche. Obwohl es genau die Diskussionen sind, die wir als Gesellschaft stattdessen führen sollten. Aber ich muss hier Medien und ihre Rolle bei schädlichen Narrativen zeigen, weil diese es sind, die diese Diskussionen unmöglich machen.

> **Das fiktive Narrativ, das letztlich durch diesen ganzen Silvester-Zirkus jedes Jahr verstärkt wird, soll letzten Endes einfach stets nur belegen, dass »nicht-weiße« Menschen ein Problem wären. Oder die Ursache für (alle) Probleme.**

Und die Lösung dann einfach: sie loszuwerden. Die Hunderten Meldungen von Vorfällen, alle Fake-Videos, alle aufgebauschten Zahlen, die Diskussionen um die Nationalitäten und das alles dreht sich in Wahrheit nur darum. In einer Medienlandschaft, in der man so gut wie gar nicht über die echten Probleme und deren tatsächlichen Lösungsansätze reden kann.

Wie News zu Fakes werden

Und zwar, weil auch der klassische Journalismus dabei versagt, diesen Narrativen etwas entgegenzusetzen. Falls du es vergessen hast: Ich wollte an diesem Beispiel zeigen, wie sehr der Diskurs verzerrt werden kann, auch ohne »Fake News«, mit seriösen Zeitungen und mit Polizeiberichten und Aussagen von Gewerkschaftsvertretern und Politikern. Ja, Falschinformationen haben auch dort eine Rolle gespielt und mitgeholfen, die ganze Debatte noch weiter zu dramatisieren. Aber diese waren nicht der alleinige Auslöser, dass es überhaupt so weit gekommen ist. Dass eine rechtsextreme Partei so viel Zuspruch erhält und in manchen Landtagen stärkste Kraft werden könnte. Dass alle paar Tage ein Flüchtlingsheim brennt.[179] Dass Moscheen ständig Drohbriefe erhalten.[180] Rassismus ist an Schulen Alltag.[181] Natürlich ist parallel zu allem, was ich gerade erzählt habe, noch auf Social Media in der rechtsextremen Blase der Teufel los gewesen. Und in den Kommentarspalten aller Medien. Noch mehr Fake News, noch mehr blanker Rassismus.

Wie unsere Kollegen von »DieInsider«, die anonym in Hunderten AfD-nahen Gruppen unterwegs sind, regelmäßig dokumentieren, ist der düstere Unterbau hinter der AfD auf Social Media eine reinste Hölle aus Hass und Lügen, wie du es dir nicht mal vorstellen kannst. Hinter der Fassade der AfD kann es Teilen der Anhänger gar nicht schnell genug gehen mit dem Absetzen der Regierung, mit der Inhaftierung aller Nicht-AfD-Politiker, mit Exekutionen und ja, manchmal auch dem Start eines neuen Holocausts.[182]

Diese Dinge sind natürlich auch ein Faktor und sollen hier nicht unerwähnt bleiben. Sie haben viele Politiker und Journalisten getrieben und sind ein Teil der Debatte, den wir nicht einfach unerwähnt lassen können, nur weil er inzwischen selbstverständlich und so selbstverständlich verabscheuungswürdig geworden ist. Aber ich habe mich nicht darauf fokussiert, weil ich zeigen wollte, dass man die rechtsextreme AfD und ihren Hass gar nicht mehr direkt braucht, damit Desinformation in der Gesellschaft normalisiert wird.

Das »Silvester«-Narrativ hat gewissermaßen … »gewonnen«. Hier ist ein Fake Mainstream, also in der Mitte der Gesellschaft angekommen. Eben weil der klassische und auch seriöse Journalismus nicht damit umgehen konnte. Weil diese Narrative nicht *so* falsch sind, wie es einfache »Fake News« sind. Jedoch in die gleiche Kerbe schlagen wie sie. Und Journalisten in ihrem System gefangen sind, und nicht anders berichten können als dadurch, diese Dinge zu reproduzieren, selbst implizit, selbst unabsichtlich. Sie können sich nur in dem Rahmen bewegen, der ihnen vorgegeben wird.

> **Journalisten begegnen den falschen Narrativen auf einem Spielfeld, das schon zu ihren Ungunsten manipuliert ist.**

Was überhaupt berichtet wird

Die »Nachrichtenwert-Theorie« besagt, nach welchen Kriterien Ereignisse ausgewählt werden. Der »Nachrichtenwert« entscheidet darüber, »ob ein Ereignis überhaupt als berichtenswert gilt, wie viele Zeilen bzw. Sendezeit ihm eingeräumt und in welcher Weise es präsentiert wird«.[183]

Viele der Faktoren scheinen wie gemacht, um unsere Wahrnehmung zu verzerren: Kurze, singuläre Ereignisse werden öfter berichtet, was (gegensätzliche) Trends verschleiert. Die »Aufmerksamkeitsschwelle« wird gezielt durch die rechten Trolle und deren mediales Ökosystem befeuert. Es gibt mehrere ganze mediale Parallelwelten, die ständig versuchen, echte oder fiktive Fälle zu skandalisieren, und immer wieder schaffen sie es kollektiv, »ihre« Ereignisse in den Mainstream zu schieben.

Ein weiterer Faktor ist die »Kontinuität«: Sobald ein Thema etabliert wurde, wird auch weiter darüber berichtet. Deshalb setzt sich ein einmal gesetztes Narrativ und Framing auch so gut durch, weil es dann den Diskurs bestimmt. Wenn das Thema und wie darüber gesprochen wird, an sich schon irreführend ist, wie soll man dann darüber reden, ohne es zu verstärken? Wenn ich 2023 über »Neukölln«

sprechen wollte, selbst um das alles von Grund auf als Scheindebatte zu entlarven, habe ich letztlich trotzdem über »Neukölln« gesprochen. Das ist ein fundamentales Problem.

Es kommt noch mehr hinzu: Bestimmte »Elite-Personen« sorgen allein durch ihre Beteiligung für den Nachrichtenwert. Diese Stellung hat die ganze AfD als »Elite-Partei«.* Durch ihre gezielten Tabu-Brüche sorgte sie für die »Überraschung«, die zum Nachrichtenwert beitrug und sie so mit Aufmerksamkeit versorgte.

Es geht noch weiter: »Personalisierung«: »Je eher ein Ereignis auf individuelles Handeln zurückgeführt werden kann, desto wahrscheinlicher wird eine Berichterstattung durch die Medien.« Wenn die Fake-Narrative daraus bestehen, dass es »schlechte« Individuen gibt, die man mit praktisch erkennbaren äußeren Merkmalen verknüpfen kann, die »schlechte« Dinge tun, wird deutlich, wie sich derartige Ereignisse eher in den Medien wiederfinden als komplexe sozio-ökonomische Umstände, die aber näher an dem sind, was der Stand der Wissenschaft beschreibt.

Zuletzt gehört zum Nachrichtenwert die »Negativität«. »Katastrophen, Konflikte und Verbrechen« werden in den Medien besonders hervorgehoben.

> **Für Demagogen und Narrative, die auf Hass, Ablehnung und Wut basieren, die beste Umgebung.**

Dazu muss es keine »Lügenpresse« geben, da muss nicht jeder Journalist eingeschworen werden, Teil eines bösen Komplotts zu werden, um die Öffentlichkeit systematisch zu manipulieren. Im Gegenteil. Die meisten sind aufrichtige Menschen mit besten Absichten. Viele wollen sogar aufrichtig etwas gegen den Hass tun. Sie sind schließlich selbst eines der Ziele dieses Hasses. Deutschland rutschte im internationalen Vergleich bei der Pressefreiheit auch weiter ab, weil es so viele Angriffe auf Journalisten gibt.[184] Aber einfach aufgrund dessen,

---

* Doppeldeutigkeit beabsichtigt.

wie Nachrichten funktionieren, strukturell, werden falsche Narrative gefördert. Wegen der vielen Gründe, die ich bereits aufgezählt habe. Und auch, weil die Medienlandschaft strukturell dazu neigt.

Wer Ereignisse auswählt

Vorab muss ich einen kurzen Einschub machen, und mich klar von Noam Chomsky distanzieren. Der amerikanische Sprachwissenschaftler Noam Chomsky ist einer der bekanntesten Linguisten und einflussreichsten politischen Kommentatoren und ich werde mich gleich teilweise auf eine seiner theoretischen Modelle für meine Argumentation stützen, die er gemeinsam mit Edward Hermann 1988 entwickelt hat.

Doch bevor ich das tue, möchte ich klarstellen, dass ich ihn hier nicht unkritisch rezipieren möchte. Chomsky leugnete den Genozid in Bosnien,[185] er argumentiert regelmäßig dafür, dass man den Holocaust leugnen dürfen solle[186] und verbreitete Putin-freundliche Falschdarstellungen, Relativierungen und Verschwörungserzählungen, in denen er unter anderem die Souveränität der Ukraine leugnete und Taten Russlands rechtfertigte und Putins Ziele und Methoden relativierte.[187, 188] Chomsky selbst verbreitet Verschwörungsmythen und Desinformation und mein Zitieren soll hier nicht als uneingeschränkte Empfehlung verstanden werden. Sorry, aber diese Erklärung hätte eine Fußnote gesprengt.

Um zu erklären, wie auch durch die Art und Weise, wie in westlichen Demokratien Journalismus strukturiert und aufgebaut ist, bestimmte Narrative und Desinformation leichter verbreitet werden, möchte ich auf das Filtermodell nach Herman und Chomsky verweisen.[189] Nach dieser Theorie gibt es in kapitalistischen Demokratien keine »Propaganda« im klassischen Sinn, dass ein Staat vorgibt, was berichtet werden darf, aber Medien und ihre Berichte durchlaufen trotzdem verschiedene Filter, bevor sie veröffentlicht werden, die so auch beeinflussen, was und wie es veröffentlicht wird.

Wem die Nachrichten gehören

Der erste Filter sind die sogenannten »Besitzer«. Dieser Filter beschreibt, inwieweit eine privilegierte Elite die Massenkommunikation beeinflusst. Das liegt zum einen daran, dass die Medienlandschaft zu großen Teilen einigen wenigen Verlagen gehört. Die Top 10 Verlage in Deutschland hatten 2022 über 57 Prozent der Auflage des Tageszeitungmarktes, die Verlagsgruppe Stuttgarter Zeitung (11,8 Prozent) und Axel Springer SE (10,6 Prozent) belegen 2022 die Spitzenplätze. Bei den Kaufzeitungen machen die 5 größten Verlagsgruppen sogar 98,5 Prozent aus.[190]

Bei den Zeitschriften ist es ähnlich: 2021 konzentrierten sich 63,6 Prozent des Marktes auf die fünf größten Zeitschriftenverlage.[191] Nicht nur ist das große Marktmacht einzelner Konzerne, ganze Zeitungen gehören einzelnen Milliardären. »Time« wurde von Milliardär Marc Benioff gekauft, »Le Monde« von Xavier Niel, »The Atlantic« von Laurene Powell Jobs, die Witwe des Apple-Gründers, »The Washington Post« von Jeff Bezos und viele mehr.[192, 193]

Die großen deutschen Presseverlage gehören auch ganz oder in großen Teilen einzelnen Personen oder Familien, die oft die Vorstände selbst sind. Silke und Holger Friedrich haben sich 2019 die Berliner Zeitung gekauft.[194] Hubert Burda Media, der unter anderem Focus und Bunte gehört, gehört Hubert Burda. Die FUNKE Mediengruppe gehört einer Familie.[195] Bertelsmann gehört zu großen Teilen der Familie Mohn.[196] Die Bauer Media Group gehört Yvonne Bauer.[197] Und über Mathias Döpfner und Friede Springer, die beide große Anteile an Axel-Springer besitzen, sprechen wir später noch.[198] Und ja, die meisten von den gerade Aufgezählten sind Milliardäre.[199]

Eine Studie der Universität Cambridge hat festgestellt, dass Milliardäre sich extrem oft politisch engagieren. 11 Prozent aller Milliardäre weltweit haben schon für ein politisches Amt kandidiert – und sie gewinnen sie oft. Sie fokussieren ihre Ambitionen auf politisch einflussreiche Positionen. Und sie tendieren dazu, politische Einstellungen rechts der Mitte zu haben. Klar geht es hier überwiegend um politische Ämter, aber direkten Einfluss auf einen nicht unerheblichen Teil der Medien zu haben, dürfte ähnlich sein.[200]

Klar, das muss jetzt nicht heißen, dass automatisch jeder Beitrag Propaganda im Sinne des Besitzers ist, viele geben sich Mühe, Redaktion und Geschäftsbetrieb zu trennen. Es gibt auch Amazon-kritische Berichte bei der Washington Post. Aber das ist eine informelle Vereinbarung und wir müssen darauf vertrauen, dass das schon alles mit rechten Dingen zugeht. Und im Zweifel greift der Boss halt ein.

So zum Beispiel Mehrheitsgesellschafter des Ippen-Verlags, Dirk Ippen, der eine riesige Recherche über Damals-noch-Chef der BILD, Reichelt, stoppte.[201] Und ja, du wartest sicher schon ungeduldig auf den Axel-Springer-Verlag, der hier die ganze Zeit hinter den Zeilen durchscheint, aber der kriegt sein eigenes Kapitel. Geduld!

Man braucht also nicht direkten redaktionellen Einfluss – den es gibt –, um hier das Problem zu sehen. Die »Schere im Kopf« ist vorhanden, man weiß ja auch, was von einem erwartet wird, und es werden ja auch Journalisten eingestellt, die ideologisch zum Unternehmen passen. Die FAZ wird eher zu konservativen Standpunkten und Autoren neigen und die Süddeutsche zu eher linksliberalen und dementsprechend weitestgehend ihre Autoren aussuchen.

Du wirst in einer Zeitung, die einem großen Verlag gehört, nicht regelmäßig Meinungen lesen, die für Politik plädieren, die direkt den Wohlstand der Besitzer angreift oder das System infrage stellt, das diese Konzerne erst ermöglicht. Und das meine ich bewusst wertneutral an dieser Stelle. Die Vielfalt der Journalisten deckt auch nicht die Gesellschaft ab. Menschen mit Migrationshintergrund sind unterrepräsentiert.[202] Menschen aus wirtschaftlich benachteiligten Milieus sind unterrepräsentiert, die meisten rekrutieren sich aus der Mittelschicht. Das ist einfach eine strukturelle Folge unserer Gesellschaft. Und natürlich sind auch weiterhin Frauen unterrepräsentiert, besonders in den Führungsebenen.[203] Das alles kann auch ohne böse Absicht zur Dominanz bestimmter Perspektiven führen.

Wie Geld mitbestimmt, was geschrieben wird und wie

Schließlich kommt noch der zweite »Filter« nach Herman und Chomsky dazu. Das sind »die Einnahmequellen«, die die Aufmachung der Nachrichten von wirtschaftlichen Aspekten, anstatt von journalistischen, abhängig macht.[204]

Die großen Verlage sind Unternehmen. Konzerne, die Geld verdienen müssen, um zu überleben. Für Unternehmer ist das Hauptziel in der Regel: Profit. Wäre es das nicht, macht die Zeitung in der Regel halt irgendwann Pleite. Das ist nicht intrinsisch verwerflich, das ist das, was Unternehmen ausmacht. Und, ja klar, irgendwie muss man halt auch Journalismus bezahlen. Es ist nicht wertend gemeint, ich schlage hier keine Alternative vor, aber Teile unserer öffentlichen Kommunikation und des Informationsaustauschs sind eben Marktmechanismen unterworfen.

Werbetreibende haben dann letztlich auch ein Druckmittel – sie können sich weigern, bei bestimmten Medien Werbung zu schalten. Das mag man begrüßenswert halten, wenn es Blogs von Rechtsaußen sind, »deren Geschäftsmodell auf Hetze und Falschbehauptungen« beruht[205, 206] – und das tue ich persönlich auch. Aber es gibt letztlich denjenigen, die Werbung schalten (können) Einfluss darauf, welche Medien überleben oder zumindest erfolgreicher sind.

Es ist ja auch erst mal sehr nachvollziehbar und fast schon trivial, aber eine Zeitung, die zum Beispiel Verbrennerautos und den gesellschaftlichen Fokus auf motorisierten Individualverkehr regelmäßig und grundsätzlich infrage stellt, kriegt vermutlich weniger Werbeanzeigen von BMW, Audi & Co. Das mag in Einzelfällen nachvollziehbar sein, aber im Gesamtbild ist es ein wirtschaftlicher Faktor, ein Risiko, ein Preis, den man bezahlt, wenn man bestimmte Dinge thematisiert und framed. Das gilt auch umgekehrt:

> **Wenn die Haupteinnahmequelle durch Werbung generiert wird, kann man mehr verdienen, wenn die Auflage, Hörerzahlen oder Einschaltquoten höher sind. Reichweite wird dann zum Selbstzweck.**

Um zu Social Media zurückzukehren: Klickzahlen sind wichtig. Ein Artikel ist buchstäblich weniger »wert«, wenn er weniger angeklickt wird als ein anderer. Und nicht, ob er besser recherchiert ist. Oder überhaupt wahr ist. Schlagzeilen werden danach optimiert, ob sie gut geklickt werden, und nicht, ob sie den Inhalt angemessen wiedergeben. Da die meisten nur Überschriften lesen, werden durch irreführende oder missverständliche Überschriften so auch Fake News gestreut.

Wenn Fakes zu Abos werden

Medien werden sich daran orientieren, was ihnen viele Klicks und damit Werbeeinnahmen gibt. Das ist halt im Zweifel wichtiger als gut recherchierte, wichtige Artikel. Ich schmuggle jetzt vorab trotzdem schon mal etwas Axel-Springer-sneak-peek hinein: Eine große »Querdenker«-Fake-News im Mai 2021 war der »DIVI-Fake«: In der Pandemie waren zu mehreren Zeitpunkten mehrere Krankenhäuser überlastet. Oft mussten Menschen in andere Kliniken verfrachtet, OPs verschoben werden. Intensivmediziner haben davor gewarnt, dass alles kurz vor dem Kollaps stand. Das stand zum Beispiel auch in der WELT.[207]

Der Fake hatte dann mit der Berechnung der vorhandenen Intensivbetten der Deutschen Interdisziplinären Vereinigung für Intensiv- und Notfallmedizin (DIVI) zu tun. Die DIVI hatte deutschlandweit die vorhandenen Intensivbetten angegeben. Die haben viele Medien und Menschen in der Pandemie besorgt im Auge behalten. Im Laufe der Pandemie wurden die Kinderbetten aus dieser Statistik gestrichen[208], auch waren Corona-Patienten pflegeintensiver, brauchten deshalb mehr Personal, was die Anzahl der de facto nutzbaren Intensivbetten ebenfalls senkte[209] – was aber erst später berücksichtigt wurde. Unter anderem dieses »Verschwinden« von Betten, das keines war, wurde in der WELT von Axel-Springer groß als Verschwörung inszeniert und als öffentlicher Betrug, und es wurde unterstellt, dass es nie eine Überlastung der Krankenhäuser gegeben hätte.[210] Was wiederum bedeutete, dass Corona nie so gefährlich gewesen sei und so weiter.

WELT lieferte mit ihrer fahrlässigen Desinformation somit *die* Rechtfertigung für Pandemie-Leugner und Rechtsextreme. Das war nicht der einzige Fehler aus ihren Berichten und nicht die einzige irreführende Schlussfolgerung, die WELT nutzte, um Desinformation zu verbreiten und Material für Verschwörungsmythen zu liefern. Sogar die Autoren des zugrunde liegenden »Thesenpapiers«, genau wie später eine andere WELT-Autorin, mussten eine ganze Reihe der offensichtlichsten Fehler zugeben, auf denen ihre Verschwörungserzählungen beruhten.[211]

Dieses »DIVIgate« führte zu einer ganzen Lastwagenladung an Faktenchecks (auch von uns) und viel Kritik von Intensivmedizinern, DIVI, Marburger Bund und DKG, die die Vorwürfe »aufs Schärfste« zurückwiesen.[212] Aber das war WELT egal, denn es war zwar eine journalistische und ethische Totalkatastrophe, aber wirtschaftlich war es ein riesiger Erfolg. Denn der virale Fake-News-Artikel war hinter einer Paywall, hinter einer Bezahlschranke.

Der Digital-Chef der WELT war laut Medieninsider begeistert: »So was hatten wir noch nie.« Und schrieb: »Wir sind noch nicht sicher, ob die Althistoriker in 10.000 Jahren den 16. Mai 2021 als das Elke-Ereignis oder das Bodderas-Beben *(Anmerkung: Der Name der WELT-Autorin, die die Fake-Story brachte, ist Elke Bodderas.)* der Welt-Geschichte bezeichnen, oder beide Begriffe verwenden werden. Beides wäre angezeigt.«

Laut dem internen Reporting von WELT, das Medieninsider vorlag, brachen die zwei Artikel von WELT jeden Rekord und sorgten für Hunderte neue Abos. Journalistische Fehler sah man bei WELT hingegen keine, man »begrüßte« die »öffentliche Debatte«, die ihre Artikel auslösten, die der MDR mit einem »schweren Unfall« verglich.[213] Während ihr Artikel in »der Querdenker-Szene«, auf »verschwörungsideologische[n] Seiten« und durch »Politiker der AfD« massiv geteilt wurde, weil sie durch die Fake News ihre Propaganda und Verschwörungsmythen bestätigt sahen.[214]

Meinen Verdacht, dass WELT hier gezielt mit Fake News und Verschwörungsraunen rechtsextreme Narrative bediente, um Abos zu bekommen, teilte auch Medieninsider. Wenn man den Verantwortlichen einmal wohlwollend unterstellen wollte, die Desinformation nur durch schlampigen Journalismus und mangelndem Verantwortungsbewusstsein in die Welt* gesetzt zu haben, so haben sie spätestens dann die falsche Lektion gelernt, als sie viel Geld damit gemacht haben.

Wer seine Journalisten gut bezahlen kann

Eine ähnliche Kalkulation gibt es in allen Medien, natürlich meistens weniger skrupel- und rücksichtslos. Es ist einfach ein weiterer Grund, warum Medien manchmal im Zweifel zu dem reißerischeren Titel oder Thema greifen. Übrigens ist das eines der Argumente, warum es gut ist, dass wir einen öffentlich-rechtlichen Rundfunk haben, auch wenn ich damit nicht sagen will, dass wir keine Diskussion über Reformen führen können. Und warum all diejenigen, die von dem Wirtschaftsdruck auf die Berichterstattung profitieren, diesen so gern abschaffen würden: Diese Medien unterstehen nicht nur öffentlicher Kontrolle, ihre Finanzierung ist auch unabhängig gesichert. Sie werden nicht vom Staat finanziert, aber auch nicht von Unternehmen, sondern von den Bürgern. Das mag einigen nicht gefallen, aber garantiert eben eine Unabhängigkeit, die private Unternehmen nicht haben.

Es gibt dort viele der gleichen Probleme und Einflüsse und ein paar andere, besondere Aspekte, die kritikwürdig sein mögen. Aber dieser Aspekt, die finanzielle Abhängigkeit und der Einfluss von demokratisch nicht legitimierten Einzelpersonen, fällt hier weg. Ich halte das für extrem wichtig als Gegengewicht. Das System mag eigene Probleme mit sich bringen, ist aber nicht schlechter als die Alternative. Ich würde vielleicht sogar sagen: Sie ist besser. In jedem Fall ist es wichtig, dass wir es haben. Desinformation wäre schlimmer, wenn wir keine Öffentlich-Rechtlichen hätten. Genau deswegen wollen Rechte sie ja abschaffen. Sie hätten dann leichteres Spiel.

---

* Pun intended.

An diesem Punkt möchte ich noch auf eine negative Folge des finanziellen Drucks und der marktwirtschaftlichen Organisation des Journalismus aufmerksam machen: Journalisten sind oft überarbeitet, unterbezahlt und unterbesetzt. Die Verleger ignorieren systematisch die vereinbarten Mindesthonorare. Besonders unverzichtbare, freie Journalisten verdienen viel zu wenig.[215]

Die Zeitungs- und Zeitschriftenauflagen sinken jährlich und große Medienhäuser entlassen massenhaft Angestellte oder stellen Magazine ein. Und sogar die Klickzahlen gehen zurück, die jüngsten Medienkonsumenten hören sogar auf, die Websiten der Zeitungen zu besuchen.[216] Die Medienunternehmen verhalten sich wie Unternehmen – die sie auch sind – und streichen weniger profitable Produkte. Unabhängig von der Qualität des Journalismus.[217]

Bei der taz erzählte eine freie Autorin davon, dass junge Journalisten über Kita-Streiks berichten und neidisch auf unterbezahlte Erziehende gucken, weil selbst deren Gehalt besser sei als ihr eigenes.[218] Aber irgendwer muss die Schlagzeilen füllen. Die, die das machen, haben keine Zeit, großartig eigene Recherchen anzustellen, oder sich in ein Thema einzulesen. Dann wird einfach kurz geschaut, was die Kollegen schreiben. Man könnte es als Faulheit kritisieren oder als trauriges Produkt dieses Systems.

> **Aber (Fake-)Meldungen verbreiten sich auch, weil eine der beliebtesten Quellen anderer Medien andere Medien sind.**

Und wenn jemand irgendetwas in die Welt setzt, macht das halt seine Runde. 2022, zur Beerdigung der britischen Queen, gab es eine Bloggerin, die sich einfach eine Zahl komplett willkürlich ausgedacht hat, wie viele Menschen auf der Welt die Beerdigung der Queen anschauen würden. 4,1 Milliarden Menschen. Einfach so. Ja, und du weißt wahrscheinlich, was als Nächstes kommt. Wie Übermedien schön nachgezeichnet hat, hat dann ein erstes britisches Medium diese Zahl einfach zitiert, wurde dann von anderen britischen Medien aufgegriffen[219], ging dann komplett international. Dann kam es in deutschen Agenturmeldungen[220], die dann wieder selbst zur Quelle wurden, und es landete sogar im Deutschlandfunk[221] und der Tagesschau.

Es seien »Medienexperten« gewesen, »Schätzungen« oder irgendwann: »Wie andere Medien berichteten.« Eine komplett ausgedachte Zahl einer willkürlichen britischen Bloggerin, die nicht mal erklärt hat, wie sie auf die Zahl kam.[222]

Diese schreckliche Tendenz, einfach von jeweils anderen Medien abzuschreiben und zu sagen »wie XY berichtete« und in diesem endlosen Stille-Post-Spiel einfach darauf zu vertrauen, dass die Kollegen schon gut recherchiert haben, hat sicher mehrere Ursachen, aber eine ist eben auch, dass die Journalisten halt unterbesetzt und überfordert sind und unter großem Publikationsdruck stehen. Der Artikel muss in zwanzig Minuten raus, und dann muss man schon über das nächste Thema schreiben.

Das ist von mir jetzt mit großer Sympathie geschrieben, aber es ist einer von vielen Gründen, warum Desinformation so leicht Reichweite bekommt und so verheerenden Schaden anrichtet. Und damit du nicht denkst, ich würde mich selbst damit ausnehmen: Ich mache das doch auch. Auf die Meldungen anderer Zeitungen vertrauen. Klar versuche ich, jede einzelne Tatsachenbehauptung zu recherchieren, bevor ich sie veröffentliche. Gerade bei Volksverpetzer bin ich so gut wie nie selbst die Quelle, sondern sammle lediglich alle Quellen, die ich dazu finden kann. Ich muss mich auch irgendwo auf die Recherchen anderer verlassen können. In der Vergangenheit habe ich mich sehr auf das verlassen, was in anderen Zeitungen stand. Und bin manchmal selbst auf Falschmeldungen hereingefallen. Für dieses Buch habe ich ebenfalls so gearbeitet, und zwar sehr, sehr viel recherchiert, aber vielleicht ist mir auch hier irgendwo ein Fehler unterlaufen. Das ist doch der Kern meiner Aussage: Eben weil es so läuft, können Fehler passieren.

> **Es können jedoch weniger Fehler werden, wenn wir uns dieser Mechanismen bewusst sind und versuchen, diese zu verbessern, und höhere Maßstäbe an uns selbst setzen.**

Außerdem sollten wir genau hinsehen, ob die Medien, denen wir vertrauen wollen, auch selbstkritisch damit umgehen. Werden regelmäßig Fehler richtiggestellt? Oder werden erfolgreiche Fake News gefeiert und Kritiker attackiert? Es lohnt, darauf zu achten und was andere Quellen über diese Medien sagen, besonders wenn sie nicht aus der gleichen politischen Richtung kommen.

Wenn man Agenturmeldungen abschreiben muss

Aber zurück zum Thema: Was ich sagen wollte, ist, dass damit dann auch eine verstärkte Abhängigkeit von Agentur-Meldungen einhergeht. Und es weniger Kontrollen gibt, die eine Korrektur durchführen könnten. Einige der Fake Stories, die ich bisher aufgezählt habe, hatten einen Push, weil die Fakes in der Pressemitteilung einer Agenturmeldung gelandet sind und so als seriöse Information »geadelt« wurden. Journalisten betonen immer wieder, dass dpa & Co. generell vertrauenswürdig seien.[223] »Generell« stimmt das auch. Aber wenn dann mal eine Falschinformation drinsteht, landet sie absolut zuverlässig in allen Medien.

Im Juni 2023, mitten in der Diskussion um das Heizungsgesetz, ging eine Meldung herum, die, glaube ich, bis heute kaum jemand als Fake News erkannt hat, auch wenn sie zugegebenermaßen jetzt nicht die gefährlichste war. Das Regierungskabinett beschloss schon im April 2023, es solle eine bestimmte Ausnahme für das Heizgesetz gelten, dass man von der Pflicht für 65-Prozent-Erneuerbare-Energie-Anteil bei neuen Heizungen befreit ist, wenn der Wärmenetzanbieter einen entsprechenden Ausbau für Fernwärme verfolgt.[224] Äh, ja, kompliziert, merke dir nur: Es gab eine Ausnahme bereits im April.

Dann entdeckte die Augsburger Allgemeine im Juni diese Ausnahme und berichtete davon.[225] Und die dpa machte eine Agenturmeldung daraus. Das mündete darin, dass Wochen, nachdem die geplante Ausnahme kommuniziert wurde, erst alle Medien plötzlich berichteten, dass Habeck jetzt diese (neue) Ausnahme plane. Das hatte ich seinerzeit nach Hinweisen von Malte Kreutzfeldt dokumentiert.[226] Das Problem hier: Die Fake News war an sich genommen jetzt nicht wirklich fatal und die Ausnahme selbst war ja richtig, nur der Aspekt, dass sie »neu« sei, war falsch. Entsprechend hat es kaum jemanden interessiert und soweit ich weiß, hat niemand irgendetwas richtiggestellt. Das Problem war wie immer der Kontext und die Narrative drum herum. In den knapp vier Wochen dazwischen gab es eine völlig aus den Fugen geratene Debatte und ein Bombardement an Desinformation gegen das Gesetz. Und Junge, werden wir gleich noch ausführlich über diese Katastrophe einer Debatte sprechen. Ein weiterer Spoiler, was dich im Axel-Springer-Kapitel erwartet.

Aber in diesem Kontext wirkten diese dpa-Meldungen und die ganzen Artikel, die das auch teilweise genauso aussprachen, so, als ob Habeck diese Ausnahme als Reaktion auf die »Kritik« geplant hätte. Was in jenem Fall verheerend war, da die Kritik zu größten Teilen daraus bestand, Dinge zu fordern, die im Gesetzentwurf bereits geplant waren, und Dinge zu kritisieren, die da nicht drinstanden. Diese auf den ersten Blick harmlose Falschmeldung, kolportiert durch Agenturmeldung, hatte letztlich den Effekt, den anderen Fake News im Nachhinein mehr Gewicht zu verleihen, indem sie vermeintlich legitimiert wurden.

Die dpa macht gute Arbeit, versteht mich nicht falsch. Sie machen selbst Faktenchecks. Aber ich habe das erzählt, um meinen Punkt zu verdeutlichen: In einer Umgebung, in der Journalisten sich zu viel auf andere Medien und Agenturmeldungen verlassen – verlassen müssen –, kann sich Desinformation weit und ohne Prüfung zwischendurch verbreiten. Und es geht ja auch nicht nur um klassische Fake News. Ich habe bereits erklärt, wie die Fake-Narrative verbreitet werden – durch Framing, durch den Fokus auf bestimmte Blickwinkel oder eben auch durch das bloße Thematisieren einiger Ereignisse und der Vernachlässigung anderer. Es ist ein weiterer Faktor, der mithilft, dass sich gewisse Framings, Ereignisse und (Falsch-)Meldungen stärker durchsetzen und weniger kritisch hinterfragt werden. Wer es dann beherrscht, Narrative zu bedienen und Frames zu setzen, der hat viel leichteres Spiel.

Wem (mehr) vertraut wird

Der dritte Filter nach Herman und Chomsky sind die »Quellen«. Hierbei geht es um den Einfluss von PR- und Nachrichtenagenturen oder anderen Gatekeepern.[227] »Offizielle« Quellen werden von Journalisten bevorzugt. Aussagen der Regierung oder von Behörden haben vermeintlich mehr Gewicht und werden eher geglaubt. Das spiegelt sich in dem oft zu unkritischen Umgang mit Pressemitteilungen wider. Polizeigewerkschaften und innenpolitische Hardliner nutzen ihre privilegierte Position manchmal für Agenda-Setting. Die Polizei profitiert von Opfer-Inszenierungen und ich kann sogar nachvollziehen, dass man, wenn man angegriffen wird, der Meinung ist, diese Haltung sei gut und richtig. In Symbiose mit Politikern, die sich als »Law-and-Order«-Typ profilieren wollen, kann man so auch mehr Budget für die Polizei und weniger Kontrollen oder Kritik wie an der Praxis des »racial profiling« politisch durchsetzen.[228]

Dabei ist auch vieles, was medial als »Gewalt gegen die Polizei« berichtet wird, gar keine. Also buchstäblich. »Widerstand« gegen die Polizei – § 113 StGB – ist per BKA-Definition ein Strafbestand ohne Gewalt (sonst wird es automatisch zu § 114 StGB). Wird aber trotzdem regelmäßig von der BKA als »Gewalt« gezählt, wie der Journalist Tobias Wilke für Volksverpetzer akribisch recherchierte. Widerstandsdelikte, beispielsweise bei Abschiebungen, werden also automatisch als »Gewalt« (gegen die Polizei) gezählt und wandern in diese Statistik. Beamte können also bei »Gewalt gegen Polizei« nie verletzt worden sein (oft sogar andere verletzt haben), oder einfach ihr eigenes Pfefferspray abbekommen haben. Was dazu führt, dass Polizeibeamte als »Opfer von Gewalt« zählen können, wenn der »Täter« gar nicht bei vollem Bewusstsein war.

Thomas Fischer, Rechtswissenschaftler und ehemaliger Richter am Bundesgerichtshof, erklärte selbst: Ein Polizist, der versucht, einen stark Angetrunkenen in eine stabile Seitenlage zu bringen, könnte bereits als »Opfer einer Gewalttat« zählen, wenn sich der Betrunkene gegen die Fixierung sogar nur reflexhaft widersetzt.[229]

Ein Apotheker aus dem hessischen Kelsterbach, der 2021 von Polizeibeamten zusammengeschlagen wurde, ging zum Beispiel als »Gewalt GEGEN Polizei« in die Statistik ein.[230] Womit ich sagen will: Den ganzen Zahlen und Aussagen von Offiziellen sollte man nicht so selbstverständlich trauen, wie viele Medien es tun.

Aber völlig unabhängig, wie man das einordnet, bekommen so offizielle Stellen der Regierungen eine prominentere und bevorzugte Stellung in der Berichterstattung und dementsprechend einen Einfluss. Die Regierung kann so ganz gezielt und subtil Akzente setzen und die Debatte beeinflussen.

Eines dieser Beispiele ist der Begriff »Zuwanderer«. Dieser irreführende Begriff hat im normalen Sprachgebrauch nämlich eine völlig andere Bedeutung als in der Polizeilichen Kriminalstatistik (PKS). Und die Definition hat sich auch noch im Laufe der letzten Jahre inmitten der Debatte um Kriminalität geändert, was Steilvorlage für so einige Fake News lieferte und Falschinterpretationen der Entwicklung der Kriminalität.

> **»Zuwanderer« bezeichnet eigentlich jemanden, der … zugewandert ist. Einen Migranten. In der PKS sind aber mehrere Gruppen damit gemeint, aber eigentlich keine einzige, die im klassischen Sinn »zugewandert« ist.**

Aus der PKS 2022 der Hinweis: »Tatverdächtige Zuwanderinnen und Zuwanderer werden in der PKS mit Aufenthaltsanlass ›Asylbewerber‹, ›Schutz- und Asylberechtigte, Kontingentflüchtlinge‹ ›Duldung‹ oder ›unerlaubter Aufenthalt‹ registriert.«[231]

Also: Leute, die bei uns Asyl suchen, solche, die es bekommen haben, solche, die trotzdem geduldet werden, und alle, die sich aus welchem Grund auch immer illegal in Deutschland aufhalten. Dabei gibt es einen großen Unterschied zwischen Menschen auf der Flucht und Leuten, die in ein anderes Land ziehen und migrieren. Ja, auch wenn die AfD und der ganze verrottete Diskurs der letzten Jahre gezielt diesen Unterschied in unseren Köpfen verschwimmen ließ. Und die Polizei und das Innenministerium haben sicherlich ihren Beitrag dazu geleistet, dass das so passiert ist, indem sie ausgerechnet diesen Begriff als Sammelbegriff für diese verschiedenen Gruppen genommen haben.

Doch es wird noch schlimmer. Vielleicht denkst du dir nämlich jetzt: Das sind halt die Leute, die mindestens versucht haben, zu uns zu fliehen, unabhängig von ihrem derzeitigen Status, also ist das einfach nur ein irreführender Begriff für »Schutzsuchender« oder »Flüchtling«? Aber das sind sie auch nicht. Denn »unerlaubter Aufenthalt« umfasst alle Personen, die sich illegal in Deutschland aufhalten. Ob sie abgelehnte Asylsuchende sind oder ein Tourist, Student oder Geschäftsleute mit abgelaufenem Visum. Oder ein Pole, der in Görlitz unter anderem wegen Raubes das Recht auf Freizügigkeit als EU-Bürger für Deutschland aberkannt bekommen hat und dann wegen offener Haftbefehle verhaftet wird. True story.[232] Der landet dann auch in dieser Statistik unter dieser Kategorie. Und hat weder etwas mit Fluchtkontext zu tun noch mit »Zuwanderung«.

Und es wird noch schlimmer. Bis einschließlich 2016 waren unter diesem Quark-Begriff, der immer noch von der Polizei verwendet wird, bereits anerkannte Schutzbedürftige *nicht* mitgemeint. Die waren bis dahin »sonstiger erlaubter Aufenthalt«. Wurden aber ab 2017 plötzlich dazugezählt. Der plötzliche »Anstieg« an Kriminalität unter jenen »Zuwanderern« war dann gefundenes Fressen für Rassisten. Darüber stolperten aber auch seriöse Medien und die Fußnote der Polizei, die auf die mangelnde Vergleichbarkeit hinwies, blieb letztlich nur das: eine Fußnote, wie Tobias Wilke damals für uns akribisch einordnete.[233]

Selbst wenn man sich als seriöser Journalist wie er dann durch Kriminalstatistiken wühlt – und nicht nur Pressemitteilungen der Polizei abtippt oder von anderen Medien abschreibt –, zwingt einen das Innenministerium, den Begriff »Zuwanderer« zu nehmen. Den man schließlich zwangsläufig mitbenutzt, selbst wenn man sich um dessen Problematik bewusst ist, obwohl man dann völlig irreführende Bedeutungen damit transportiert.

Ich hatte weiter vorn schon den per Definition gewaltfreien Widerstand erwähnt, der aber trotzdem weiter von der Polizei als »Gewalt gegen die Polizei« gezählt wird. Das ist keine Lappalie, wenn mehr als die Hälfte (52,4 Prozent) der »Opfer« von »Gewalttaten« gegen die Polizei unter diesen Paragrafen fallen, wie Wilke ebenfalls herausarbeitete.[234] Bei aller angemessenen Verurteilung von verabscheuungswürdiger und nicht zu rechtfertigender Gewalt gegen Polizeibeamte wurden die Zahlen so mehr als verdoppelt. Wenn Journalisten dann eine entsprechende Pressemitteilung abschreiben, das mit einem plakativen Steinwurf in Richtung Polizei bebildern, setzt die Behörde das Setting, erhöht den Eindruck der Bedrohungslage und kann bei Bedarf von einem »Anstieg« sprechen, der wiederum in entsprechende Narrative passt, auch wenn die Zahlen, die so unzuverlässig sind, das womöglich gar nicht hergeben.

Auch hier sind Journalisten angehalten, diese Zahlen kritisch zu hinterfragen. Darauf verweist wie gesagt der Deutsche Journalistenverband regelmäßig, wie zum Beispiel 2019, als bei der Räumung des Tagebaus Garzweiler vier Polizisten durch Fremdeinwirkung verletzt wurden, die Medien aber die Zahl von 16 verletzten Polizisten aufgrund von Polizeiberichten verbreiteten.[235] Aber statt so etwas kritisch zu hinterfragen, helfen die Medien dieser Darstellung auch noch. Wer kennt nicht die schön plastischen Titelbilder, jedes Mal, wenn es um »Gewalt gegen Polizisten« geht? Vergleicht man die Zahl der »Gewalttaten von Linksextremisten gegen die Polizei/Sicherheitsbehörden aus dem Verfassungsschutzbericht 2022 (96 Körperverletzungen und 146 gewaltfreie Widerstandsdelikte)[236] mit der Anzahl der Opfer von Polizisten mit dem »Gewaltdelikt mit Opfererfassung Polizeivollzugsbeamt*innen« aus dem Lagebild der Gewalt gegen Polizeibeamten, 39.649, machen diese 0,6 Prozent aus. Und hier macht die Mehrheit immer noch das »Widerstandsdelikt« aus. Auch wenn weit weniger als jeder 100. Angriff auf die Polizei von einem Linksradikalen ausgeht, sind vermummte Demonstranten das, was auf den Titelbildern landet. Es ist halt das schönere Bild. Es passt so gut in gewisse Narrative, die auch die Polizei gern sieht. Es ist aber halt nur die absolute Ausnahme, wenn man in die Statistik blickt. Ein zu unkritisches Reproduzieren der Darstellung auch offizieller Behörden kann irreführende Narrative verfestigen.

> **Doch Schlagzeilen und Titelbilder sind das, was bei den Menschen hängen bleibt. Das sind die Dinge, die ihr Weltbild formen lassen.**

Was gesagt werden »darf«

Die letzten beiden Filter, die Herman und Chomsky beschreiben, sind »Flak« und »Anti-Ideologie«.[237] Ich werde sie hier aber zusammenfassen, denn sie haben in meinen Augen einiges an Überschneidung.

Mit »Flak« meinen Herman und Chomsky die Resonanz von Politikern und anderen Medienschaffenden, das heißt, der »Gegenwind« bei bestimmten Berichten, und das insbesondere bei Kritik, die das bestehende System infrage stellt und als jene »Anti-Ideologie« darstellt. Sie bezeichnen jene »Anti-Ideologie« als kontextabhängig und entgegengesetzt zu dem, was parteiübergreifend als gesellschaftliche Dogmen dargestellt wird. Diese definiert sich explizit darüber, gegen was sie ist, deshalb »Anti-Ideologie«. Sie bezeichneten »Anti-Terrorismus« in den USA nach dem 11. September 2001 als diskursgebende Anti-Ideologie. Wenn man diese Grundsätze infrage stellt, wird man von den meisten Diskursteilnehmenden nicht mehr ernst genommen.

Herman und Chomsky argumentieren, all diese Filter führten dazu, dass man zwar in einer liberalen Demokratie leben kann, und sich trotzdem »Propaganda« durchsetzt. Ich würde es als dominante Narrative einer Gesellschaft bezeichnen und würde gern ein anderes politisches Konzept ergänzend dazu erwähnen: das Overton-Window.

Das ist das Spektrum an Dingen, das man laut sagen kann, ohne dass die Mehrheit es ablehnt. Alles, was im öffentlichen Diskurs unter moralischen Gesichtspunkten als diskutabel akzeptiert wird. Das nach dem US-amerikanischen Politikwissenschaftler Joseph Overton benannte Konzept beschreibt, dass es ein Spektrum von Ideen gäbe, und in diesem Fenster sich eben alle diejenigen Ideen befinden, die eine Gesellschaft für populär, sinnvoll, akzeptabel oder radikal hält – in dieser Abstufung nach außen. »Undenkbar« ist das, was sich außerhalb davon befindet.[238]

Dieses Fenster ist jedoch nicht starr, sondern kann bewegt werden. Und wird verschoben. Während die AfD 2016 noch »notfalls« auf Schutzsuchende an der Grenze schießen wollte, und dafür zu Recht massiv kritisiert wurde,[239] forderte CDU-Politiker Jens Spahn im Oktober 2023 ebenfalls gegebenenfalls »physische Gewalt«.[240] Und in der AfD werden inzwischen regelmäßig unter dem Neonazi-Codewort »Remigration« »millionenfache« Deportationen gefordert, »egal, was der Europäische Gerichtshof dazu sagt«.[241] Es sind die Dinge, die subjektiv sagbar sind, auch wenn es keine juristischen Konsequenzen dafür gibt. Verpönt, nicht verboten.

Das ist ironischerweise ein bisschen das, was »Querdenker« und »Rechtsextreme« meinen, wenn sie frei und von den Grundrechten geschützt sagen »Nichts darf man sagen«, »Wir leben in einer Diktatur«. Was sie meinen, während sie tatsächliche Diktaturen relativieren und mit ihrer inszenierten Opferhaltung Diskurshoheit gewinnen wollen, ist, dass sie breiten Widerspruch erhalten, wenn sie diese Dinge sagen, und zwar parteiübergreifend, von Zivilgesellschaft, Medien und Behörden. Sie vertreten Narrative, die zumindest bisher eine Minderheit vertreten hat und nicht im zentralen Diskurs stattfanden. Sie stellen Wissenschaft und Wissenschaftler infrage, attackieren Institutionen wie die Öffentlich-Rechtlichen – oder alle Medien, was das betrifft – und natürlich die Politik. Dementsprechend erlebten sie breite Ablehnung der Gesellschaft. Aber nun mal zu Recht. Sie wollten eine neue Verfassung ausrufen, weil sie Desinformation im Netz gesehen haben, dass Corona ungefährlicher sei, als ihnen ihr Arzt gesagt hat, wie Andreas Bergholz aus dem Team damals live dokumentierte.[242] Dennoch hat über die Jahre eine Diskursverschiebung stattgefunden. In einem Land, in dem eine große Minderheit eine rechtsextreme Partei wählt, sind deren Ideologien keine Disqualifikation mehr. Das ist ja irgendwie das Problem, nicht?

Wenn dein »Widerspruch gegen den Mainstream« in allen Zeitungsberichten diskutiert wird, wenn deine prominentesten Vertreter in jede zweite Talkshow eingeladen werden, dann wirst du nicht Opfer von »Cancel Culture«. Nein, in dieser Definition sind Narrative, die von »Flak« betroffen werden, weil sie der »Anti-Ideologie« widersprechen, diejenigen, die nicht mal im Diskurs stattfinden.

Der Knackpunkt bei Menschen, die »mundtot« gemacht wurden, ist ja, dass man sie nicht hört. Es mag in deinem persönlichen Umfeld vielleicht anders sein, aber versuch mal, als Politiker zu sagen, dass du Fleischkonsum verbieten oder auch nur in irgendeiner Form einschränken willst. Im Gegenteil, die … äh … »Pro-Fleisch«-Haltung ist im politischen Diskurs inzwischen so dominant, von AfD über BILD bis Markus Söder müssen die »Fleischverbote«, gegen die man wettert und über die man sich zentral definiert, alle erst erfunden werden. Eine potenzielle (!) Überarbeitung der Empfehlung der Deutschen Gesellschaft für Ernährung, ein bisschen weniger Fleisch zu empfehlen.[243] wurde durch fantasievolles Ausschmücken und Stille Post von Fleischlobbyisten und BILD zu einem »Fleischverbot« und »Nur noch eine Currywurst pro Monat« fabriziert.[244] Dass das Landwirtschaftsministerium mit Ausnahmen bei Veranstaltungen vegetarisches Essen anbieten will – nicht jedoch beim Kantinenessen –, wurde ebenfalls von rechten Hetzblogs bis zur CSU schnappatmend zu »Fleischverbot« umgewandelt. Die CSU sprach gar von einem »Schlag ins Gesicht für unsere Landwirte«.[245] Man darf gespannt sein, wann die CSU erfährt, wer das Gemüse anbaut, aus dem auch vegetarische Gerichte bestehen. Die »Anti-Ideologie« beim Fleischkonsum ist so streng, wenn du als Politiker ohne Fleisch erwischt wirst, musst du dich rechtfertigen.*

Wirklich: Die NRW-Agrarministerin Gorißen hat im Mai 2023 einmal an der Uni Bonn vegetarische Nudeln gegessen und diese

---

* Das mag innerhalb der Grünen oder anderer Parteien anders sein, aber die Grünen trauen sich kaum noch mehr laut, Fleischkonsum zu kritisieren, sonst hetzt BILD am nächsten Tag gleich wieder.

dann auch noch unerhörterweise gelobt und musste sich nach heftiger Kritik aus ihrer Partei dafür entschuldigen und ein Bekenntnis zum Fleisch ablegen! Nein, das ist kein Scherz.[246]

Das soll jetzt nur ein plastisches Beispiel sein, worum es geht. Manche Dinge werden einfach massiven Gegenwind erhalten. Dass es das gibt, missbrauchen wiederum Rechte für ihr »Cancel Culture«-Narrativ. Einerseits gibt es Dinge, von denen ich denke, dass sich jemand mit derartigen Meinungen für den Diskurs disqualifiziert. Dazu zählen Dinge wie systematisches Verbreiten von Desinformation, Holocaust-Leugnung, Aufrufe zu Gewalt und Umsturz. Es sind die Dinge, gegen die ich mich tagtäglich engagiere. Und ich plädiere buchstäblich in Teilen dieses Buches dafür.

Andererseits missbrauchen andere scheinheilig diesen gesellschaftlichen Mechanismus und ihren vermeintlichen Kampf dagegen, um Aufmerksamkeit zu generieren, indem sie sich als Opfer davon inszenieren.

> **Obwohl und gerade weil ihre Position nicht totgeschwiegen wird, haben sie Erfolg dabei.**

Dabei schaffen sie es, die Grenzen des Sagbaren zu verschieben. Und Teil davon sind auch immer Fake News. Besonders, weil es oft die gleichen Gruppen sind, die angeheizt von medialen Falschdarstellungen, lautstark versuchen andere zu »canceln«. Wie der wütende rechte Mob, der nach Desinformation über das »Umweltsau«-Lied[247] vor dem Gebäude des WDR demonstrierte und in Teilen Straftaten beging.[248]

Nun, um es abzuschließen: Das ist ein weiterer Mechanismus, der in der öffentlichen Berichterstattung gewisse Narrative und Ereignisse bevorzugt oder ablehnt und damit auch subtilen Einfluss darauf ausübt, was letztlich über deinen Bildschirm flackert.

Ja, so funktionieren Nachrichten. Und zwar funktionieren so Nachrichten, selbst wenn die Medien und die Journalisten anständig versuchen, ihren Job zu machen und ehrlich und fair zu berichten. Es gibt aber genug Akteure im Medienbetrieb, die das nicht tun. Und

Personen wie Claas Relotius, der große Teile seiner Reportagen und Interviews, überwiegend für den Spiegel, erfunden hatte.[249] So etwas fliegt auf – flog auf – und hat zu Recht zu sehr viel Selbstkritik geführt. Nein, wichtiger, größer und gefährlicher ist das, was der Axel-Springer-Verlag macht.

Wenn klassische Medien Teil des Problems sind: der Axel-Springer-Verlag

Ich beschreibe gerade ausführlich, warum der klassische Journalismus nicht die Antwort auf die Frage ist, wie man Fake News und Desinformation stoppen kann, indem ich aufgezeigt habe, wie sie erst mithelfen, das Ökosystem zu schaffen, in dem Fake News Erfolg haben, selbst wenn sie seriös arbeiten wollen und gute Absichten haben.

Das meiste, was ich bisher aufgezählt habe, sind Gründe, warum sich unser Mediensystem so leicht hereinlegen lässt, Desinformation zu pushen. Wieso auch klassische Medien so oft dabei helfen, sie zu verbreiten, auch wenn sie das Gegenteil wollen. Aber die klassischen Medien sind nicht nur deshalb nicht ungeeignet dabei, Desinformation aufzuhalten, weil sie strukturell dazu nicht fähig sind. Sondern weil manche auch letzten Endes einfach die Ursache des Problems sind. Ich sprach bis jetzt von denjenigen, die aus verschiedensten Gründen Falschmeldungen (weiter) verbreitet haben. Aber wir müssen auch über die Medien und die Journalisten reden, die sie direkt selbst erzeugen. Und zwar mit System.

Du hast es nach meinen vielen Teasern vielleicht schon sehnsüchtig erwartet oder bist gleich zu diesem Kapitel gesprungen,* also hier ist es: Wir müssen über den Axel-Springer-Verlag sprechen. Denn wer über Fake News und Desinformation spricht, aber kein Wort über WELT oder BILD verliert, ist Teil des Problems. Diese Medien haben einen nicht unerheblichen Anteil an der Verbreitung der

* He, lies gefälligst auch den Rest, ich hab mir viel Mühe gegeben! :-)

Desinformation. Wenn eine Desinformation, wenn rechte Narrative Mainstream werden, dann stets dank Axel-Springer. Sie sind auch sehr etablierter Teil der deutschen Medienlandschaft. Und das macht sie umso gefährlicher, weil sie so viel einflussreicher und mächtiger sind.

Vorab: Nicht alle, die für den Axel-Springer-Verlag arbeiten oder gearbeitet haben, sind schlechte Menschen. Sie verbreiten nicht alle vorsätzlich Desinformation. Es gibt auch viele ordentliche Artikel, die ich teilweise sogar in diesem Buch zitiert habe. Doch wie schon an etlichen Beispielen in diesem Buch gezeigt wurde, gibt es in meinen Augen keine anderen Medien, die häufiger, systematischer und skrupelloser Desinformation streuen und eine Agenda verfolgen wie WELT und BILD.

Ja, die meisten Medien und Redakteure haben eine Meinung und Perspektive und viele haben eine politische Ausrichtung. Manche mögen auch eine Agenda im Sinn haben. Manche verbreiten Desinformation, manche auch immer wieder. Holger Friedrich von der Berliner Zeitung wird regelmäßig kritisiert, dass dank ihm seine Zeitung ein »Organ für Putin-Versteher« sei.[250] Immerhin war er zusammen mit dem AfD-Chef, Gerhard Schröder und dem letzten SED-Generalsekretär Egon Krenz und anderen gemeinsam in der russischen Botschaft feiern.[251] Der Journalist Jan-Henrik Gerdener hat auch schon bei Volksverpetzer ausführlich kritisiert, dass dort Autoren aus der Querdenker-Szene veröffentlichen und die Zeitung sich durch schlechtes »false balancing« nicht mit Ruhm bekleckerte.[252] Er wurde heftig dafür kritisiert, Informanten verraten zu haben. Auch wenn es Ex-BILD-Chef Julian Reichelt war.[253] Oder dafür, direkt als Verleger in die redaktionelle Arbeit einzugreifen, und er fiel einem seiner Autoren nach Kritik aus der verschwörungsideologischen Ecke in den Rücken und bezeichnete dessen Text als »Unfall« und »Entgleisung«.[254] Es gibt genug Beispiele bei verschiedenen Medien.

Aber in meiner Wahrnehmung in meiner täglichen Arbeit gegen Fake News im Netz fällt mir niemand öfter auf als BILD und WELT. Bei niemandem sonst kommt das alles in dieser Intensität und Systematik zusammen. Bei niemand anderen werden genau diejenigen, die den schlechtesten Journalismus betreiben, am meisten ge- und befördert. Deshalb möchte ich insbesondere WELT und BILD als Negativbeispiele aufzählen. Und auch, weil sie bei viel zu vielen anderen Medienschaffenden und Politikern immer noch wie jedes andere Medium behandelt werden. Was das Problem der Desinformation noch mal um einiges verstärkt.

> **Einige der erfolgreichsten Fake News der letzten Jahre in Deutschland kommen von WELT und BILD.**

Es ist wohl kein Zufall, dass laut einer Analyse der meistgeteilten Links im verschwörungsideologischen Milieu auf Telegram von Anfang 2022 welt.de (Platz 3) und bild.de (Platz 7) in den Top 10 sind, neben illustren Propagandaseiten wie der russische Staatspropagandasender RT (mit Abstand Platz 1) und anderen rechtsextremen und rechtsesoterischen Verschwörungsseiten.[255] Eine Analyse des Tagesspiegels aus 2021 der Accounts der in großen Teilen rechtsextremen AfD zeigte: Die beliebtesten Medien der AfD waren mit Abstand auf Platz 1 WELT und auf Platz 2 BILD.

> **WELT und BILD werden von niemandem mehr geteilt als von der AfD. Und das deutlich.**

Also genau diejenigen, die die meiste Desinformation verbreiten und sich deshalb radikalisieren, konsumieren besonders viel Medien des Axel-Springer-Verlags. Schöne Gesellschaft. Und auch kein Wunder bei dem, was dort regelmäßig für Desinformation verbreitet wird, und Narrative bedient.

Corona-Desinformation

Ich hatte gerade schon den »DIVI-Fake-Fake« der WELT erwähnt, eine der wichtigsten Fake News der Pandemie-Leugner. Und es wird nicht besser, wenn WELT drei Tage später (!) einen Faktencheck zu den

Behauptungen macht, die sie zuvor selbst raunend verbreitet hat.[256] Ein seriöses Medium sollte den Faktencheck normalerweise vorher machen.

Bleiben wir bei der Verharmlosung von Corona und der Leugnung der Wirksamkeit und Sicherheit von Maßnahmen und Impfungen. Von der gleichen WELT-Autorin, die schon die DIVI-Desinformation verbreitete. 2021 erklärte der Bundesverband der Pathologen, dass die meisten Corona-Toten definitiv *an* Corona verstorben seien, mindestens 85 Prozent.[257]

Ein Betram Häussler, Honorarprofessor für Ökonomik der pharmazeutischen Industrie, schaute sich dann für den Sommer 2021 an, wie viel Zeit laut Statistik bei Corona-Patienten im Schnitt zwischen Infektion und Todeszeitpunkt vergangen war. Angeblich würden 80 Prozent der Todesfälle erst nach 5 Monaten eintreten, was allerdings nicht so unplausibel war. Wenn man die Dauer von Infektion bis Symptombeginn, und bis Aufnahme auf die Intensivstation berücksichtigt, und dass dann tödliche Verläufe im Schnitt noch über zwei Wochen beatmet werden, ist das eine Zahl, die nicht überraschen sollte.[258]

Häussler fand das allerdings verdächtig und spekulierte daraus dann mit weiteren Denkfehlern in einem WELT-Interview, dass diese 80 Prozent alle nicht *ursächlich* an Corona verstorben sein könnten, sondern zum Beispiel an Herzversagen ein Jahr später – ein frei erfundenes und quasi unmögliches Beispiel. Obwohl Studien gezeigt haben, dass durch Corona das allgemeine (!) Todesrisiko auch bis zu einem Jahr noch erhöht ist – und für Ungeimpfte noch höher als für Geimpfte.[259, 260]

Seine Spekulation (!) landete dann unkritisch präsentiert als Interview in der WELT. Und zwar mit der völligen Gaga-Schlagzeile und als Fake-Zitat »Corona bei 80 Prozent der offiziellen Covid-Toten wohl nicht Todesursache«. Natürlich erst mal hinter Paywall.[261] Nicht nur waren die Spekulationen von Häussler bereits zweifelhaft, das hatte er nicht einmal gesagt, was ihm WELT da in den Mund gelegt hatte.

Auf Volksverpetzer-Rückfrage erklärte Häussler: »Die Überschrift über dem Artikel in dem von Ihnen zitierten Wortlaut wurde von der

WELT verfasst und ohne unser Wissen veröffentlicht.« Die Überschrift des Artikels der WELT sei »in ihrer Allgemeinheit falsch und würde von uns niemals so vertreten werde«.[262] Dennoch fabrizierte WELT eine Schlagzeile, die genau das Gegenteil der Realität behauptete. Das Desinformationsblatt sieht anscheinend kein Problem darin, da steht das Wörtchen »wohl«, das als Freifahrtschein für jede Behauptung missbraucht wird, sie hat ja nur ein Interview geführt. Und Häussler hat ja nur eine Spekulation aufgestellt, die WELT hat ihm diese Schlussfolgerung in den Mund gelegt.

> **Aber trotzdem ist eine verantwortungslose Lüge in die Welt gesetzt worden.**

Die massiv in extremistischen Kreisen verbreitet wurde und als vermeintliche Bestätigung aller Verschwörungsmythen gesehen wurde.

Laut Volksverpetzer-Analyse wurde der Artikel auf Facebook neben Wolfgang Kubicki und WELT-Seiten vor allem von AfD-Politikern, AfD-Seiten und anderen rechtsextremen und »Querdenker«-Accounts geteilt. Es passierte ständig, dass die WELT mit Desinformation die Schlagzeilen lieferte, die die Verschwörungsmythen von AfD, »Querdenken« & Co. vermeintlich bestätigte.

Im Februar 2022 war es abermals WELT, die Impf-Desinformation verbreitete. Andreas Schöfbeck, der Vorstand der BKK ProVita, war erneut einer der »Experten«, die WELT regelmäßig hernimmt, die etwas selbst »recherchierten« und dann mit (Denk-)Fehlern falsche Schlussfolgerungen schlossen. Diese Fehler, anstatt sie zu faktenchecken, hat WELT prominent verbreitet, um »eine Debatte anzustoßen«, wie es dort immer wieder heißt. Andere würden sagen: Desinformation zu streuen. Schöfbeck hatte die vom Paul-Ehrlich-Institut dokumentierten Impfnebenwirkungen mit Angaben aus den Abrechnungsdaten des BKK-Dachverbands angesehen. Der BKK-Dachverband dementierte das, er hatte nämlich etwas grundlegend verwechselt.[263]

Lange Geschichte in kurz: Wegen verschiedener Denkfehler meinte er, es gäbe mehr Impf-Nebenwirkungen als angegeben. Die BKK distanzierte sich davon. Aber weil Schöfbeck einen entsprechenden Brief an das PEI (Paul-Ehrlich-Institut, Bundesinstitut für Impfstoffe und biomedizinische Arzneimittel) geschickt hatte, den die üblichen Verdächtigen bei WELT in die Finger bekamen, bastelten sie wieder mal eine Lügen-Schlagzeile, die »Querdenkern« und Rechtsextremisten sehr gelegen kam: »Mehr Impf-Nebenwirkungen als bekannt«.[264] Darin stand die dreiste Falschbehauptung, dass die Analyse von der BKK stamme. Und Schöfbeck wird glatt zum »BKK-Vorstand« befördert und mit seinem falschen Verdacht inszeniert, ohne auch nur, dass man irgendwen Kompetentes gefunden hat, der dessen Denkfehler hätte erklären können. Diese komplett aus der Luft gerissene Meldung über angebliche »Nebenwirkungen«, die nicht mal welche waren, hätte schnell aufgeklärt werden können, hätte Schöfbeck oder die WELT irgendjemanden gefragt, der sich damit ausgekannt hätte, aber Recherche ist für diese Leute anscheinend ein Fremdwort.

Nicht nur das: Aufgrund dieser in die Welt gesetzte Märchengeschichte verfassten die WELT-Autoren weitere »Meinung«-Artikel, wo sie das Geschwurbel dann dazu nutzten, um ihre gewohnten wissenschaftsfeindlichen Narrative zu rechtfertigen, mit Belegen, die nie welche waren. Und weil andere Medien die Fake-Fabrikanten bei BILD und WELT immer noch für seriöse Quellen halten, schreiben sie auch massenhaft den Blödsinn ab. Was für die manipulierten WELT-Leser mal wieder ein vermeintlicher Beweis für ihre Verschwörungsmythen war, hatte in der realen Welt ganz andere Konsequenzen: Schöfbeck musste kurz darauf seinen Posten räumen.[265]

Wie Axel-Springer mit Fakes Menschen als Zielscheiben inszeniert: Drosten

Die Fake News, die »Querdenker« Anfang 2020 über die Wirksamkeit von PCR-Tests fabrizierten, mussten wir Anfang 2021 erneut widerlegen, weil WELT diese ebenfalls konspiratorisch reproduzierte. Der WELT-Autor stellte da »Entdeckungen« an und wunderte sich, wieso angeblich niemand darüber reden würde, über Dinge, die Prof.

Drosten sechs Monate zuvor schon in seinem Podcast erklärt hatte. Alles mal wieder unter Applaus von AfD, »Querdenken« & Co.[266]

Und apropos Drosten: Prof. Drosten, einer der »weltweit führenden Experten zu Coronaviren«, von Science als »Corona Star« geadelt,[267] war WELT und BILD und ihren falschen Narrativen ein Dorn im Auge. Die BILD nutzte schon im Mai 2020 jeden ihrer bekannten schmutzigen Tricks, um Drostens Ansehen zu beschädigen, erfand Behauptungen, verfälschte zeitliche Abläufe, riss Aussagen aus dem Zusammenhang[268], stolperte dann aber bei einem ihrer Hetz-Versuche, als Prof. Drosten das Schlaue tat, und die ungeheuerlichen Methoden der BILD publik machte, nachdem sie ihm lediglich eine Stunde (!) zu einer Stellungnahme geben wollte, um mal wieder eine ihrer »tendenziösen Berichterstattungen« mit aus dem Kontext gerissenen Zitatfetzen zu liefern.

Sie verbreitete die Lüge, dass ein Preprint einer »Drosten-Studie« »grob falsch« sei.[269] Die Zitate der Wissenschaftler, die BILD dafür missbrauchte, distanzierten sich alle von dem schmutzigen BILD-Angriff.[270]

Genau ein Jahr später versuchte BILD wieder, gegen Drosten und seine Studie zu hetzen, als sie konspirativ titelte: »Drosten-Studie noch immer nicht veröffentlicht«[271], genau dann, als sie im renommierten Science-Magazin veröffentlicht wurde.[272] BILD musste schnell ihre Schlagzeile zu »›überraschend‹ veröffentlicht« ändern. Das »überraschend« traf übrigens nur auf die BILD-Hetzer zu.

Und ja, weil sich sonst niemand traut, das so auszusprechen: Bei so einem bösartigen Verhalten handelt es sich schon lange nicht mehr um Journalismus, nicht einmal mehr um reine Desinformation. Das ist pure, beabsichtigte Hetze, die gezielt Menschen vernichten möchte und dazu zu jedem schmutzigen Trick greift und keinen Anstand oder Scham kennt.

Drosten selbst kritisierte auch deutlich die »Verkürzung durch die Medien«. Es hat ja nicht noch die Hetze und die Desinformation durch Axel-Springer-Medien gebraucht, dass Drosten, der wahrscheinlich vielen Deutschen mit seiner Aufklärung und Arbeit das

Leben rettete, um sein Leben fürchten musste. Er erhielt 2020 Morddrohungen[273] ebenso wie 2021, wie viele Wissenschaftler[274], quasi nonstop. BILD erhielt ja nicht umsonst sogar Rügen vom Presserat für ihren schmutzigen Umgang mit Drosten.[275]

Bei BILD und WELT hetzten die Verantwortlichen noch persönlich mit. So WELT-Chef Ulf Poschardt, der es besonders auf Drosten abgesehen hat, weil dieser Fakten und Studien lieferte, die den falschen Narrativen widersprachen, die Axel-Springer in der Gesellschaft verbreiten wollte. Er beschimpfte andere als »Lockdown-Fetischisten«[276]. Poschardt bezeichnete in inzwischen gelöschten Twitter-Posts Corona-Maßnahmen als »absurd«[277], er bezeichnete Wissenschaftler:innen, die NoCovid forderten, als »Panikfreunde«[278] und immer wieder bediente er das gleiche Narrativ: Wer funktionierende Maßnahmen fordert, sei verblendet, mindestens ideologisch beeinflusst, man selbst sei hingegen lediglich für »Freiheit!«[279]. Aber anscheinend halt nicht für »Wissenschaft!«. Ja, ich habe diese Tweets gesichert, sorry.

Poschardt schwurbelte in der WELT selbst, dass »ZeroCovid« in Wahrheit nur der Versuch sei, einen »Systemwechsel« durchzuführen. Wie paranoid und wissenschaftsfeindlich teilweise die Agenda der WELT aussieht, konnte man im Februar bereits deutlich sehen, als der leitende Redakteur für Zeit- und Kunstgeschichte der »WELT« Drosten als »Panikmacher« bezeichnete und ihm glatt unterstellte, »wahrscheinlich Hunderttausende Menschenleben auf dem Gewissen« zu haben. Der gleiche Autor bezeichnete den Inzidenzwert auch als »völligen Unfug«, bezeichnete Corona als »Hysterie«, verharmloste und verbreitete weitere Fake News über das Virus.

Die »extrem zugespitzte Formulierung« bedauerte er später aber und löschte den Kommentar.[280] In seinem Podcast im April 2021 sprach Drosten über diese und andere »Verkürzungen«, zwar nicht dezidiert auf WELT, aber zu der kommen wir gleich noch: »[So eine Verkürzung] geht fast in den Bereich von Wissenschaftsleugnung, von den klassischen Motiven der Wissenschaftsleugnung. Die kennt man schon aus der Klimadebatte.« Er kritisierte das »false balancing«

in den Medien: »Das Präsentieren vom Vertreter der einen und der anderen Meinung, sodass diese Meinungen als gleichgroß dargestellt werden, wohingegen in Wirklichkeit eine absolute Minderheitsmeinung gegen eine Mehrheitsmeinung steht. Die Mehrheitsmeinung wird aber häufig von Leuten vertreten, die professionelle Wissenschaftler sind und die neben der Medientätigkeit auch andere Berufstätigkeiten haben. Die können nicht so auf die Trommel hauen, die schaffen das einfach aus zeitlichen Gründen nicht. Deswegen sieht das am Ende in den Medien so aus, als wäre das 50:50.«

Laut Drosten sei das die zentrale Dichotomie: »Überschrift gegen Inhalt«. Das »P« in »PLURV« stehe für »Pseudoexperten«.[281] Dafür ist die WELT auch schon kritisiert worden. Desinformationsverbreiter wurden dort bereits mit Politik-Empfehlungen, die ins eigene Narrativ passten, prominent platziert, wie Ökonom Rudi Bachmann kritisierte.

> **Die WELT veröffentliche Beiträge von »brandgefährlichen« Pseudo-Experten und »Scharlatanen«, und denkt, wenn sie dann später auch einen etwas schreiben lässt, der wirklich Ahnung hat, sei das seriöser Journalismus.**

Bachmanns Kritik daran wiederum wollte die »WELT« nicht veröffentlichen.[282]

Über all das beklagte sich Drosten nun, und wie auf Bestellung wurden genau jene Worte von ihm von WELT aus dem Kontext gerissen. Poschardt kommentierte in einem wieder mal gelöschten Tweet dazu: »Die Metaphorik der Virenbekämpfung wird immer archaischer.«[283] Drosten beklagte in direkter Reaktion darauf, dass hingegen die »Verkürzung in den Medien« immer »archaischer« werde. Er empfahl Poschardt, doch mal seinen Podcast anzuhören, bevor er »in dieser Art« über ihn verbreite.[284] Autsch. Trocken, aber vernichtend, wie immer.

Nicht nur hatte Drosten in dem Podcast genau solche medialen Verkürzungen erklärt und angeprangert; ihn als »archaisch« darzustellen, ist sogar genau falsch, wenn man seine Argumente wirklich kennt. Er selbst beklagte sich, dass durch die lange Untätigkeit der Politik in der Pandemiebekämpfung und durch Verfehlungen nur noch solche Werkzeuge wie ein »Holzhammer«, die plumpen Lockdowns, übrig bleiben, um Leben zu retten. Drosten ergänzte kurz darauf ohne Namensnennung auf Twitter seine Erklärung der Wissenschaftsleugnung um das Strohmann-Argument: Man verzerrt medial eine Position, um seine eigene Meinung als »Stimme der Vernunft« zu präsentieren.[285]

In diesem medialen Kontext war es Prof. Drosten, der es wirklich wissen muss, der Volksverpetzer im Mai 2021 zur Seite sprang, als wir mal wieder dreiste Desinformation von Axel-Springer-Ideologen anprangerten. Er verteidigte uns mit den Worten: »Dort, wo ich es mit eigenem Hintergrundwissen beurteilen kann, hat der @Volksverpetzer noch nie die Zusammenhänge verändert oder ein Weltbild produziert. Ich denke [sic] dass seine Popularität vollkommen berechtigt ist. Ich sehe auch keinerlei Zusammenhang mit politischen Lagern.«[286] (Danke, Herr Drosten, auch wenn ich schon zugeben kann, dass wir sicherlich auch mal ein Weltbild produzieren, wie jeder andere auch. Aber wir geben uns Mühe, fair und bei den Fakten zu bleiben und ein realitätsnahes Weltbild zu liefern.)

Was wiederum zu einem riesigen Shitstorm führte und zu einem der wenigen Male, wo sich Axel-Springer-Leute trauten, Volksverpetzer öffentlich zu kritisieren, aber uns nur auf Platz 1 der Trends hievte. Äh … danke, Herr Poschardt, dass du uns genau wie Prof. Drosten als »Aktivisten« bezeichnest?[287]

Es sagt aber weitaus mehr über Axel-Springer-Aktivisten aus als über den weltweit führenden Experten für Coronaviren und einen Anti-Fake-News-Blog, dessen Kritik immer noch nie widerlegt wurde. Und nein, einen Aluhut-Artikel zu veröffentlichen, in dem Volksverpetzer in ein »staatlich subventioniertes« »Netzwerk« zur »Denunziation politischer Feinde« mit Halbwahrheiten, Verdrehungen und Fake News gebastelt wird, mit Personen und Organisationen, die ich bis dato nicht mal kannte, gehört nicht dazu.[288]

Herrje, ich bin schon etliche Seiten dabei, dir das gesamte Ausmaß der Axel-Springer-Desinformation zu zeigen, und ich bin nicht mal ansatzweise mit allem durch, was sie nur zu Corona und Maßnahmen gebracht haben. Es ist kein Wunder, dass eine große Allianz der deutschen Wissenschaftsorganisationen die Berichterstattung insbesondere des Desinformations-Mediums BILD im Dezember 2021 als »einseitig« und »diffamierend« bezeichnete, als sie mit ihrem Hetz-Beitrag »Die Lockdown-Macher«-Wissenschaftler an den Pranger stellte.[289]

Der Wissenschaftsrat ist ein Zusammenschluss der bedeutendsten Wissenschaftsorganisationen in Deutschland. Darin sind die Alexander von Humboldt-Stiftung, der Deutsche Akademische Austauschdienst, die Deutsche Forschungsgemeinschaft, die Fraunhofer-Gesellschaft, die Helmholtz-Gemeinschaft, die Hochschulrektorenkonferenz, die Leibniz-Gemeinschaft, die Max-Planck-Gesellschaft und die Nationale Akademie der Wissenschaften Leopoldina vertreten. Sie urteilten vernichtend über BILD: »Solche Formen der Auseinandersetzung sind aus Sicht der Allianz in keiner Weise akzeptabel und widersprechen den Grundregeln einer freien und offenen Gesellschaft sowie den Grundprinzipien unserer Demokratie.« Und: »Es kann überdies leicht zu einem Meinungsklima beitragen, das an anderer Stelle bereits dazu geführt hat, dass Wissenschaftlerinnen und Wissenschaftler sich physischer oder psychischer Gewalt ausgesetzt sahen oder mit ihr bedroht wurden.«[290]

Das komplette erste Jahr der BILD-Berichterstattung haben meine großartigen Freunde von BILDBlog veröffentlicht und sind eine empfehlenswerte Lektüre.[291] Und vergessen wir nicht die unzähligen »Meinungsbeiträge« und tendenziös geframten Artikel, die nicht derart schamlose Desinformation verbreitet haben, aber genau das gleiche Narrativ bedient haben. Ja, da haben wir sie wieder. Die Narrative.

> **Dieses Verschwörungsnarrativ ist relativ deutlich: Corona war gar nicht so gefährlich, aber Deutschland/die Wissenschaft/die WHO/Werauchimmer haben sich verschworen, um mit Lockdowns irgendetwas zu erreichen.**

Gleichschaltung, Diktatur, irgendeine Transformation der Gesellschaft, keine Ahnung. Was auch immer »Querdenker«, »Rechtsextreme« oder WELT-Autoren schlecht finden. Das Problem an diesem Narrativ: Es ist fundamental falsch. Corona war gefährlich, die Maßnahmen haben gewirkt, die Impfung war sicher und hat Millionen Leben gerettet.[292] Menschen, die diesen politischen Mythos glauben, egal, ob sie komplett radikalisierte »Querdenker« sind oder vermeintlich seriöse Fake-Verbreiter bei Axel-Springer, können diese Vorstellungen nur aufrecht erhalten, weil sie seit Jahren pausenlos Desinformation konsumieren und Medien, die diese weiter propagieren. Medien, wie WELT und BILD, die nicht nur diese Fake News pausenlos weitererzählen, sondern auch selbst fabrizieren und für einige der verheerendsten Lügengeschichten der Pandemie in Deutschland gesorgt haben. Ich persönlich glaube, diese Medien waren die größten Fake-Verbreiter in der Pandemie. Eben weil man sie noch weitläufig für seriös hält und sie die Narrative, die einst in Telegram verlacht wurden, vermeintlich legitimiert haben.

Klima-Desinformation

Aber gehen wir schnell mal weiter in den Themen, denn Axel-Springer schafft es in vielen Bereichen, Desinformation und Hetze zu säen. Das zweite große Thema, wo Axel-Springer-Medien regelmäßig die Öffentlichkeit täuschen, ist der Klimawandel.

Hier streuen sie die exakt gleichen Verschwörungsnarrative wie Klimawandelleugner. Manche würden sagen: Weil sie das sind. Auch WELT-Herausgeber Stefan Aust leugnet den wissenschaftlichen Konsens zum Klimawandel, dessen Zitate zu dem Thema ganz ähnlich klingen wie das, was Ex-AfD-Chef Gauland zum Thema sagte.[293] Der verbreitet auch selbst mal Fake News über die Energiewende in seiner Zeitung.[294]

Bis heute ist auf WELT ein reiner Lügen-Artikel von 2011 online, der den wissenschaftlich bewiesenen Klimawandel als »CO_2-Theorie« bezeichnet. Und als »Propaganda«.[295] Aber keine Sorge, ist ja nur eine

»Meinung«, also darf man da Lügen verbreiten. Der Artikel wird bis heute regelmäßig von Klimawandelleugnern verbreitet als vermeintlicher Beweis und richtet dementsprechend Schaden an.[296]

Die WELT interviewte 2022 einen bekannten Klimawandel-Verharmloser und ließ dessen Desinformation unwidersprochen stehen.[297] Dass Axel Bojanowski dort »Chefreporter Wissenschaft« ist, spricht Bände. Im Juni 2022 verließen gleich drei Redakteure aus dem Ressort Wissen die WELT, was als »Exodus im Wissen-Ressort« beschrieben wurde.[298] Man sieht, wer übrig blieb. Bojanowski sagt zwar selbst, der Klimawandel sei menschengemacht und müsse so rasch wie möglich gestoppt werden[299], fällt jedoch regelmäßig mit irritierender Kritik auf, dass angeblich Wissenschaftler übertriebene »Katastrophenszenarien« verbreiten würden und von Wissenschaft und Medien unkritisch rezipiert werden und Argumente von Klimaskeptikern außer acht gelassen werden[300].

Diese auf den ersten Blick begrüßenswerte Position wird jedoch durch Forschung infrage gestellt, die zeigt, dass Klimawissenschaftler sich nicht nur intensiv – extrem intensiv – mit oft von Öl-Konzernen finanzierten Pseudo-»Gegenargumenten«[301] herumschlagen, die Unsicherheit streuen sollen, sondern im Gegenteil kollektiv die Gefahren der Klimakrise notorisch unterschätzt haben.[302] Der WELT-Autor wird von vielen Wissenschaftlern als notorischer Klimawandel-Verharmloser kritisiert.

Journalist Christopher Schrader kritisiert an Bojanowski, durch das Hinweisen auf wissenschaftliche Unsicherheiten für Zögern im Handeln gegen die Klimakrise zu sorgen. Das sei, was »Lobbyisten der Kohle- und Ölindustrie« wollen.[303]

Der Klimawissenschaftler Stefan Rahmstorf hat nach eigenen Angaben »mehrfach sachliche Fehler von Bojanowski bei Redaktionen beanstande«.[304]

Prof. Anders Levermann vom Potsdam-Institut für Klimafolgenforschung sagte im Oktober 2023 über Bojanowski und dessen Arbeit, die er zutiefst ablehnt »Er verdreht und verzerrt seit Jahrzehnten Fakten, um, wie ich nur vermuten kann, eine Stabilisierung des

Klimas zu behindern. Das hat mit Journalismus meiner Auffassung nach nichts zu tun, sondern ist reine Ideologie. Ich habe ihn seit langer Zeit geblockt und ihm seit etwa 20 Jahren kein Interview mehr gegeben.«[305]

Nicht nur einmal haben wir bei Volksverpetzer seine Desinformation einem Faktencheck unterziehen müssen, wie zum Beispiel im Juli 2021, als er teilweise Studien als Quelle für seine Behauptungen hernahm, deren Autoren genau das Gegenteil sagen.[306]

> **Auch hier immer wieder das gleiche wahrheitswidrige Narrativ: Der Klimawandel ist, wenn er überhaupt real ist, gar nicht so schlimm, wie alle sagen. Wir brauchen keine Klimamaßnahmen.**

Hey, »Deutschland braucht jetzt Fracking«, schreibt Bojanowski.[307] Da passt gut zusammen, dass neben dem Vorstandsvorsitzenden von Axel-Springer Mathias Döpfner und Axel-Springer-Witwe Friede Springer die Kapitalgesellschaft KKR Anteilseigner am Axel-Springer-Konzern ist.[308] Ein internationales Unternehmen, das Hunderte Milliarden verwaltet und in Dutzende Unternehmen investiert. 78 Prozent davon sind Firmen, die in fossile Energien investiert sind.[309] KKR ist gar eines der größten private equity Unternehmen der Welt, das noch in fossile Energien investiert.[310] Werden wirksamer Klimaschutz und der Ausstieg aus fossilen Energieträgern verlangsamt, profitiert ein indirekter Miteigentümer von BILD und WELT massiv davon. Wieder ein rechtes Narrativ: das der Klimaverschwörung und der »Übertreibung« der Gefahren durch gewisse »Eliten«. Und wieder WELT vorn mit dabei.

Und ich könnte ein ganzes Buch über die Desinformation von WELT und BILD schreiben und vielleicht mache ich das auch noch, wenn das hier gut ankommt,* und kratze hier jetzt nur an der Oberfläche der systematischen Desinformation bei diesen Zeitungen. Aber wir müssen auch mal vorankommen, deshalb bleiben wir doch

---

* Psst … das war ein Hinweis an dich!

gleich bei den Besitzern von Axel-Springer. Denn ich habe gezeigt, wie dort systematisch teils sogar bösartige Desinformation fabriziert und verbreitet wird. In einem Ausmaß, einer Schamlosigkeit und Intensität, wie ich sie nirgends sonst in vermeintlich seriösen deutschen Medien kenne. Kein Wunder, dass diese Medien von »Querdenkern« und Rechtsextremen so gern gelesen werden. Aber diese politischen Narrative gehen bis ganz nach oben.

»Please stärke die FDP«

Stell dir mal vor, es wäre herausgekommen, der Chef vom SPIEGEL-Verlag hätte mit Annalena Baerbock zu Abend gegessen und danach seiner Zeitung gesagt, sie sollen im Wahlkampf Grüne stärken. Und ihr Mann wäre dabei ein Journalist beim SPIEGEL, der auch mal über die Grünen berichtet.

Genau das ist aber real bei Axel-Springer, Mathias Döpfner, FDP-Chef Lindner und dessen Frau, die bis Oktober 2023 noch bei WELT gearbeitet hat.[311] Und dabei auch über die FDP berichtete. Und auch mal über ihren eigenen Partner.[312]

Aber ja, Recherchen der ZEIT haben im April 2023 das bewiesen, was auch nur ein offenes Geheimnis war: Dass Mathias Döpfner direkt seine Medien anweist, bestimmte Narrative zu verbreiten, und bestimmte Parteien im Wahlkampf zu stärken.[313] Weißt du noch, was ich oben erzählt habe, wie Milliardäre, die die Verlage besitzen, subtil Einfluss nehmen könnten auf die Berichterstattung in diesem Land und unsere Politik? Bei Axel-Springer und BILD und WELT ist es nicht einmal mehr subtil. Das sind dezidierte Kampagnenblätter mit einer eindeutigen politischen Agenda. Die nebenbei auch manchmal Journalismus machen.

Döpfner hat buchstäblich eine SMS an den damaligen BILD-Chef geschickt vor der Wahl mit dem inzwischen bekannten »Please stärke die FDP« und »Kann man noch mehr für die FDP machen? Die sollten 16 Prozent mindestens kriegen«. In einem Wahlkampf, in dem BILD und WELT alles daransetzten, die Grünen und deren

Spitzenkandidatin Baerbock mit Schmutz zu bewerfen. Das alles wäre schon kritisierenswert genug, aber wie ich gezeigt habe, arbeiten die beiden Medien exzessiv auch mit gezielter Desinformation.

Das Hauptfeindbild von Axel-Springer – gemeinsam mit dem der Union und der AfD – sind die Grünen. Und wenn Wirtschaftsminister Robert Habeck in einem ZEIT-Interview sagt, er sei stolz auf seine Arbeit, auch wenn er täglich insbesondere in der BILD angegriffen und fertiggemacht wird, und sagt, er bedauere das trotzdem nicht[314], rächt sich das Hetz-Blatt sofort. Und riss seine Worte aus dem Kontext und titelte bösartig irreführend: »Trotz Wirtschaftskrise und Heiz-Debatte: Habeck hat ›null Bedauern, gar nichts‹«.[315]

Das geht so weit, um Außenministerin Baerbock zu schaden, springt man auch mal einer russischen Desinformationskampagne auf, die einen ihrer Sätze aus dem Kontext reißt.[316] Übrigens schrieben auch hier viele seriöse Medien ab – dass es eine war, darauf musste Volksverpetzer erst hinweisen, woraufhin viele Medien sich korrigierten.[317]

Über die Einstellungen von Döpfner, der immerhin noch bis zu der SMS-Enthüllung Vorstand des Bundesverbands Digitalpublisher und Zeitungsverleger war,[318] wurde auch einiges geschrieben. Als Döpfner Julian Reichelt unter anderem wegen Vorwürfen des Machtmissbrauchs und sexueller Belästigung widerwillig entlassen musste,[319] beklagte er über den unseriösen Fake-Verbreiter: »Er ist halt wirklich der letzte und einzige Journalist in Deutschland, der noch mutig gegen den neuen DDR-Obrigkeitsstaat aufbegehrt.«[320] Jup, richtig gelesen. Einer der einflussreichsten Menschen in Deutschland, der seine Zeitungen anweist, in den Wahlkampf einzugreifen, die das auch regelmäßig mit Desinformation tun, gibt Dinge von sich, die ganz nach »Querdenken« und AfD klingen.

Aber es wird noch schlimmer. Laut Financial Times ließ Döpfner als Reaktion auf den Skandal eine »Liste von Personen zusammenstellen«, die »ausgeforscht« werden sollten, weil er hinter den Vorwürfen über systematischen Machtmissbrauch und sexistische Unternehmenskultur in seinem eigenen Haus eine »Verschwörung«

vermutete. Man selbst sei »die letzte Bastion der Unabhängigkeit« und »Regierungskritik« und deshalb würde man von der »Linken Bubble« bestraft werden.[321]

Es ist nicht der einzige Vorwurf, dass Vorgaben gemacht werden, wie zu berichten ist: Im Oktober 2023 berichtete The Intercept von Vorwürfen, dass die Newsapp Upday, welche zu Axel Springer gehört, von oben Anweisungen bekommen haben sollte, stets Meldungen von palästinensischen Todeszahlen herunterzuspielen und stattdessen stärker die israelische Seite zu pushen. Axel-Springer widersprach den Vorwürfen.[322] Die Weltanschauung von Döpfner war auch schon zuvor schwer zu unterscheiden von der Rhetorik der AfD.

2017 sprach Döpfner von der »gebührenfinanzierten Staatspresse« bei Online-Aktivitäten der Öffentlich-Rechtlichen.[323] Im selben Jahr verbreitete er die Lüge von einem »Bockwurstverbot« in Schwimmbädern – wegen der Muslime natürlich.[324] 2019 behauptete er in einem WELT-Kommentar, »die Medien« würden mehrheitlich (im Kontext von Einwanderung, wer hätte es gedacht?) nicht die Realität abbilden, sondern verschweigen und verharmlosen.[325] Du weißt schon, als buchstäblicher Vorstand der Zeitungsverlage. Wer sollen denn bitte schön »die Medien« sein, wenn nicht er selbst?!

Und 2019 schaffte er es, in einem WELT-Artikel mit sehr viel mentaler Gymnastik Angela Merkel und Schutzsuchenden die Schuld an dem antisemitischen und rechtsextremen Terror-Anschlag in Halle zu geben[326], was ich seinerzeit heftig kritisierte.[327] Der Mann sollte vielleicht weniger WELT und BILD lesen, denn er scheint die Sachen selbst zu glauben, die seine Kampagnenblätter in die Welt setzen.

Wir haben systematische Desinformation, rassistische und verschwörungsideologische Narrative bis hinein in die oberste Etage und nachgewiesene Anweisungen von ganz oben, politische Debatten zu beeinflussen und Wahlkämpfe zu beeinflussen. Wobei Letzteres ja nicht mal nötig ist. Die Ideologen und Demagogen sitzen auf allen Ebenen der Struktur. Man weiß doch, wen man einstellt und wen man befördert. Da zieht man an einem Strang, da braucht es keine Verschwörung. Das ist alles kein Geheimnis. Das ist alles öffentlich.

Und die restliche deutsche Medienlandschaft? Zitiert weiter von BILD und WELT. Übernimmt deren Meldungen, Kampfbegriffe, Framings und Lügengeschichten. Selbst im nobelsten Fall, wenn man versuchen will, den Meldungen zu widersprechen.

Die Heizungslüge

Wenn Axel-Springer Habeck und Gesetze, die er in der Koalition einbringen möchte, zerstören möchte, dann können sie das tun. Sehr erfolgreich. Die Axel-Springer-Desinformation kann so erfolgreich sein, so Mainstream, dass du vielleicht gar nicht mal mitgekriegt hast, dass sie da war. Weil so viele auch seriöse Medien die Dinge kolportiert haben.

Mein »Lieblingsbeispiel« ist die Desinformationskampagne gegen das Gebäudeenergiegesetz von Habeck im Frühjahr und Sommer 2023, das Axel-Springer effektiv komplett entkernen konnte. Und nebenbei der Ampel und den Grünen massiv an Beliebtheit gekostet hat. Wirtschaftsminister Habeck, Bauministerin Geywitz und ihre Ministerien haben sich viel Zeit und Beteiligten extrem viel Vorlauf gelassen, den Gesetzentwurf zu kritisieren. Das erste Konzeptpapier wurde bereits am 14. Juli 2022 (!) veröffentlicht[328], der Plan mit den 65-Prozent-EE-Anforderungen war bereits Teil des Koalitionsvertrags, dem die FDP zugestimmt hat. Damals aber noch mit dem Startdatum 2025. Im Koalitionsausschuss wenige Tage nach dem russischen Invasionsbeginn in der Ukraine trafen sich die Koalitionspartner aber und beschlossen gemeinsam, das Datum auf 2024 vorzuziehen. Das war gleichzeitig mit der Energiepauschale und Senkung der Steuer auf Sprit, du erinnerst dich vielleicht.[329]

Das war laut des ersten Gesetzentwurfs, der Anfang 2023 bekannt wurde, bereits möglich[330]: Du darfst jede Heizung behalten, die du hast, auch nach 2024. Du darfst deine Gasheizung auch jederzeit reparieren. Dich zwingt niemand, irgendwann etwas zu ersetzen, du darfst alles weiterlaufen lassen, wie du willst. Habeck sagte wörtlich: »Funktionierende Heizungen dürfen weiter genutzt werden und kaputte dürfen so lange repariert werden, wie man sie reparieren kann.«[331]

Und falls du das (bewusst falsche) Framing von »Heizverbot« ganz wörtlich genommen hast: Du durftest selbstverständlich so viel heizen, wie du wolltest. Auch Technologieoffenheit ist gesichert für den Fall, dass du eine neue besorgen hättest müssen: Du hättest auch alles einbauen dürfen, was du willst. Die einzige Bedingung: 65 Prozent der Energie muss aus erneuerbaren Energien stammen. So könntest du sogar theoretisch weiter eine Gasheizung betreiben, mit Biogas oder Wasserstoff – aber diese Dinge sind extrem teuer und noch Zukunftsmusik[332] und werden sich ohnehin wahrscheinlich nie vergleichbar rentieren.[333]

Dann hieß es im März 2023, die FDP wolle das Heizgesetz, das sie bisher gemeinsam mit Habeck geplant habe, stoppen[334]. »Zufällig«, nachdem die BILD eine Lügenkampagne gegen den konkreten Gesetzentwurf gefahren hat und alle mit der Lüge des »Heizverbots« aufgepeitscht hat. Wie immer verkürzt und irreführend tat BILD so, als ob es ein »Heizverbot« gäbe oder als ob ab 2024 niemand mehr mit Öl oder Gas heizen dürfe. Was wirklich im Gesetz steht, verrät BILD gar nicht.[335] Das Framing wirkt sogar so, als würde Heizen an sich verboten oder dergleichen.

FDP-Fraktionschef im Bundestag, Christian Dürr, verkündete laut, er würde »pauschale Verbote« verhindern. Und tut so, als würden sich die Lügen der BILD auf irgendwelche realen Forderungen beziehen. Er gibt es sogar indirekt zu: »Der FDP-Fraktion liegt kein Entwurf zum Verbot von Öl- und Gasheizungen vor. Dazu wird es auch nicht kommen.«[336]

Wie gut, dass wir dank BILD mal wieder über Dinge und Verbote reden und uns aufregen, die es nicht mal gibt. Der bau- und wohnungspolitische Sprecher der FDP-Fraktion, Daniel Föst, verkündete auch, dass ein »generelles Verbot« schlecht wäre und Hybridheizungen und Wasserstoff auszubremsen der »falsche Weg sei«. Dinge, die niemand gefordert hat und bereits in Habecks Heizgesetz drinstehen.

Die FDP argumentierte hier gegen einen reinen BILD-Strohmann. Dennoch sorgte der Druck – und das brave Abschreiben der Debatte durch andere Medien – dafür, dass im April 2023 das Gesetz mit der FDP nachverhandelt wurde.[337] Offen waren noch Fragen wie die finanzielle Förderung. Aber die zentralen Punkte, wie bereits aufgezählt, sind unverändert. Das war bereits die dritte Zustimmung der FDP.

Am 31. März lobte Lindners Finanzministerium das Heizgesetz: Es sei gelungen, »Technologieoffenheit, Wirtschaftlichkeit und soziale Ausgewogenheit als entscheidende Maßstäbe« zu verankern. Und »Statt Zwang setzt die Koalition auf Anreize«. Es gebe nun »keinen zusätzlichen rechtlichen Zwang, eine funktionierende Heizungsanlage vorzeitig zu ersetzen«.[338] Der Gesetzentwurf ging weiter und am 19. April hat das Bundeskabinett der Novelle auch zugestimmt.[339] Also auch von der FDP. Details soll man im Parlament klären. Das war übrigens im Ausgleich dafür, dass FDP-Minister Wissing Autobahnen ausbauen dürfe und sich nicht an seine Sektorziele halten muss.[340] Also ein Verbot, das bereits vorher nicht existierte, aber von BILD heraufbeschworen wurde, wurde Anfang April 2023 bereits verhindert, sagte auch die FDP.

Dann ging die Axel-Springer-Desinformation aber erst richtig los. Viele Dutzende Artikel von WELT und BILD, die ich alle gar nicht aufzählen kann. Bei WELT hieß es, die Wärmepumpe würde den Menschen vom Feuer entfremden[341] oder die »bürgerliche Kultur zerstören«,[342] bei BILD gab es eine ganze Wagenladung an miesen Attacken auf Habeck, es hätte nur gefehlt, dass man ihn auch noch dafür verantwortlich macht, das Weihnachten ausfällt. Oh, halt, warte, das hat BILD buchstäblich auch getan bei »Habeck, der Ampel-Grinch? Wirtschaftsminister vermiest uns Weihnachten!«[343], wenn auch dieser Artikel aus der Zeit vor dieser konkreten Kampagne stammte.

In dieser medialen Parallelwelt (parallel mit der rechtsextremen Medienwelt rund um AfD) kamen konkrete Kritikpunkte an dem Gesetzentwurf – die zutrafen – herzlich wenig vor. Es war eine größtenteils frei erfundene Debatte. Und einen Monat später, im Mai 2023, hieß es dann plötzlich wieder aus der FDP, das Heizgesetz habe »unglaublich viele Fehler« und brauche »im Prinzip« ein neues Gesetz.[344]

Was? Woher? Was ist dazwischen passiert? Es geht immer um das exakt gleiche Gesetz. Zwischenzeitlich fand nämlich auch der FDP-Parteitag statt. Ein Grund dafür dürfte Frank Schäffler, libertärer Fossil-Lobbyist und selbsterklärter »Klimaskeptiker«, sein, der sich auf dem FDP-Parteitag im April mit einem Dringlichkeitsantrag gegen Parteichef Christian Lindner durchsetzte, laut dem der bereits gelobte Gesetzentwurf doch noch nachgebessert werden müsse. Oder um das in Schäfflers martialischer Sprache wiederzugeben, er kritisiert den Entwurf als »dogmatische Vorfestlegungen auf einzelne Technologien, planwirtschaftliche Regelungswut bis ins Detail und ignorante Überforderung der Betroffenen«.[345]

Das natürlich in enger Zusammenarbeit mit dem Hetzblatt BILD. Unterstützt wurde Schäffler auch von Vizeparteichef Kubicki und der JuLi-Vorsitzenden Franziska Brandmann. Er nannte den Entwurf polemisch »Atombombe für unser Land«. Und landete natürlich ebenfalls auf einer BILD-Schlagzeile.[346]

Im April wollte die FDP das Gesetz im Parlament besprechen (und beschloss das auch auf ihrem Parteitag)[347], im Mai verhinderte sie das aber plötzlich.[348] Warum? Weil die Desinformationskampagne der BILD gemeinsam mit den Fossil-Lobbyisten in der FDP ganze Arbeit geleistet hatte. Das längst gelobte und mehrfach mitbeschlossene Gesetz wurde jetzt blockiert, weil … Mist, eine Ausrede musste her. Also erfand man »101 Fragen«, die man noch hatte. Ja, wirklich, »erfand«. Die BILD titelte das Märchen: »101 Fragen an Habeck: FDP droht mit Total-Boykott des Heiz-Hammers«. Dumm nur: Diese Fragen gab es einfach gar nicht.[349] Die Fraktionsführung der FDP hatte nie vor, derartige Fragen abzuschicken. Es gab solche Fragen gar nicht, sie wurden Habeck gar nicht gestellt. Auch die Fraktionsspitze, die diese Fragen stellen sollte, hatte sie nicht bekommen und hatte auch nicht vor, sie zu stellen. Die parlamentarische Debatte wurde verhindert, angeblich weil Habeck die erfundenen Fragen nicht beantwortet hatte. Danke, BILD für diese PR-Inszenierung. Erst *nach* der Blockade der parlamentarischen Debatte hat man offenbar schnell noch einen Fragenkatalog zusammenkopiert (und die Anzahl der Fragen schwankt auch die ganze Zeit, mal 77, mal 113), um diese Farce irgendwie zu rechtfertigen.

Auch der Inhalt der Fragen, die erst danach schnell zusammengeschrieben wurden, wirkt oft vorgeschoben, denn Aspekte wie in Frage 66 (»Wie viel Platz benötigt eine durchschnittliche Wärmepumpe innerhalb sowie außerhalb eines Gebäudes?«) oder Frage 70 (»Wie viele Mehrfamilienhäuser nutzen die oberste Etage bzw. den Dachstuhl als Mieterkeller, Heizungsraum oder Wäschetrocknungsraum?«) sollten allen Beteiligten längst klar sein, wenn es ihnen wirklich ernst damit ist. Außerdem sind viele Fragen dabei, die längst geklärt hätten sein müssen. Manches sind rhetorische Fragen, manche unleserlich, manche doppelt.[350] Die restlichen 59 Fragen hätte auch ein offenbar mit unendlicher Geduld ausgestatteter Habeck sicherlich gern längst beantwortet. Wenn man sie ihm gestellt hätte.

Warum ich das weiß? Weil viele der Fragen bereits Anfang Mai von Habeck beantwortet worden waren. »Eine Sprecherin verweist am Mittwochmittag auf die Gespräche mit den zuständigen Berichterstattern im Bundestag: ›Wir stehen zur Beantwortung aller Fragen zur Verfügung.‹ Eine Fragenobergrenze nannte sie nicht. Die Berichterstattergespräche fanden übrigens Anfang des Monats statt. Dabei wurden Fragen aus allen Koalitionsfraktionen beantwortet, sagt eine Sprecherin des Wirtschaftsministeriums dem Stern: ›Es waren zufälligerweise genau 102.‹«[351] [sic]

Als jemand, der sich sehr intensiv mit der Debatte beschäftigt hat, weiß ich bis heute eigentlich nicht genau, was an dem Gesetz jetzt nicht gepasst haben sollte. Also, versteh mich nicht falsch, gern kann und darf man alles Mögliche daran kritisieren und es auch grundsätzlich ablehnen.

> **Aber hier wurde massiv medial die öffentliche Meinung manipuliert.**
> **Mit Desinformation.**
> **Mit Lügen.**
> **Mit reißerischem und irreführendem Populismus.**

In diesem Kontext war das Abschreiben der »Ausnahme«, die die ganze Zeit schon im Gesetz stand, die ich weiter vorn erwähnt habe, so schädlich. Sie hat den Eindruck verstärkt, an dem ganzen Zirkus sei etwas dran gewesen. Schlussendlich wurde das Gesetz dann noch weiter abgeschwächt,[352] der Klima-Expertenrat der Bundesregierung kritisierte, dass am Ende »weniger Emissionsminderungen als ursprünglich geplant zu erwarten seien«.[353] Genau das, was die Gaslobby damit wohl erreichen wollte.[354] Und klar, das war ein Coup der Lobbyisten, aber an jedem Schritt war die BILD beteiligt mit ihrer Desinformation und Manipulation der Öffentlichkeit. Über sie lief das Ganze und wäre ohne sie nicht in diesem Maße möglich gewesen. Und sie war darin sehr erfolgreich. Also zumindest in dem zerstörerischen Aspekt, das Gesetz ist gekippt, die Ampel in Scherben. Geschadet hat das letztlich der ganzen Ampel-Koalition, die massiv an Zustimmung verlor. Falls die Devise aber immer noch gewesen sein sollte »Please stärke die FDP«, ging das gehörig nach hinten los: Die FDP traf es in Umfragen und Wahlergebnissen vielleicht am härtesten.[355]

Wer davon profitierte, dass genau ihre Narrative, ihre Desinformation und ihre Feindbilder bedient wurden? Die AfD, die so beliebt war wie nie zuvor. Es wäre natürlich falsch, ihren Erfolg monokausal darauf zurückzuführen, aber es ist sicherlich ein wichtiger Faktor, dass Teile der demokratischen Parteien von Union oder FDP gegen genau jene »Strohmänner einer kulturellen Angsterzählung« bedienen, und das gleiche Narrativ einer »kulturellen Bedrohung« bedienen, wie das die AfD tut, wie Experte Johannes Hillje es sagt.[356]

Wer Axel-Springer ignoriert, kämpft nicht wirklich gegen Desinformation

Ich habe jetzt sehr lange über Axel-Springer geredet und dabei nur an der Oberfläche gekratzt, aber du siehst das Problem. Foreign Policy sagte über den Verlag, nachdem dieser das US-Magazin Politico gekauft hatte, um sein weltweites Medienreich aufzubauen,

Axel-Springer habe eine »jahrzehntelange Geschichte der Beugung journalistischer Ethik für politisch rechte Anliegen«.[357]

Sie verbreiten systematisch viele Fake News. Klar, um Geld zu verdienen, um Reichweite und Klicks auszubauen. Aber sie haben auch Agenda. Und die pushen sie mit Fake News. Und sie beeinflussen direkt die Politik in unserem Lande. Sie können Gesetze und vielleicht sogar gewisse Kanzlerinnen verhindern. In jedem normalen Unternehmen hätte Döpfner seinen Posten räumen müssen.[358] Aber Axel-Springer ist nicht normal, Döpfner gehört der Laden. Und Mit-Eigentümer KKR sagte sogar, sie seien mit Döpfner zu »100 Prozent zufrieden«.[359]

Aus dem gleichen Grund, wie Julian Reichelt nur extrem widerwillig entlassen wurde: Sie sind nicht trotz der Desinformation, dieser Verbreitung der Agenda und den Brüchen des Anstands und der Regeln dort, wo sie sind, sondern genau deswegen. Und sie sind so gefährlich, weil sie so viel Macht haben, so viel Reichweite und immer noch so viel Einfluss auf andere Medien. WELT-Journalisten werden immer noch auf Veranstaltungen eingeladen, wo es unter anderem um den Kampf gegen Fake News geht, und stehen mit den anderen Journalisten herum, als ob sie nicht selbst das Problem wären.

Ich wollte in diesem zugegebenermaßen sehr langen Kapitel zeigen, dass der klassische Journalismus nicht die Antwort auf Fake News hat, weil er im besten Fall machtlos daneben steht, wenn Desinformation und gefährliche Narrative verbreitet werden oder im schlimmsten Fall genau derjenige ist, der das überhaupt erst tut.

Axel-Springer bricht regelmäßig alle Regeln und ich habe nur einen Bruchteil der Desinformation und Desinformationsverbreiter in diesem Verlag erwähnt, die Volksverpetzer in den letzten Jahren regelmäßig analysieren musste. Ich will nicht alle Mitarbeiter dämonisieren oder ächten oder zu einem Boykott aufrufen. Aber sie werden nicht damit aufhören, wenn wir sie weiter wie normale Journalisten behandeln. Wenn Medienschaffende und die Politik ihnen weiter exklusive Interviews geben, sie als Quelle verwenden oder zu deren Machenschaften schweigen. Oder als »Gefälligkeit« Recherchen über

Machtmissbrauch unter Verschluss halten wollen, wie mit Ippen und Reichelt. Sie müssen viel besser werden, und vielleicht können sie das, auch wenn ich das persönlich bezweifle. Aber sie haben zurzeit weder ein Interesse daran noch einen Anreiz. Solange die Medienlandschaft bis auf wenige Ausnahmen hier weiter schweigt und wegsieht, sind alle Bekenntnisse gegen Desinformation und Demokratiefeindlichkeit pure Heuchelei.

> **Warum kann der klassische Journalismus Fake News nicht bekämpfen? So weh es mir selbst tut, es zu sagen: Weil er es bisher nicht wirklich versucht.**

Deutsche Medien sind zu … rechts?

Ich hatte ja oben bereits erwähnt, Studien hätten festgestellt, dass deutsche Medien realitätsferne, rechte Narrative reproduzieren. Der Axel-Springer-Verlag bemüht sich auch sehr stark, diese durch Desinformation und Framing zu bedienen. Und schafft es so, Debatten erst entstehen zu lassen, über die der Rest dann berichtet. Ich habe ausgeführt, dass BILD und WELT diese Punkte setzen, und der Rest abschreibt oder zumindest zwangsläufig trotzdem über die Dinge redet in einer Art, wie die rechte Narrative prosperieren.

Holen wir uns mal ein paar wissenschaftliche Analysen dazu, die zeigen, was das Endprodukt davon wirklich ist: dass entgegen des wieder realitätsfernen Gegennarrativs die deutschen Medien zu »rechts« berichten – dass rechte Narrative über Klima und Geflüchtete dominieren.

Schutzsuchende zu negativ, Klima zu wenig

Eine Studie des Instituts für Publizistik der Johannes Gutenberg-Universität in Mainz analysierte fünf Jahre Medienberichterstattung über Flucht und Migration in Medien nach der sogenannten »Flüchtlingskrise« wie der Frankfurter Allgemeinen Zeitung, Süddeutschen Zeitung, BILD, ARD Tagesschau, ZDF heute und RTL Aktuell.

Sie stellten fest: Während der absolute Großteil der Geflüchteten friedlich und gesetzestreu ist und oft auch vor Terror flieht, brachten die Medien die Schutzsuchenden überproportional mit Terror und Kriminalität in Verbindung. Im »schlimmsten« Quartal im Untersuchungszeitraum handelte jeder vierte Bericht davon. Am negativsten berichtete BILD, die diesen Wert über den gesamten Zeitraum hielt.[360]

Dabei waren zum Beispiel laut Bundeskriminalamt im Jahr 2018 Personen mit anerkanntem Schutzstatus sogar weniger oft tatverdächtig als der deutsche Durchschnitt.[361] Das erklärt die Studie vor allem mit einem Fokus auf einzelne wenige, sehr medienwirksame Straftaten und Anschläge.

Die Studie stellt zudem fest, dass einerseits die Medien im Schnitt richtig Flucht und Schutzbedürftigkeit in den Vordergrund stellten, aber andererseits waren die Bewertungen Geflüchteter »deutlich negativ« und »betrachteten die Zuwanderung weit überwiegend als Gefahr und thematisierten vor allem ihre negativen Folgen für die Sicherheit in Deutschland. Das Verhältnis von Geflüchteten und Einheimischen beschrieben sie als eher konfrontativ. Sie bildeten überproportional Männer ab und thematisierten überproportional schwere Straftaten von Zugewanderten«.[362]

Auch hier war die BILD wieder mal ein Ausreißer ins Negative. Für mich sehr erfreulich, hat die Studie das als zwei widersprüchliche Narrative beschrieben – »Leute auf der Flucht sind in Not und man muss ihnen helfen« und »Leute, die zu uns geflohen sind, sind ein Risiko«. Wobei dieses intransparente Hin und Her unabsichtlich eine negative Stimmung erzeugte. Und die Vorstellung eng gefüttert, die entgegengesetzten, aber gleich lautenden Vorwürfe beider Seiten, »die Medien« würden unausgewogen berichten.

Medien aus dem rechten Spektrum kritisierten die Berichterstattung als zu positiv und Medien aus dem linken Spektrum als zu negativ. Durch die »natürliche« Zuspitzung und Dramatisierung von einzelnen Ereignissen, die Medien nun mal betreiben, um

Aufmerksamkeit zu erzeugen, produzierte die deutsche Medienlandschaft aber im Schnitt am Ende eine unausgewogene und undifferenzierte Darstellung von Flucht und Migration. Und dabei ignorieren wir bereits die gigantische rechtsextreme Hetz-Maschinerie auf Social Media, die pausenlos Lügen und negatives Framing über Geflüchtete in die Trends pushte.

> **Es ist sicher keine falsche Einschätzung, dass die Medienlandschaft deutlich die Ansichten der Bevölkerung zu Geflüchteten nach 2015 ins Negative verkehrte.**

Auch eine weitere Studie des Mediendiensts Integration kam 2019 zum gleichen Ergebnis: Schutzsuchende wurden überwiegend negativ dargestellt, weit überproportional mit Kriminalität in Verbindung gebracht und kamen selbst so gut wie gar nicht vor.[363] Und die wenigen Berichte mit anderem Framing wurden wiederum als vermeintlicher Beweis betrachtet, dass »die Medien« sie manipulieren wollten. Während »die Medien« im Schnitt negativ berichteten, beschwerten sich viele, dass die Medien nicht negativ genug berichteten. Auch das führte sicherlich zu einem Teufelskreis in den Köpfen der Journalisten. Dieses rechte Narrativ erzählt, dass »die Presse«, wo alle Medien völlig undifferenziert in einen Topf geworfen werden, Dinge verdrehe, absichtlich weglasse, um das andere rechte Narrativ, von den angeblich so bösen Migranten, zu vertuschen. Wer es konspirativ mag, hat noch ergänzt, dass sie alle unter einer Decke stecken und von Politik oder anderen Mächten gesteuert werden.

Kommen wir zum zweiten polarisierenden Thema: Klima. Machen wir so weiter wie bisher, steuern wir auf eine globale Erwärmung von 3,2 Grad zu.[364] Dadurch erhöhen sich laut IPCC Klimarisiken wie Dürre, Überschwemmungen oder hitzebedingte Krankheits- und Todesfälle deutlich.[365]

Umfragen zeigen wiederholt, dass die Deutschen gern mehr Hintergrundberichterstattung und Erklärungen zum Thema Klimapolitik hätten. Aber eine weitere Studie von Ende 2022 kommt zu dem

Schluss, dass der deutsche öffentlich-rechtliche Rundfunk immer noch zu wenig über das Klima spricht. Diese Studie, durchgeführt von einem Team um Kommunikationswissenschaftler der Universität Hamburg, hat sich die Berichterstattung der »Tagesschau« von 2007 bis 2022 angeschaut und das Gesamtprogramm von Das Erste, ZDF und WDR im Zeitraum Juli 2021 bis September 2022. Die Autoren der Studie kamen zu dem Schluss, dass die Klimaberichterstattung in den Öffentlich-Rechtlichen bei Weitem nicht der Tragweite und Wichtigkeit des Themas entspricht. Zwar habe die Berichterstattung seit 2018 zugenommen, mache allerdings nur ein bis 2 Prozent des Gesamtprogramms aus und bliebe damit unterdurchschnittlich oft im Vergleich zu Themen wie Pandemie, Ukrainekrieg, Flüchtlinge oder Wirtschaft zurück. Es sei noch »viel Luft nach oben«.[366] Dennoch könnte man meinen, es sei genau anders herum, wenn man so die Schlagzeilen rechter und rechtsextremer Medien liest.

Gegennarrativ »Lügenpresse«

Das rechtsextreme Narrativ der »Lügenpresse« – im Übrigen ein Begriff besonders beliebt im Ersten Weltkrieg und der NS-Zeit – hat den Diskurs dominiert und sicherlich auch verschoben. Und ist selbst eines jener Desinformations-Narrative, auch ohne diesen Begriff, das aus vielen Fake News gespeist wird.[367]

So hat zum Beispiel die ARD-Sendung »Panorama« 2019 eine Dokumentation über die letzte Mission der »Sea-Watch 3« veröffentlicht, an deren Ende Kapitänin Carola Rackete in Italien festgenommen wurde.[368] Zwei Journalisten hatten die Seenotretter begleitet und darüber berichtet. Im Beitrag ist zu sehen, wie die Seenotretter 53 Schutzsuchende vor dem Ertrinken retten, darunter ein Baby, und er endet mit der Verhaftung von Carola Rackete, die übrigens über zwei Jahre vor Gericht Recht bekam, als alle Anlagepunkte fallen gelassen wurden. Sie hatte alles richtig gemacht, als sie Menschen gerettet und nach Lampedusa gebracht hatte, weil es keinen näheren sicheren Hafen gab.[369] Und, äh, ja, die Rettung war echt.

Rechtsradikale Fake-News-Seiten behaupteten einfach ohne jeglichen Beleg, dass es kein Zufall sein könne, dass genau dann Journalisten an Bord gewesen seien, und schlussfolgerten daraus, dass alles »inszeniert« gewesen sei.[370] Diese Verschwörungslüge teilten dann AfD-Abgeordnete und zu dem Zeitpunkt des Verfassens dieses Artikels Noch-CDU-Mitglied Hans-Georg Maaßen, bevor er ihn löschte, nachdem der Schaden aber bereits angerichtet war.[371]

Es war absolut nichts dran, aber Teile der Öffentlichkeit sahen darin einen vermeintlich weiteren Beweis dafür, dass »die Presse« sie belüge und eine »linke« Agenda habe. Es ist wieder eines der vielen rechten Fake-Narrative, die zum Meta-Narrativ der rechtsextremen Weltanschauung beitragen. Der Verfassungsschutz nennt »Lügenpresse« eine »Taktik rechtsextremistischer Propaganda«.[372]

Correctiv zitierte die entsprechende Passage schon treffend: »Ziel sei die Diffamierung der etablierten Medien.« »Diese werden – vor allem im Zusammenhang mit der Zuwanderungsdebatte – als verlängerter Arm, der gleichfalls verachteten verantwortlichen staatlichen Stellen betrachtet«, schreibt der Verfassungsschutz. Und: »Die Medien – so der Vorwurf – berichteten einseitig im Sinne der Regierung und wiesen vor allem auf die mit der Einwanderung verbundenen gesellschaftlichen Chancen hin.« Nachteile, Risiken sowie die vermeintliche, oben geschilderte »Bedrohungslage für das deutsche Volk würden nach diesem Narrativ angeblich verschwiegen«.

Ironischerweise hilft die falsche Erzählung, alle Medien seien »links«, mit den vielen Fake News, die das vermeintlich zeigen sollen, dabei, dass sie es eben nicht sind. Aus gekränktem Stolz bemühen sich dann viele entsprechend, eben doch über die »rechten« Themen zu sprechen, »linkes« Framing zu vermeiden – oder das, was als solches zumindest bezeichnet wird. Die Shitstorms haben oft Erfolg, wenn beispielsweise der WDR Satire offline nimmt, nur weil sie Rechten nicht gefallen hat. Was wiederum als »eklatante Verletzung der Rundfunkfreiheit« kritisiert wurde im Sinne rechter Demagogen.[373] Aber dann leider letztlich genau die gegenteilige Einschätzung bei den Betroffenen hinterlässt.

Eine schon tendenziöse, intransparente und kritikwürdige Analyse einer Anti-ÖR-PR-Firma, der bereits in der Vergangenheit vorgeworfen wurde, Zahlen zu manipulieren[374], kam Anfang 2023 zum Ergebnis, dass ARD, ZDF und RTL ausgeglichen und neutral berichten, überwiegend CDU-Politiker zu Wort kommen und Kritik sich hauptsächlich an die Regierung richtet. Dessen ungeachtet fabulierten die Verfasser, dass es eine »mangelnde Vielfalt in der Präsentation von Nachrichten« gäbe, und verglichen die moderne Medienlandschaft mit der gleichgeschalteten DDR-Presse.[375]

Ähnlich landete es dann – wo auch sonst – in der WELT: Die Nachrichten seien unausgewogen, und würden irgendwie Grüne und SPD bevorzugen. Als Beweis: Die meisten Berichte sind »neutral«.[376] Äh, was? Ausführlich hatte ich das seinerzeit in einem Artikel näher analysiert und belegt, wenn es jemand nachlesen will.[377] Dieses Narrativ müsste man auch noch intensiver beleuchten und widerlegen, aber es besteht wie so oft bei diesen rechten Fake News aus lauter Anekdoten, die meisten von ihnen irreführend oder erfunden, die das Fundament dieser festen Überzeugung schaffen. Und Studien, die etwas Gegenteiliges suggerieren, werden ungelesen lachend abgelehnt.

Also: Die klassischen Medien können Desinformation nicht stoppen. Ganz offensichtlich nicht. Ihre Berichterstattung setzt oft Desinformation erst in die Welt, verbreitet sie dann weiter, und auch in Auswahl und Framing resultiert das alles in einer gesamten Medienlandschaft, in der falsche Narrative massiv verbreitet werden. Auch Studien zeigen: Viele der »großen« Fake News wären vielleicht nie so weit verbreitet worden, wenn nicht die »Mainstream Medien« erst über sie berichtet hätten.[378] Kein Wunder, dass die AfD so stark wird. Sie hat mit ihren Narrativen und ihrer Desinformation unseren Diskurs bereits erfolgreich erobert.

WARUM FAKTENCHECKS VERSAGEN

Sorry für die große Exkursion, aber wir mussten ausführlich über die vielen Gründe und Arten reden, wie der klassische Journalismus nicht nur der Lösung für Desinformation im Weg steht, sondern auch dazu beiträgt, dass sie so groß geworden ist.

Kehren wir langsam wieder zu meinem roten Faden zurück. Es war mir wichtig, etwas tiefer in das Problem, das unsere Medien mit Desinformation haben, einzutauchen. Die Antwort ist spätestens jetzt offensichtlich:* Wir müssen aktiv gegen Desinformation vorgehen. Faktenchecks also.

Unabhängige Leute schauen sich im Idealfall unvoreingenommen die Dinge an und erzählen dem Rest, was stattdessen stimmt. Super Sache eigentlich und ziemlich simpel. Die Idee hatten einige, die Tagesschau mit dem Faktenfinder, der Bayerische Rundfunk mit dem Faktenfuchs, unsere Kollegen von Correctiv, unsere Freunde von Mimikama, die dpa betreibt einen Faktencheck und viele tolle Menschen und Organisationen mehr. Und natürlich so ein Typ aus Augsburg, der Literaturwissenschaft studiert hat, ein bisschen über Politik bloggte und sich irgendwann gedacht hat, dass Fake News und die falschen Narrative, die sie verstärken, vielleicht doch das größte Problem sind, mit dem er sich beschäftigen muss.

Aber … überzeugen wir überhaupt jemanden? Oder Klopfen wir uns alle nur gegenseitig auf die Schultern, wie schön wir aufgeschrieben haben, dass die anderen falschliegen, während um uns herum die Welt in Flammen steht? Vielleicht ist das ein relativ sinnloses Selbstexperiment, weil du es vermutlich schon selbst erlebt hast, aber geh doch mal in eine Kommentarspalte von AfD oder BILD und versuche dort, den aufgeregten Horden sachlich, ruhig und gut belegt irgendetwas zu erzählen, was ihrer Weltsicht widerspricht.**

* Da du dieses Buch liest, dir vermutlich schon vorher.

** Also das war zynisch gemeint. Bitte mach es nicht. Um deiner (mentalen) Gesundheit willen.

Glaub mir: Niemanden interessiert es, wenn jemand, den sie nicht ausstehen können, ihnen sagt, dass sie falschliegen. Es sind genau diejenigen, die am stärksten Desinformation glauben und die niemals auch nur einen Faktencheck lesen werden, sage ich aus meiner eigenen Erfahrung. Im Gegenteil, wenn du systematisch anfängst, Desinformation einer bestimmten radikalen Strömung richtigzustellen, wirst du ganz schnell selbst Teil der Verschwörungserzählung, und anstatt Gegenargumente zu liefern, wird deine bloße Existenz zu einem weiteren Beweis für diese Menschen. Wenn sie nicht recht damit hätten, dass geheime Mächte wie Bill Gates hinter den Impfungen und Corona stecken, warum würde sonst ein komplett unabhängiger Blog wie Volksverpetzer ihre Aussagen faktenchecken?! Schon mal daran gedacht?! Es kann ja natürlich offensichtlich nicht daran liegen, dass sie unrecht haben, denn das ist ja selbstverständlich.

»Ihr werdet doch bezahlt!«

Dazu eine lustige Anekdote: Als Volksverpetzer 2020 den »Goldenen Blogger 2019« verliehen bekam, machten mein damals noch fast ausschließlich ehrenamtliches Team und ich ein Foto mit dem undotierten (!) Preis vor der Fotowand. Das natürlich mit den Sponsoren des »Goldenen Blogger« beklebt war. Und zu denen gehörte auch Microsoft, da die Preisverleihung im Microsoft-Gebäude in Berlin stattfand. Der damals größte Verschwörungsideologe »Ken FM« twitterte diese Information, die er sarkastisch als »überflüssig« bezeichnete,* und spottete, dass es sich um eine »VT«, also eine »Verschwörungstheorie« handele, dass Volksverpetzer von Microsoft (und damit Bill Gates) gesponsert sei. Er meinte es sarkastisch, aber es war nun mal wirklich eine absurde und unbelegte Theorie.

Auch das ist eine bekannte Strategie, um Desinformation zu streuen: Durch das sarkastische Wiederholen der Wahrheit all dieje-

* Was sie ironischerweise war.

nigen automatisch diskreditieren, die sie aussprechen und sich gleichzeitig vor berechtigter Kritik immunisieren. Er könnte sich damit herausreden, dass er nirgends die Verschwörungserzählung über uns verbreitet hätte, er habe lediglich … einen Scherz gemacht. Er hat es sogar selbst als »VT«, »Verschwörungstheorie« bezeichnet. Das ist natürlich auch eine dog whistle, denn seine Fans sollten die Botschaft verstehen. »Dog whistle«, weil genau wie bei einer Hundepfeife hören es die meisten Menschen nicht, aber die, die es hören sollen, schon.

Wie wir diese Verschwörungserzählung erfolgreich mit einem viralen, wenn auch unkonventionellen »Faktencheck« gekontert haben – und nein, nicht durch »Faktencheck: Wird Volksverpetzer von Bill Gates gesponsort?« –, dazu kommen wir im nächsten Kapitel noch.

Ich wollte hier gerade nur zeigen, dass du als »Faktenchecker« sofort zum »Feind« wirst für diejenigen, die regelmäßig Desinformation verbreiten. Für Gruppen und Strömungen, die nur Freund und Feind kennen, gehörst du automatisch zum Feind, wenn du auch neutral Fakten checken willst.

> **In gewissen Kreisen sind alle Faktenchecker, egal wie neutral, egal wie unabhängig, ein rotes Tuch.**

Dort überzeugst du niemanden von irgendetwas mit einem klassischen Faktencheck. Der subjektive Eindruck als jemand, der seit Jahren versucht, Menschen zu überzeugen, ist äußerst negativ. Aber wie ich so oft betont habe: Subjektivität ist kein Maßstab. Und vielleicht bin ich »zu tief« drin. Was sagt die Wissenschaft?

Studien faktenchecken Faktenchecks

Die Studienlage, ob Faktenchecks überhaupt etwas bringen, ist eher durchwachsen. Es gibt einige Studien, die zeigen, dass Faktenchecks unter Umständen falsche Überzeugungen bekämpfen können.[379]

Manche Studien zeigen, gezielte Faktenchecks haben durchaus Wirkung – aber nur sehr kurzfristig. Und sie verschwinden sehr schnell.[380] Es gibt sogar die Gefahr, dass man aus Versehen den Glauben an die Desinformation durch den eigenen Faktencheck verstärkt und dass nicht nur das Framing, sondern auch die Reihenfolge, wie die Fakten und Korrekturen präsentiert werden, eine Rolle spielt. Das zeigen zudem Meta-Analysen: Verschiedene Formen von Korrekturen, nicht nur journalistische Faktenchecks, sind bei der Korrektur von wissenschaftsrelevanten Fehlinformationen meist erfolglos.[381] Eine andere Meta-Studie stellte fest, dass journalistische Faktencheck-Formate einen insgesamt positiven Effekt auf politische Desinformation haben – aber nur einen kleinen. Und er wird noch geringer, wenn du den Grad der Desinformation auf Skalen beschreibst oder nur Teile einer Behauptung als falsch bezeichnest.[382]

Faktenchecks und sogar die Forschung dazu hat möglicherweise auch einen blinden Fleck und fokussiert sich vor allem auf Texte. Also Fake News in Textform und Debunking in Textform. Das habe ich selbst überwiegend in diesem Buch gemacht und ich neige immer noch dazu, Faktenchecks vor allem als Artikel zu bringen. Dabei wird viel Fake News über Videos und Bilder gestreut.[383] Und überzeugt beziehungsweise beeinflusst viele Menschen ebenso emotional und vielleicht sogar stärker als textbasierte Desinformation.[384] Und ja: Ein großer Teil der Desinformation sind aus dem Kontext gerissene Bilder oder Videos. Sie fühlen sich für Menschen viel überzeugender und »realer« an.[385]

> **Eine Behauptung kann allein dadurch glaubwürdiger wirken, dass sie mit einem passenden Bild präsentiert wird, selbst wenn das Bild selbst keinerlei Bestätigung ergänzt.[386]**

Deshalb gibt es ja so viele aus dem Kontext gerissenen Bilder – solange du ein gutes Bild hast, was »symbolisch« darstellen soll, was du zeigen willst, ist es egal, woher es kommt. Deswegen gibt es quasi zu jedem Aufstand, zu jedem Anschlag, zu jedem großen Ereignis

Dutzende Fake-Videos oder -Bilder Dennoch sind die meisten Faktenchecks Texte. Langweilige, trockene Texte mit irgendwelchen Symbolbildern und schlimmer noch: einer Bebilderung, die sogar genau das zeigt, was sie gerade widerlegen will.

Die positiven Effekte, die Studien zeigen, sind auch relativ künstlich. »In der Forschung zu Faktenchecks gilt: Die größten Effekte zeigen sich unter relativ künstlichen Laborbedingungen. Je lebensnäher die untersuchte Nutzungssituation ist, desto geringer sind die nachweisbaren Effekte«, sagt Prof. Dr. Christian Hoffmann.[387] Sprich: Im Alltag verpuffen positive Wirkungen von Faktenchecks, die Studien manchmal finden. Aber grundsätzlich ist jeder Widerlegungsversuch besser als gar keiner.

Aber was ich im Alltag erlebe und auch, was die Wissenschaft zeigt, lässt nichts Gutes erahnen. Wissenschaftler wie Dr. Sabrina Kessler beschreiben das Problem: »Sind Falschwahrnehmungen einmal im Kopf eines Menschen, sind sie dort relativ stabil verankert und nicht wieder vollständig zu beseitigen.«[388] Wir machen seit Jahren Faktenchecks. Aber das Problem mit Desinformation und Verschwörungsmythen scheint nicht kleiner geworden zu sein. Irgendwie eher im Gegenteil sogar. Irgendetwas machen wir falsch oder reicht nicht aus.

Denn selbst wenn wir davon ausgehen würden, dass jeder Faktencheck perfekt sein Ziel erreichen würde: Sie müssen dich dazu überhaupt erst erreichen und dazu musst du sie erst mal lesen.

Fake News gehen viral – Faktenchecks nicht.

In der Regel werden Faktenchecks sogar explizit, mit Ansage, so gestaltet, wie Fake News eben nicht aufgebaut sind. Sachlich, neutral, ausholend, mit Pro- und Kontrapunkten, ergebnisoffen. Alles, was der Algorithmus auf gar keinen Fall pushen wird und bei dem die einzige Emotion, die du empfindest, vermutlich Wut ist, insbesondere wenn du etwas liest, was du nicht wahrhaben willst.

Faktenchecks gehen nicht viral

Schon vor Jahren, als ich noch mit Mimikama zusammengearbeitet habe, stellten wir resigniert fest, dass das, was wir da an teilweise auch großartigen Faktenchecks machten, irgendwie nicht viel Wirkung zeigte. Im Austausch mit anderen Faktencheckern hörte ich ähnliche Klagen. Das ist in meinen Augen vielleicht der größte Makel: Fake News gehen regelmäßig viral. Sie werden buchstäblich dafür optimiert. Wann ist je ein normaler Faktencheck viral gegangen? Und ich meine nicht, weil er mal echte oder nur eingebildete Fehler enthielt oder vor Gericht landete und dann durch einen Shitstorm von Rechten viel Aufmerksamkeit erhielt.

Faktenchecken ist in der Regel ein undankbarer Job und löst selten starke Emotionen bei einer breiten Anhängerschaft aus. Das ist so ein wenig der Sinn davon. Wenn dich Emotionen schwer erreichbar für Fakten machen, versucht der Faktencheck, diese herauszuhalten. Das ist sehr sinnvoll und ich finde es sehr gut. Hat nur leider den Effekt, dass der Faktencheck, dass jemand auf einer Witz-Seite das Märchen mit den 700 € Weihnachtsgeld in die Welt gesetzt hat, nur vielleicht zweitausend Mal angeklickt wird, während der Fake selbst wahrscheinlich auf die halbe Millionen zuging. Du erinnerst dich sicher an so einige bekannte Fake News aus den letzten Jahren. Erinnerst du dich aber auch an Faktenchecks?

Und auch dann ist es ein unfaires Spiel. Fake-Verbreiter haben Hunderte Versuche, Desinformation zu verbreiten. Die meisten Fakes verebben mit wenig Reichweite. Aber unglaublich viel low quality Content zu produzieren, ist nicht viel Aufwand. Besonders wenn man eben nicht schauen muss, dass stimmt, was man schreibt. Irgendwann landet man auch einen Hit. Fake-Verbreiter gibt es sehr viele und sie müssen nur ein paar wenige Male Glück haben, dass etwas viral geht. Faktenchecker müssten es immer schaffen.

Hinzu kommt ja noch: Es liegt in der Natur der Sache, dass die Faktenchecks erst *nach* dem Fake kommen (können). Während also der Fake schon überall geteilt, diskutiert und geglaubt wird, müssen wir Faktenchecker erst noch schnell alles nachlesen, recherchieren, Anfragen schicken. Und wenn es so schwer ist, einen Fake erst einmal zu widerlegen, nachdem ihn Leute angefangen haben zu glauben, dann können wir nur verlieren, wenn wir reagieren. Es ist nicht ungewöhnlich, dass ein ordentlicher Faktencheck erst Tage oder gar Wochen später erscheint. Wenn es schon niemanden mehr interessiert und der Schaden bereits angerichtet ist.[389] Wer das Framing setzt, wer das Priming und Anchoring des Publikums verursacht, wer seinen Spin liefert, bestimmt die Debatte, die daraus folgt. Also: Wer es schafft zu bestimmen, wie und über was wir reden, der legt das gesamte Spielfeld fest. Und beeinflusst fortan die ganze Debatte.

Und noch etwas – sorry, es wird leider immer schlimmer: Selbst wenn ein Faktencheck immer jeden erreichen würde und jeden überzeugen würde, würden wir immer noch verlieren. Es gibt einfach viel mehr Fakes, als wir je aufklären können. Wie oft habe ich schon etwas gelesen wie: Ja, dieser eine Vorfall mag vielleicht Fake sein, aber ich habe ein Dutzend weitere wie diesen gesehen. Selbst wenn alle diese Fakes waren – und das müssen sie ja nicht mal sein.

Die Leute glauben den Narrativen, die hinter den Fake News stehen.

Ihnen sind die einzelnen Fake News herzlich egal, ob sie es zugeben oder nicht. Falls das zu fremd für dich klingt, dann vielleicht ein Beispiel, mit dem du dich eher identifizieren kannst: Im Juli 2021, zur Flutkatastrophe vom Ahrtal, wurde ein Foto viel geteilt, welches einen BMW von hinten bis zu dem Rückspiegel im Wasser zeigte. Tolles Foto, aber was viel geteilt wurde, war eine Photoshop-Version davon mit einem »Fuck you Greta!«-Sticker hinter der Scheibe. Ein tolles Symbolbild: Auch wenn du Klimaaktivisten verabscheust und den Klimawandel leugnest, wirst du nicht sicher sein vor den Folgen davon: Klimakatastrophen wie die vom Ahrtal werden durch den Klimawandel immer wahrscheinlicher.[390]

Man sagt so viel durch dieses eine Bild. Gefällt mir auch. Aber wie gesagt: Der Sticker wurde nachträglich hineingetan. Er war nicht echt. Das ist ein Fake.[391] Aber, wirst du vielleicht sagen: Ist doch jetzt nicht so schlimm. Die dahinterliegende Botschaft stimmt. Es ist jetzt keine der gefährlichen, demokratieschädlichen Fakes. Und du hast recht. Das Narrativ, das dieser Fake »bedient«, ist eines, das ich auch als wahr bezeichnen würde, weil es dem Stand der Wissenschaft entspricht. Es ist trotzdem ein Fake, den du womöglich teilst, um deine Agenda voranzutreiben. Es klingt übertrieben und ist es auch, bei diesem Beispiel. Aber ich wollte dir zeigen, wie leicht man es vor sich selbst rationalisieren kann.

Diejenigen, die die Fakes verbreiten, glauben schließlich auch, dass das Narrativ, das sie damit bestätigen, wahr ist. Deshalb sage ich: Der einzelne Wahrheitsgehalt des jeweiligen Fakes ist zweitrangig. Was bisschen paradox klingt.

> **Wir kämpfen nämlich in Wahrheit gegen das »Es könnte aber wahr sein«.**

Und nur, damit es nicht ungesagt bleibt: Wir dürfen nie auch damit anfangen. Denn wenn du Fakes verbreitest »für den guten Zweck«, dann wirst du sehr schnell die Kontrolle darüber verlieren, zu erkennen, was denn wahr ist. Denn was, wenn das alle in deinem Umkreis machen und ihr euch irgendwann nur noch alle gegenseitig belügt? Es gibt keine »Lügen für den guten Zweck«. Tatsächlich gibt es nur solche Lügen – denn fast jeder, der sie verbreitet, meint, er erreiche damit etwas Gutes.

Die Folge ist jedoch, glaube ich, deutlich. Genau wie die moderne Medienlandschaft klassischer Medien, genau wie die Algorithmen in Social Media wie gemacht dafür sind, Desinformation viral gehen zu lassen, genauso sind sie wie gemacht dafür, dass Faktenchecks scheitern. Ich meine, wenn »Faktenchecks« die Lösung gegen Fake News wären – und wir und viele andere machen seit Jahren Faktenchecks und das Problem scheint immer schlimmer zu werden –, würden wir was falsch machen. Ich zeig dir mal ein Beispiel, wie Faktenchecks aussehen können, die meiner Meinung nach herzlich wenig bringen.

Wenn Faktenchecks versehentlich die Fakes verbreiten

Mehrere Analysen und Experten zeigen, dass der Mindestlohn zu niedrig ist[392] und viele Unternehmen zu wenig Löhne zahlen.[393] Fast jeder vierte Beschäftigte verdient weniger als 14 Euro die Stunde.[394] Wenn man wollte, könnte man höhere Löhne fordern und sagen: »Arbeit muss sich wieder lohnen!«, oder? Vielleicht siehst du jetzt schon, worauf ich hinaus will. Es ist auch eine Tatsache, dass du, wenn du über niedrige Löhne klagst, keinen Cent mehr verdienst, wenn Bürgergeld-Beziehende weniger bekommen.

Doch da gibt es dieses sehr seltsame, aber äußerst erfolgreiche Sozialneid-Narrativ, das diesen Eindruck erweckt. Und von zum Beispiel der BILD* sehr effektiv eingesetzt wird. Es ist offensichtlich: Damit die Forderung aus der Feststellung, dass sich »Arbeit nicht lohne« nicht ist, dass der (Mindest-)Lohn erhöht wird, wird mit wie stets tendenziösen Schlagzeilen die Wut auf die gelenkt, die noch weniger haben.[395] Da wird eine Umfrage manipulativ in einen anderen Kontext gesetzt oder ein Kronzeuge inszeniert, der nur deshalb lieber Bürgergeld bekommen will, statt zu arbeiten, weil er sich illegal durch Schwarzarbeit etwas dazuverdienen muss.[396]

Das ist hier wieder ein schönes Beispiel dafür, wie Framing deinen Blickwinkel verändert. »Lohnt sich Arbeit noch?« fragen, aber dann jeglichen naheliegenden Gedanken, ob das zu höheren Löhnen führen sollte, dadurch verdrängen, dass man wütend auf die ist, die noch weniger haben. Dennoch sind das Framing und das Narrativ klar. Und selbst wenn BILD mal wieder seine vergifteten Narrative mit Desinformation streut und seriöse Medien direkt versuchen, dagegen anzukämpfen und zu widersprechen, versagen sie.

Und bei aller Liebe zum BR, die brachten zu diesem Thema einen Faktencheck, der leider, obwohl er exzellent recherchiert ist, seinen Zweck vollkommen verfehlt haben dürfte. Es fing direkt mit dem

* Hey, Axel-Springer, so schnell sieht man sich wieder!

Titel an: »Bürgergeld steigt: Lohnt sich Arbeit jetzt noch?«, was bis zuletzt nicht wirklich verneint wird. Ganz am Ende lediglich ein zögerliches: »Wer aber die entsprechenden Sozialleistungen nutzt (zum Beispiel Aufstockerleistungen oder Kinderzuschlag) und Vollzeit für zwölf Euro in der Stunde arbeitet, hat nach Berechnungen verschiedener Forscher immer mehr in der Tasche als Bürgergeldempfänger.« »Zögerlich«, weil BILD und die treuen Trolle in den Kommentarspalten uns mit dem Gegenteil anschreien. Und selbst der Faktencheck des BR den Mythos in seiner Überschrift wiederholt. Denk nicht an einen rosa Elefanten! Was, du stellst dir einen rosa Elefanten vor? Aber ich habe dir doch gesagt, du sollst das nicht tun! Siehst du? Die meisten lesen nur die Überschrift – und das Fragezeichen nicht. Alles, was hängen bleibt: Arbeit lohne sich nicht, wegen des Bürgergeldes.

> **Der Fake ist ein knackiger Slogan – nicht nur in der BILD-Überschrift, sondern sogar im eigenen Debunk! Während die Wahrheit verklausuliert, uneindeutig und ganz unten im Artikel zu finden ist.**

Nach meiner (zugegebenermaßen genervten) Kritik am Framing auf Twitter ergänzte der BR noch unter den Artikel auf Twitter: »Spoiler: Ja! Mehr im Artikel.« Während die unseriösen Journalisten die Lügen und falschen Narrative in knackige Slogans verpacken, sodass sie jeder sehen kann, verstecken die seriösen Journalisten die Wahrheit als »Spoiler«.[397] Und wir wundern uns, warum sich die Fakten nicht durchsetzen. Ich habe schon gesehen, wie Fake-Gläubige die Faktenchecks selbst geteilt haben, die das widerlegt haben, was sie verbreiten wollen, weil der Faktencheck den Fake im Titelbild hatte und den Mythos als offene Frage formulierte. »Sogar mit Faktencheck!«

Man könnte sich jetzt fragen: Wozu machen wir das dann überhaupt? Also darüber, wie wir alle Faktenchecks bisher machen, ist die Wissenschaft uneins, aber viele Studien sagen: Wenn es was bringt, dann leider nur ein bisschen was. Und es hält auch nicht so lange an. Aber was auch immer wir richtig machen sollten: Es ist ja offensichtlich nicht genug. Wir wissen, dass Desinformation einen negativen Effekt auf die Demokratie hat und das Vertrauen in die Medien.[398] Laut einer Mainzer Langzeitstudie von 2023 ist das Medienvertrauen zwar noch weiterhin hoch, aber leicht gesunken. Die Menschen vertrauen den Öffentlich-Rechtlichen immer noch am meisten, aber so wenig wie seit Beginn der Studie nicht. Und der Anteil der Menschen, die etablierten Medien feindselig gegenüber stehen, ist gestiegen.[399] Die Gefahr besteht, wie manche Forscher argumentieren, dass wir eine Ära der »Post-Wahrheit« betreten, in der ein Teil der Gesellschaft in ihrer eigenen Realität lebt.[400]

Im ersten Jahr des Angriffskriegs Russland auf die Ukraine ist die Zustimmung zu pro-russischen Propagandanarrativen in der deutschen Bevölkerung signifikant gestiegen.[401] Laut der aktuellsten »Mitte-Studie« von 2023 haben sich die Menschen, die ein rechtsextremes Weltbild haben, im Vergleich zu 2021 verdreifacht auf acht Prozent.[402] Hinzu kämen 20 Prozent der Bevölkerung, die »einem Graubereich« zuzuordnen seien, »die also kein geschlossen rechtsextremes Weltbild haben, die aber auch nicht klar demokratisch orientiert sind«, sagte die Sozialpsychologin und Mitverfasserin der Studie, Beate Küpper, im Interview mit tagesschau24.[403]

Ich fürchte, wir verlieren gerade massiv den Kampf gegen Desinformation und die wissenschaftsfeindlichen Narrative. »Wir sind mehr« – aber wenn es so weitergeht, nicht mehr lange. Wir müssen dringend etwas anders machen, und das schnell. Aber nicht alle Hoffnung ist verloren. Wenn wir schnell die Lektionen aus all diesen Dingen lernen. Und dabei kannst auch du mithelfen.

»Lügen erscheinen dem Verstand häufig viel einleuchtender und anziehender als die Wahrheit, weil der Lügner den großen Vorteil hat, im Voraus zu wissen, was das Publikum zu hören wünscht.«

Hannah Arendt,[404]
jüdische, deutsch-US-amerikanische Publizistin

WIR BRAUCHEN
MEHR WERBUNG
FÜR
DIE
WAHRHEIT

Also eines steht fest: Wir müssen vieles anders machen. Und mit »Wir« meine ich nicht nur die Handvoll Leute, die Faktenchecks machen. Hier brauchen wir alle, die bereit sind, etwas gegen das Problem zu unternehmen. Hier brauche ich auch dich.

Ich fange aber erst mit einigen Hinweisen an, die sich darum drehen, wie man meiner Ansicht nach speziell Faktenchecks besser machen kann. Sprich: effektiver. Wie wir mehr Menschen erreichen und überzeugender sind als die Fakes.

Es gibt möglicherweise einige andere Ansätze, die vielversprechend sein können. Die strukturell das Problem bei der Wurzel packen und nicht nur das Symptom Desinformation bekämpfen. Dessen sollten wir uns auch bewusst sein.

> **Desinformation ist das Problem, das hinter dem Aufstieg des Faschismus steckt und unsere Demokratie bedroht.**

Aber es entspringt selbst nicht aus dem Nichts. Lösungen, die sich um Bildung und Workshops usw. drehen, könnten die Menschen breit aufklären. Also klar, wir brauchen es in der Schule, in allen Medien, Weiterbildungskursen. Dazu ist auch ganz wichtig, dass genug Geld dafür zur Verfügung steht. Es bräuchte einen strukturellen Ansatz. Es wird nur schwerlich besser, wenn die Plattformen, über die jetzt und in Zukunft der demokratische Diskurs stattfindet, in der Entscheidungsgewalt einzelner Personen oder Unternehmen stehen mit zu wenig demokratischer Aufsicht. Wenn das, was im Gespräch bleibt, vorwiegend Marktmechanismen unterliegt, und letztlich Geld und Einfluss wichtiger sind als Fakten oder seriöser Journalismus.

Ich sage nicht, dass ich die einzig wahre Lösung hätte. Es sind viele Baustellen und viele Punkte, an denen man ansetzen muss. Aber selbst wenn ich die eine Idee hätte, wie wir Desinformation effektiv verbannen könnten, werden wir sie nicht von heute auf morgen umsetzen können. Strukturelle Lösungen sind vielleicht der Weg, aber sie dauern. Es mag sein, dass man zum Beispiel aufhören sollte, seine

Häuser aus leicht brennbarem Material zu bauen, weil diese mal wieder in Flammen aufgegangen sind. Diese Erkenntnis löscht aber nicht die Häuser, die jetzt gerade brennen. Faktenchecker sind in gewisser Weise vor allem die Feuerwehr. Wir können aber vielleicht noch besser im Löschen werden.

ÜBERSCHRIFT UND FRAMING

Es gibt viele Dinge, auf die man achten sollte, wenn man versucht, einer Desinformation zu widersprechen. Dinge, auf die wir auch bei Volksverpetzer stets versuchen zu achten, um sie effektiver zu machen. Dazu gehören einige handwerkliche Dinge. Fangen wir da an, wo ein Leser anfangen würde. Und was vielleicht tatsächlich das Wichtigste ist: der Titel und die Überschrift.

Titel und Frame-Check

Wir hatten ja schon etabliert, dass paradoxerweise die Fakten beim Faktencheck eigentlich gar nicht so wichtig sind. Also sind sie natürlich schon, aber wenn es darum geht, Leute zu erreichen. Oder ich sag es mal weniger flapsig: Wir müssen die Fakten auch gut präsentieren und darstellen und sie nicht nur handwerklich exzellent hinklatschen.

Ich habe das Gefühl, es gibt fast eine Tendenz von Journalisten, den Titel ihrer Texte für zweitrangig zu erachten oder sich darüber erst am Schluss Gedanken zu machen. Und wenn Titel für Social Media optimiert werden, dann meist, um möglichst viele Klicks zu generieren oder Aufmerksamkeit zu erregen. Oft unabhängig von den Autoren. Umgekehrt versuchen Faktencheck-Titel in der Regel eher den Fake zu adressieren, den sie widerlegen wollen. Ein wenig offensichtlich natürlich. Aber nicht nur ist ein Titel wie »Stimmt es, dass XY passiert ist?« kontraproduktiv, es ist manchmal sogar direkt eine Strategie, Fake News zu streuen.

Ich hatte schon beschrieben, dass Fake-Verbreiter gern Suggestivfragen stellen, weil sie wissen, dass ihr Klientel das Narrativ dahinter begreifen wird. Ein Paradebeispiel ist auch wieder Boris Reitschuster. Im Oktober 2020 fand mal wieder eine »Querdenken«-Demo statt und wieder mal marschierten Rechtsradikale fröhlich mit. Der WDR filmte auch zwei Männer aus der Szene, wie sie eine Reichsflagge mit auf die Demo brachten. Es gab sogar andere Bilder, wie die zwei rechten Männer die Reichsflaggen aus ihrem Kofferraum holten. Aber ein Account aus einem rechtsextremen und pro-russischem Propaganda-Netzwerk setzte daraufhin die Lüge in die Welt, die zwei Männer seien WDR-Mitarbeiter, und suchte zwei davon heraus, die ihnen auf den ersten Blick entfernt ähnlich sahen. Die Unterstellung: Der WDR habe bewusst eine Reichsflagge unter die »Querdenker« geschmuggelt, um sie in die rechte Ecke zu stellen.[405] Ja, damals gab es noch Debatten, ob »Querdenker« jetzt rechtsextrem seien oder nicht. Heute ist es fast müßig, da noch eine Unterscheidung zu machen.

Diese Fake News verbreitete sich natürlich wie ein Lauffeuer unter Rechtsextremen, die ihr »Lügenpresse«-Narrativ mal wieder vermeintlich bestätigt sahen. Und auch der Blog »Reitschuster« griff den Fake auf, genau wie alle anderen Fake-News-Seiten, nur er setzte clever ein Fragezeichen dahinter: »Böser Verdacht: WDR-Mitarbeiter mit Reichsflaggen?« Er schaffte es, kurz zu erwähnen, dass der WDR dementiert hat, dass das seine Mitarbeiter waren, nur um dann einige Absätze anschließend davon zu sprechen, was für ein »Zufall« es doch sei, dass zwei Mitarbeiter zufällig so aussehen, und dann zu erklären, dass die deutsche Presse ihn an die Propaganda Putins erinnere und »jeder für sich selbst entscheiden« müsse, was »möglich« sei.

Was den falschen Anschein von Neutralität erwecken soll, war jedoch Verunsicherung als Selbstzweck. Ja, er hatte tatsächlich die Desinformation selbst in seinem Artikel entkräftet. Doch ein Blick in die

Reaktionen seiner Followerschaft genügte, um zu sehen, dass die suggestive Überschrift allein reichte. Auch als er später den eindeutigen Gegenbeweis für die von ihm verbreitete Verschwörungserzählung selbst findet – die wahre Identität der nicht beim WDR angestellten Reichsflaggen-Schwenker –, schaffte er es, den WDR irgendwie dafür zu kritisieren, dass er selbst die Fake News widerlegen musste, die er irreführend als berichtenswert verbreitet hatte.

Konkret: Reitschuster bauschte eine frei erfundene Geschichte als berichtenswert auf, weil er der Auffassung war, dass sie realistisch sei, nur um dann dem WDR die Schuld daran zu geben, dass er selbst die frei erfundene Geschichte für realistisch gehalten hat.[406] Was Reitschuster gemacht hatte, war kein Faktencheck – auch wenn er gern so tut –, sondern er hat bewusst das falsche Narrativ bedient.

Genau darauf will ich hinaus: Wenn dann aber der Artikel, der den Fake widerlegen soll, am Ende exakt so betitelt ist wie der Artikel, der die falschen Narrative streuen soll, hat der Faktencheck vielleicht den falschen Titel.

Studien zeigen, wir halten etwas für wahrscheinlicher, je öfter wir es lesen.[407] Wir sollten vielleicht nicht den Mythos, den wir widerlegen wollen, auch noch mal wiederholen. Und ich weiß, es ist schwer, das in einem Faktencheck zu machen.

> **Aber wir müssen anfangen, die Wahrheit zu sagen. Nicht die Lüge zu verneinen.**

Denn wenn nicht wir die Wahrheit aussprechen, wird es keiner tun. Wir müssen den Frame des Fakes verlassen. Der Kontext, das Narrativ, das den Fake zur fast logischen Schlussfolgerung macht. Das viele oft den letzten Schritt selbst machen lässt, ohne dass man ihn konkret ansprechen muss. Wir müssen ein Gegennarrativ bedienen. Ich finde es am besten, einfach direkt die Wahrheit zu sagen. Das Gegenteil des Fakes quasi. Aber nicht immer ist das genaue Gegenteil natürlich richtig. Aber wir sollten etwas sagen, was gleichzeitig wahr ist und den Frame verlässt.

Eine Möglichkeit ist, die Verbreitung oder den Verbreiter des Fakes selbst zum Thema zu machen. Ich hatte das Beispiel schon weiter vorn bei meinem Axel-Springer-Kapitel erwähnt: Als im September 2022 ein Satz von Außenministerin Baerbock aus dem Kontext gerissen wurde – und dank dem Versagen der Medien in allen Schlagzeilen landete, wo es seine irreführende Wirkung entfaltete –, titelten wir: »Welt & AfD übernehmen Pro-Kreml-Kampagne gegen Baerbock«.[408] Schau, jetzt weißt du gar nicht, was der Fake eigentlich war. Ich habe ihn nicht wiederholt. Ich habe das Thema schon zum zweiten Mal hier erwähnt, und du weißt immer noch nicht, was der Fake war. Du weißt aber das Wichtigere: Dass hier ein Satz aus dem Kontext gerissen wurde, um Frau Baerbock zu schaden. Und von wem. Ich habe mich nicht daran beteiligt, durch den Titel das Narrativ zu verstärken. Ich habe ein anderes bedient.

Das war übrigens seinerzeit so erfolgreich, dass zuvor viele Medien in ihren Titeln das Fake-Narrativ bedienten, und nach unserem viral gehenden Artikel der Wind sich drehte: Die Medien titelten plötzlich von der Fake-Kampagne von Pro-Putin-Desinformationsverbreitern. Dann titelte zum Beispiel die Tagesschau: »Debatte um Baerbock-Äußerung – eine pro-russische Kampagne?«[409]

Siehst du, was wir hier gemacht haben? Und das nur über den Fokus auf den Titel und das Framing. Wir haben über das Thema gesprochen, wir haben enorm viele Leute damit erreicht und aufgeklärt, wir haben der falschen Grundaussage widersprochen. Und du weißt immer noch nicht, worum der Fake eigentlich ging!

> **Wir haben das Framing verlassen. Und genau darum geht es.**

Es reicht nicht, nur zu sagen, was *nicht* stimmt. Die Leute wissen dann noch immer nichts. Du musst den Fake in den Köpfen durch etwas ersetzen, sonst geht er nicht weg. Man fragt sich vielleicht auch unbewusst: Was stimmt denn stattdessen? Das musst du deutlich und prominent aussprechen.

Satire – die besseren Faktenchecks?

Man kann sogar noch einen Schritt weitergehen. Und ich verstehe ja, wieso das jemand wie die Tagesschau nicht machen kann, und warum das nur in unserem speziellen Fall eine Option war, und das ist auch gut so, aber du kannst das mit dem Gegenframing sogar noch effektiver tun. Also den Frame komplett verlassen und die öffentliche Wirkung umkehren.

Ich habe vor ein paar Seiten die Ken-FM-Verschwörungserzählung erwähnt über Volksverpetzer. Wir haben nicht getitelt »Wird Volksverpetzer von Bill Gates bezahlt? (Nein lol)«, und nicht einmal: »Ken FM verbreitet Verschwörungsmythos über Volksverpetzer«. Nein, wir haben getitelt: »Enthüllungs-Skandal: KenFM wird von Bill Gates finanziert! Wacht auf!«[410] Es war (für die meisten) offensichtlich Satire: Wir haben zum Spaß argumentiert, dass vor KenFM-Videos Werbung gezeigt wird, zum Beispiel von Microsoft, und dass er dadurch ja Geld irgendwie von Bill Gates bekomme. Das ist hanebüchener Unsinn, auch wenn ich diese Argumentationsstruktur sogar überzeugender fand als seine über uns, aber das war ja der Punkt. Ich schrieb sogar buchstäblich: »Oder warum verschweigt KenFM, dass sie so Geld bekommen?! Und ist es aufgefallen, wie viel er über Bill Gates spricht? Er macht WERBUNG! Wacht auf, Leute!«

Anstatt uns zu verteidigen, habe ich den Spieß umgedreht. Und dann nach ein paar Absätzen auch deutlich erklärt, was ich gemacht habe und warum und wo die Lücken meiner nicht ernst gemeinten Argumentation lagen. Und dabei trotzdem aufgezeigt, was an der Verschwörungserzählung falschlag. Aber nachdem ich das »Spielfeld« des Frames selbst bestimmt habe, und nicht, indem ich auf noch so blödsinnige Unterstellungen defensiv reagiere.

Ironischerweise gab es anscheinend nicht wenige KenFM-Fans, die wiederum von unserer Fake-Überschrift verunsichert waren und die Aluhut-Seite sogar zu einer Stellungnahme nötigten. Unser Artikel war am Ende einer der meistgeklickten des Jahres und hat vielleicht mehr Menschen über die Methoden dieses Verschwörungsideologen aufgeklärt, als jeder »normale« Faktencheck es hätte tun können.

Besonders wenn man mit Hass, Lügen oder Verschwörungsmythen angegriffen wird, ist es wichtig, nicht nur die Anschuldigungen zurückzuweisen. Wenn die Desinformationsverbreiter dich zum Bösewicht, zum Täter stilisieren wollen, zu ihrem Feindbild, musst du klar machen, dass du das Opfer bist. Wer Ziel von Drohungen und Shitstorms ist, die von Lügen angeheizt werden, ist das ja auch. Du musst den Spieß umdrehen und die – wahre – Gegengeschichte erzählen, dass man dich angreift, und das mit schmutzigen Mitteln.

> **Wenn du nicht der Protagonist deiner eigenen Geschichte bist, wirst du zwangsläufig zum Antagonisten in den Geschichten der anderen.**

Satire als Mittel haben wir auch schon anders angewendet. Im Januar 2021 veröffentlichten wir einen Satire-Artikel, der sich um »Nebenwirkungen« von Corona-Impfungen und die große Desinformation um das Thema drehte. Ich erinnere gern noch einmal daran, dass eine Corona-Impfung weniger riskant ist als eine Woche Skiurlaub und dabei das viel höhere Risiko einer Corona-Infektion senkte.[411] Nun, wir veröffentlichten einen Artikel über eine Fake-Studie aus dem »New England Journal of Merdicine« [sic], die angeblich zeigte, dass die Corona-Impfung zu Folge hatte, dass dein Penis* um bis zu 7 cm länger werden könnte. Wir titelten »Lange Impf-Nebenwirkung«.[412] Mit Witz verbreiteten wir ein Narrativ, das den falschen Angst-Narrativen der »Querdenker« widersprach, und klärten dabei über Risiken auf. Der Artikel erhielt durchaus große Reichweite.

In gewisser Weise halte ich den Postillon für einen der besten Faktenchecker des Landes – weil sie viel besser die falschen Frames und Narrative durchbrechen können. Auch wenn sie ironischerweise

---

* Ich habe mir geschworen, dass ich das Wort »Penis« in mein Buch einbauen könnte, und ich habe es geschafft!

buchstäblich pausenlos selbst Unwahres verbreiten. Im Oktober 2023 parodierte Postillon beispielsweise großartig die Tendenz, Dutzende Fake-Videos zu aktuellen Vorfällen zu verbreiten, um die eigenen Narrative vermeintlich zu belegen. Im damals aktuellen Kontext der Hamas-Desinformation um Teile einer Rakete, die im al-Ahli-Arab-Krankenhaus einschlugen,[413] titelten sie mit dem entsprechenden Screenshot: »Video aus Syrien von 2017 beweist, dass Rakete auf Krankenhaus eindeutig von Israel stammt.« Und sie machten sich über diejenigen lustig, die unkritisch Derartiges für ihre Agenda missbrauchten – und Elon Musk, der Twitter zur idealen Plattform für grassierende Fake News gemacht hatte.[414] Ich persönlich halte das für überzeugender und interessanter als etwas wie »Zeigt dieses Video Gaza 2023?«, das nicht wenige einfach ungelesen mit »Ja« beantworten, obwohl das falsch ist.

Die »Falschinformation« des Postillons macht in gewisser Weise einen besseren Job als der Faktencheck, um die Desinformation zu bekämpfen.

Auch Studien zeigen, dass satirische Faktenchecks genauso gut funktionieren – sogar bei Leuten, die ihm nicht zustimmten. Letzteres sogar im Gegensatz zu ernsten.[415] Eine andere Studie stellt ebenfalls fest, dass humorvolle Ansätze effektiver sein können im Überzeugen, weil man über den Humor tendenziell den Reflex umgeht, die präsentierte Information kritischer zu hinterfragen und im Zweifel abzulehnen. Humor hilft dabei, die Aufmerksamkeit hochzuhalten, sich die Fakten besser zu merken, und schwächt den Reflex ab, dagegen zu argumentieren.[416] Das nutzen Fake-Verbreiter ja auch.

Und ein weiterer Aspekt, der in diesem Kontext irgendwie oft übersehen wird: die Reichweite. Wir sollten natürlich darauf achten, Information und Aufklärung so zu präsentieren, dass es effektiv ist. Und korrekt. Aber wenn zum Beispiel ein satirischer Ansatz genauso gut überzeugt, aber tausendfach mehr Reichweite erhält, weil er von den Algorithmen aufgegriffen wird, da er Emotionen nutzt – ist das dann nicht der sinnvollere Ansatz? Wenn unsere Aufklärung nicht die Leute dort erreicht, wo sie von den Fakes erreicht werden, wird sie quasi sinnlos, selbst wenn sie unter Laborbedingungen überzeugender wäre. Wenn wir »klassisch« mit einem Faktencheck in einem fiktiven Beispiel 60 Prozent von 1000 Lesern überzeugen würden, wäre das eine gute Quote. Aber es wären sechsmal weniger, wenn wir mit einem plakativen Beitrag 40 Prozent von 10.000 überzeugen. Und das unter der pessimistischen Annahme, dass es so weniger Menschen überzeugt, was ich infrage stellen würde.

Titelbilder wie Infografiken nutzen

Für die Titelbilder sollte das Gleiche gelten. Wir sollten uns Gedanken machen, wie wir damit Frame und Fakten ausstrahlen. Faktenchecks sind fast ausschließlich im Textformat. Dabei sind ein großer Teil der Fake News Bilder oder Videos und wir wissen, dass all das die Menschen viel leichter überzeugt als Text.[417]

Manche Studien zeigen auch, dass grafisch aufbereitete Informationen effektiver sind als reiner Text.[418] Label wie »Fake« auf den Titelbildern sind schon recht geläufig, aber teilweise können wir noch weiter gehen. Wenn wir bedenken, dass zum einen Titel und Titelbilder nicht nur das sind, was das Publikum zuerst wahrnimmt, sondern oft sogar das Einzige, sollten wir diese Dinge dahingehend gestalten, dass man zur Not allein dadurch die wichtigsten Informationen und Botschaften transportiert.

Ein Stock-Foto oder ein Screenshot mag »seriöser« aussehen oder naheliegender sein, aber Desinformation verbreitet sich oft ja in Form eines Sharepics, das vielleicht Bild und Text kombiniert. Was spricht dagegen, das ebenfalls für Faktenchecks zu nutzen? Es ist möglicherweise sinnvoll, das Titelbild wie ein Sharepic zu behandeln, das auch alleinstehend funktionieren könnte.

Im Januar 2023 veröffentlichte Volksverpetzer zum Beispiel einen Faktencheck über einen Fake – natürlich von der BILD – über Herrn

Drosten. Prof. Christian Drosten sah landesweite Schulschließungen von Anfang an kritisch.[419] Dass sie kamen, war eine politische Entscheidung, die sich über den Virologen (und andere) hinwegsetzte. Konfrontiert mit der aggressiven BILD hatte Karl Lauterbach, der für die Schulschließungen vor seiner Amtszeit offensichtlich nicht verantwortlich war, offenbar das Gefühl, sich rechtfertigen zu müssen. BILD bastelte aus seiner Reaktion die Schlagzeile: »Lauterbach stellt Drosten an den Corona-Pranger« und unterstellte Drosten die Verantwortung für Schulschließungen.[420]

Um diese irreführende Darstellung zu kontern, zeigten wir nicht nur die Fake-BILD-Schlagzeile, sondern ein Bild eines unzufrieden wirkenden Drosten im Titelbild und einen Screenshot eines anderen Artikels in der ZEIT, in dem Drosten buchstäblich sagte: »Ich hoffe, dass man nicht wieder Schulen schließt.«[421] So konnte man allein auf dem Titelbild die Gegenüberstellung der Wahrheit mit der BILD-Schlagzeile sehen – und den Text: »Wie euch BILD wieder belügt« und »Drosten war gegen die Schulschließungen«.[422]

Hier haben wir auch den Frame gewechselt und die Wahrheit ausgesprochen, über die BILD hinwegtäuschen wollte.

> **Unser Titelbild transportiert bereits die wichtigsten Informationen und den Faktencheck in seiner elementarsten Form.**

Sogar ein visueller »Gegenbeweis« in Form eines Screenshots ist darauf zu sehen. Das Titelbild funktioniert mehr als Sharepic. Einer der Gründe, warum wir als eines der wenigen Medien regelmäßig Text in unseren Titelbildern nutzen, um stärker Aufmerksamkeit zu generieren. Das Auge sofort auf die wichtigste Aussage locken.

Die Titelbilder funktionieren teilweise wie Memes und folgen der Logik dahinter. Wir wissen, dass wir um begrenzte Reichweite und Aufmerksamkeit kämpfen müssen, und möglicherweise nur wenig Möglichkeiten haben, jemandem die Wahrheit zu zeigen. Deshalb versuchen wir, das meiste herauszuholen. Wer den Text anklickt, bekommt dann immer noch alle Quellen, allen Kontext und alle

Hintergründe. Aber wenn wir wirklich wollen, dass sich die Fakten verbreiten, sollten wir uns auch alle Mühe geben, dass sie das tun. Wir nutzen dazu auch regelmäßig Stock-Fotomodels, die bestimmte Emotionen übertragen sollen.

In einem Artikel aus dem August 2023 schrieb ich über die Arbeit von »DieInsider«, einer Gruppe von Aktivisten, die seit Jahren anonym in Dutzenden AfD-nahen Gruppen unterwegs sind und fast täglich eine Sammlung der alltäglichen Hasskommentare publizieren und auch anzeigen. Im Artikel »AfD-Alltag: ›Hirnlose Nachgeburt‹, ›Alte Drecksmade‹, ›Wixxer abknallen!‹«[423] zeigte ich viele dutzend von Hasskommentaren allein aus den letzten Tagen, die gesammelt wurden. Anstatt ein 0815-Standard-Stockfoto mit »Hatespeech« aus Scrabble-Bausteinen oder so etwas für den Titel zu nehmen, nahm ich ein Bild eines übertrieben wütenden Mannes und packte eine Auswahl der schlimmsten Hass-Kommentare als Collage dazu. Einmal, um den unsäglichen Hass dieser Menschen darzustellen, aber auch, um die Emotion zu präsentieren, die wir als Reaktion darauf haben sollten: Wut.

> **Ich will nicht nur Informationen und Studien an mein Publikum herantragen, sondern auch eine emotionale Reaktion.**

Aber das mache ich ja transparent. Ich leugne nicht das Bedürfnis, emotional auf all diese Sachen zu reagieren. Oft nehmen wir ein Bild einer Person, die sich genervt oder verzweifelt ins Gesicht fasst, um den Frust und die Absurdität der Fakes zu demonstrieren. Wie in unserem Artikel »Leute, diese Meldung über Dänemark & Biontech ist offensichtlich gefälscht«.[424] Das wirkt vielleicht sogar noch deutlicher als ein »Fake«-Stempel.

Ich versuche auch nicht, meine emotionale Reaktion auf diese Fake News in mir selbst zu unterdrücken. Klar, ein emotionaler Abstand ist extrem wichtig. Aber ich vermenschliche mich gleichzeitig, wenn ich dem Leser eine Gelegenheit gebe, sich damit zu identifizieren und auch auszudrücken. Ich nutze Emotionen, um die

Aufklärung weiterzutragen, und biete auch gleichzeitig in gewisser Weise Komfort, dass ich nicht einen emotionslosen, gesichtslosen Akteur spiele, der über diesem ganzen Geschehen steht.

> **Ich biete, was Fake-Verbreiter auch tun: ein Gesicht, eine Emotion, zusätzlich zu einem Framing und einer Information – oder einem Feindbild.**

Auch mir selbst! Ja, ich nutze die Methoden der Fake-Verbreiter und Propagandisten gegen sie. Und es sollte nicht so funktionieren. Emotionen sind eine Falle, das habe ich, glaube ich, deutlich in diesem Buch dargestellt. Aber während Desinformation immer weiter grassiert, muss ich jetzt etwas tun. Etwas, das funktioniert. Und Emotionen und Meinung sind Teil unserer Natur und die werden wir auch nicht in den nächsten paar Wochen los. Deshalb müssen wir auch sehr viel mehr auf unsere Titel und Titelbilder achten, wenn wir Aufklärung betreiben. Was im Text steht, ist fast schon zweitrangig. Das zeigen uns die Fake-Verbreiter ja selbst. Das habe ich durch Selbstexperimente auch schon früh selbst herausgefunden.

Meinen bis heute vielleicht erfolgreichsten Artikel habe ich ganz am Anfang, im Herbst 2015, geschrieben. Ich titelte inmitten der ersten großen Flut an Hass und Fake News über Schutzsuchende »Skandal! Flüchtlinge vermüllen Augsburger Innenstad«, begleitet von einem zufällig aus dem Netz ausgewählten Bild eines Müllbergs auf einer Straße. Hunderttausende klickten und teilten diesen Artikel, vielleicht sogar über eine Million Menschen.*

Der Clou: Der erste Satz des Artikels offenbarte, dass ich mir diese Geschichte frei ausgedacht hatte, und ich bedankte mich, dass die Person den Artikel anklickte, ohne ihn blind und ungelesen zu teilen. Ich erklärte, wie derartige Falschmeldungen funktionieren und wo man sich aufgeklärt informieren kann. Es war natürlich

* Ich weiß es nicht genau, mein Server brach zusammen, weil zu viele Leute zugreifen wollten. Ich bastelte mir meine eigene DDOS-Attacke.

riskant, denn nicht nur eine rechtsextreme Seite teilte den Artikel, im Glauben, hier wieder Futter für Hetze zu haben.[425] Aber ich konnte so plastisch auf das Problem aufmerksam machen. Und habe erst selbst realisiert, wie entscheidend eben nur die Aufmachung ist. Eine Lektion, die am Anfang der Erkenntnisse stand, die du jetzt in diesem Buch liest.

Aber ja, natürlich ist der eigentliche Inhalt immer noch extrem wichtig. Nicht nur die ordentliche Recherche, gute Quellen und gute Argumentation. Ohne diese würde ich buchstäblich nichts anderes machen als die Fake-Verbreiter. Ich habe weiterhin den Nachteil, dass ich meinen ganzen Blödsinn im Titelbild und meine Abenteuer in den Überschriften auch belegen und rechtfertigen muss. Hinter dem Klick muss immer noch ein sauberer Artikel stehen, selbstverständlich. Und auch wenn ich der Meinung bin, dass Titel und Überschrift die oberste Priorität haben sollten, wo Verbesserungsbedarf herrscht, kann man den Text selbst auch um einiges besser machen.

Mehr Videos, bitte!

Wie auch die Kommunikationswissenschaftler Dan & Coleman feststellen, funktionieren audio-visuelle Faktenchecks viel besser. Sie werden leichter und als viel wahrheitsvoller wahrgenommen und deshalb auch wahrscheinlich als überzeugender.

> **Videos wirken besonders gut bei genau denjenigen, die an Dinge glauben, die man widerlegen will.[426]**

Ihre Erkenntnisse sind ein seltener Lichtblick in der Forschung. Sie stellen tatsächlich fest, dass man doch Leute überzeugen kann: Wenn man endlich aufhört, Faktenchecks ständig nur in trockenen Texten zu transportieren.

Diese Lektion habe ich selbst noch nicht ganz umgesetzt. Schon im September 2022 soll jeder fünfte Beitrag auf TikTok Misinformation enthalten haben.[427] Gerade diese Plattform eigne sich besonders dafür, leicht Fake News zu verbreiten.[428] Kein Wunder also, dass die AfD auf TikTok mehr als doppelt so viele Likes und Follower hat wie alle anderen demokratischen Abgeordneten zusammen.[429] Selbst wir, die das eigentlich wissen und das von Dr. Dan persönlich eingetrichtert bekamen, arbeiten noch zu wenig mit Faktencheck-Videos. Sie sind sogar buchstäblich leichter zu verstehen. Nicht nur sind Videos besser darin, Leute zu überzeugen, besonders die, die an den Fake glauben, sie werden tendenziell auch von den Algorithmen weiter verbreitet.

Instagram zum Beispiel soll Videos nicht per se priorisieren, aber Analysen zeigen, dass Videos zu mehr Interaktion führen, was wiederum gut für die Reichweite ist.[430] Plus: Auf Plattformen wie Instagram kannst du Videos posten, aber nicht wirklich gut lange Text-Faktenchecks. Während immer mehr unseres öffentlichen Diskurses in Social-Media-Feeds stattfindet, müssen wir uns anpassen. Die Fake-Verbreiter tun es. Und sie sind uns teils Jahre voraus. Die AfD ist schon lange auf TikTok erfolgreich und manche geben dieser Tatsache die Schuld, dass sie in den Wahlen im Herbst 2023 plötzlich bei jungen Wählern überraschend gut abschnitten.[431] Wir hinken hinterher.

FAKTENSANDWICH

Passend zum Mythos, den du nicht im Titel wiederholen solltest, solltest du deinen Faktencheck vielleicht etwas kontraintuitiv nicht mit dem Fake beginnen. Wir wollen weiterhin die Wahrheit verbreiten. Das muss unser Ziel sein, auch wenn wir technisch gesehen zuvorderst Lügen widersprechen.

> **Aber das Erste, was ein Leser in deinem Faktencheck sehen sollte, sollte die Wahrheit sein.**

Wenn ich mir manche Faktenchecks so ansehe, wäre ich sogar schon froh, wenn die Wahrheit irgendwo auch mal ausgesprochen werden würde, und zwar nicht nur als Verneinung der Unwahrheit. Wir müssen uns ganz dringend angewöhnen, vor allem die Fakten auszusprechen. Diese Taktik wird das »Faktensandwich« genannt.

> **Um Desinformation effektiv zu kontern, sollte das Erste und das Letzte, was du sagst, die Wahrheit sein.**

Das sind die Orte, wo der Leser hinschaut, wenn er deinen Artikel nur kurz überfliegt. Du musst selbstverständlich den Fake wiederholen, um ihn effektiv zu kontern und aufzuzeigen, in welcher Art er falsch ist, aber das kannst du schön in der Mitte deines Faktenchecks machen, nachdem die Fakten und am besten noch das wahrere Framing zuvor fest etabliert wurden. Dann sprichst du nämlich darüber in einem Framing-Umfeld, das nicht aktiv gegen dich arbeitet. Du führst das Publikum heraus aus den emotionalen Bildern, die es ihnen so schwerfallen lässt, von einem Fake abzulassen. Im Gegenteil, wenn sie zuerst die Wahrheit hören, sind sie viel weniger anfällig für den Fake. Selbst wenn sie den viel lieber glauben wollen würden. Weil dann attackierst du nicht einen Glauben, den sie unkritisch sofort akzeptiert haben, sondern du präsentierst es bereits als Information, die im Widerspruch zu einer anderen Darstellung existiert.

In den seltensten Fällen fällt ja jemand auf Desinformation herein, weil er sorgfältig das Für und Wider abgewogen hat und sich beide Seiten angeschaut hat. Sondern weil ihn der Fake emotional überrumpelt hat und er oder sie die Info nie infrage stellte.

Der Begriff »Faktensandwich«* stammt übrigens vom Linguisten George Lakoff[432] und es ist schon lange ein essenzieller Teil der Volksverpetzer-Diät. Vermeide, die Lüge prominent nachzuerzählen. Hör

---

* Auch wenn der Name technisch gesehen falsch ist, denn die Wahrheit steht ja eben nicht in der Mitte. Allerdings ist die Wahrheit dann das trockene Brot und das passt dann vielleicht wieder.

auf, sie in deine Schlagzeilen oder Teaser oder Tweets zu setzen. Wir haben ja gesehen, dass es genau diese Dinge sind, die Desinformation erst ihre Macht verleihen. Es ist sogar eine essenzielle Technik, sie zu verbreiten.

Der Rechtsaußen-Blog »Tichys Einblick«, über den Claudia Roth laut Gerichtsurteil sagen durfte, es sei eine »neurechte Plattform«, »deren Geschäftsmodell auf Hetze und Falschbehauptungen« beruht,[433] gewann mit dieser Unterscheidung einen Prozess gegen Correctiv. Correctiv hatte zwar recht, dass die Dinge, die Tichy berichtete, Desinformation waren, aber sie durften auf Facebook den Tichy-Artikel nicht als »teils falsch« markieren, da Tichy technisch gesehen die Desinformation nicht selbst aufgestellt hatte, sondern nur (unkritisch) darüber berichtet.[434] Das ist ja nicht verboten und auch die Rechtfertigung für viele Artikel von WELT & Co. Für mich persönlich eine irrelevante Unterscheidung, denn der Endeffekt ist der Gleiche. Was ich damit sagen wollte:

> **Fake News zu verbreiten ist Fake News verbreiten.
> Egal, mit welchem Motiv.**

Sprich die Wahrheit aus!

Das machen alle bisher, auch wenn sie nur darüber reden wollen. Sogar die, die darüber aufklären wollen und eigentlich nicht wollen, dass du darauf hereinfällst. Am Ende liest man diesen Fake überall. Und nirgends die Wahrheit. Und wir wundern uns, wieso wir Desinformation nicht bekämpfen können.

> **Hier auch schon der Pro-Tipp an dich persönlich:
> Verbreite die Wahrheit!**

Du darfst dich über Fake News aufregen, aber nicht, wenn du damit auch genau diese Fake News weiter verbreitest. Teile nicht Fake-Zitate oder BILD-Schlagzeilen, um dich darüber aufzuregen. Es ist sinnlos, jeden Tag den neuesten skandalösen Fake der AfD oder BILD zu teilen. Du klärst damit niemanden auf und du gibst ihnen nur weiter die Reichweite, die sie wollen. Teile lieber die Wahrheit, über die sich die Fake-Verbreiter aufregen. Sonst bist du dann genau der Teil jener Maschinerie, die Fake News und ihre Verbreitung ankurbelt.

Aber zurück zum Faktensandwich. Und einer Frage von mir an dich: Ist es dir aufgefallen? Ich habe 158 Seiten darauf gewartet, aber ist dir aufgefallen, was ich das ganze Buch über die ganze Zeit gemacht habe? Ich habe dir heimlich Dutzende Faktensandwiches serviert. Ich habe keinen Fake in diesem Buch besprochen, ohne stets immer die Wahrheit voranzustellen. Vielleicht hast du dich teilweise schon gewundert, wenn ich einen Fake oder einen Faktencheck angekündigt habe, warum ich dann plötzlich erst mal paar Sätze weit ausgeholt habe und zum Beispiel über Ergebnisse von Studien gesprochen habe. Ich habe stets immer zuerst die Wahrheit wiederholt, bevor ich dir vom Fake erzählt habe. In diesem Buch, in diesem speziellen Kontext, wäre das wahrscheinlich gar nicht so sehr nötig gewesen. Die meisten Fakes sind älter,* sie treffen auf dich in einem Kontext, in dem du dir Desinformation sehr bewusst bist und in dieser Hinsicht ist dieses ganze Buch ein großes Faktensandwich, das dich eingangs und am Ende vor Fakes warnt und sensibilisiert. Aber ich wollte trotzdem praktizieren, was ich predige. Und dir zeigen, wie es geht. Und glaub mir, es ist anstrengend. Denn jeder hat den Reflex, von dem Fake zu erzählen, wenn er den Fake erzählen will, offensichtlich. Meistens ist es auch die spannendere Geschichte als die Wahrheit. That's the point. Genau deshalb verbreiten sie sich ja.

> **Dem müssen wir widerstehen. Und im besten Fall eine bessere Geschichte erzählen. Eine, die wahr ist.**

---

* Und ich nehme an, je später nach Erscheinung du das hier liest, umso älter werden sie.

Und du weißt immer noch nicht, was Baerbock laut der pro-russischen Propaganda angeblich gesagt haben sollte! Okay, ich löse es auf: Sie erklärte, warum die Deutschen nicht immer so harte Sanktionen durchsetzen, wie es die Ukraine wolle. Denn es gebe glücklicherweise Wahlen, wo ihre Wähler zeigen können, was sie davon halten. Aber sie stehe zur Ukraine. Sie formulierte es aber auch echt ungeschickt: »Ich werde meine Versprechen [gegenüber der Ukraine] erfüllen, egal was meine deutschen Wähler denken«. Du kannst dir selbst denken, wie der Satz aus dem Kontext gerissen wurde.

Ordne die Fake News ein!

Oh und noch eine wichtige Sache, die viel zu viele Faktenchecker auslassen: die Einordnung der Fake News. Wir brauchen auch nicht als diejenigen, die über Desinformation aufklären, künstlich so zu tun, als würde der Fake in einem Vakuum stattfinden. Im Gegenteil, wenn wir das so tun, verlieren alle und besonders wir selbst aus den Augen, wogegen wir eigentlich ankämpfen. Ich halte es für einen Fehler, so zu tun, als wäre man ein neutraler Beobachter, der unparteiisch darübersteht. Es ist gut, Überparteilichkeit zu behalten und alle fair zu behandeln, mich bitte nicht falsch verstehen. Aber wir sind Teil des Diskurses und alle anderen behandeln uns auch als solchen. Versuchen wir, dieses Spiel nicht mitzuspielen, verschafft uns das einen entscheidenden Nachteil. Denn die anderen spielen nicht nur, sie spielen schmutzig. Und es gehört zu unserem Job in der Aufklärung auch dazu, genau das anzusprechen.

> **Im Gegenteil, wenn wir systematische Lügner und Hetzer zu Diskussionsteilnehmern erheben, die man ernst nehmen muss und deren teils bösartige Lügen ernsthaft zur Diskussion stehen, versachlichen wir künstlich eine Debatte, die nicht sachlich ist.**

Nur um selbst sachlich zu wirken. Am Ende stehen wir nur Hass und Lügen »neutral« gegenüber und da gewinnen nur diejenigen, die das verbreiten.

Diese »false balance«, eine Tendenz von Journalisten, »beide Seiten« zu Wort kommen zu lassen und sich selbst nur als neutrale Vermittler zu präsentieren, selbst wenn eine Seite aus Verschwörungsideologen besteht und die andere aus dem breiten Konsens der Wissenschaft, trägt selbst zur Verbreitung von Desinformation bei.

Studien zeigen, dass diese Falschdarstellung der Debatte, die durch die Journalisten selbst vorgenommen wird (!), auch einen falschen Eindruck beim Publikum hinterlässt.[435] Ich weiß, Journalisten irren sich in der Regel lieber auf der »sicheren Seite« der Neutralität. Und das ist in Isolation auch der ethischere Weg. In Summe ist es aber ein Baustein, der die Debatten immer weiter verzerrt, und den Desinformationsverbreitern nutzen, um ihre Agenda durchzusetzen. Wenn wir die Fake News stoppen wollen, müssen wir nicht nur nicht selbst dem Publikum eine bereits verzerrte Darstellung der Debatte präsentieren, sondern umgekehrt diese auch korrekt beschreiben.

> **Wir müssen aufklären, wenn bestimmte Codes verwendet werden und auf Verschwörungsmythen angespielt wird. Wir müssen die Muster und die Strategien gleich mit erklären, damit wir alle besser darin geschult werden, sie das nächste Mal gleich selbst zu erkennen.**

Es ist zudem wichtig, in einem Artikel ein paar Absätze einzubauen und zu erklären, warum dieser Fake geglaubt und überhaupt gestreut wird. Das ist Teil des Gegennarrativs. Der Wahrheit. In dem Moment mag es auf alle Beteiligen selbstverständlich wirken, aber das ist es vielen vielleicht nicht. Warum (bestimmte) Fake News geglaubt werden, ist nicht nur ein Debattenthema für Faktencheck-Konferenzen oder Bücher. Das muss mit in den Faktencheck rein. Warum wird überhaupt über die Demo-Teilnehmerzahl der Querdenken-Demo im August 2020 gelogen? Weil sie ihre Zustimmung in der Bevölkerung viel größer erscheinen lassen wollen, als sie ist. Darum wird es geglaubt.

Wir wollen doch nicht auf ewig jedem Fake hinterherlaufen und den Leuten jeden Tag die Welt erklären, sondern ihnen beibringen, wie sie das alles selbst erkennen und einordnen können. Wir nehmen eben nicht den Leuten das Denken ab. Sondern nur die Recherche.

Versuche, verständlicher zu kommunizieren!

Einige Studien zeigen, dass Faktenchecks idealerweise so eindeutig wie möglich sein und klare Bewertungen vornehmen sollen. Sie sollten daher Bezeichnungen wie »umstritten« oder »größtenteils falsch« vermeiden, die »die Glaubwürdigkeit verschiedener unbegründeter Aussagen erhöhen« können.

Auch ist zu komplexe Sprache hinderlich, selbst für ein Publikum, das mehr gebildet ist. Wenn es einfacher zu verstehen ist, verstehen es alle einfacher. Die Länge eines Faktenchecks wiederum spielt keine Rolle.[436] Und Junge, reize ich das manchmal aus, um einen Sachverhalt lang und breit zu erklären.

> **Wir sollten Faktenchecks darauf optimieren, dass sie leicht verständlich sind, so deutlich und so leicht zu verbreiten sind wie möglich.**

So klappt es schließlich auch mit den Fakes selbst. Natürlich können wir nie die Unterkomplexität von Fakes erreichen. Irgendwo gibt es eine Grenze, wo das Herunterbrechen und Vereinfachen eines Sachverhalts selbst die Grenze zur Desinformation überschreitet. Da muss man aufpassen und ich will sicherlich nicht behaupten, dass ich persönlich diese Grenze nicht manchmal auch überschritten habe. Einige Aspekte sind nun mal kompliziert und haben nicht nur eine Erklärung. Bei manchen Aspekten muss man Ambiguität aushalten.

Und diese Erkenntnis an sich ist oft eine wichtige, die man vermitteln muss. Wir müssen es uns trotzdem nicht schwerer machen, als es ohnehin schon ist. Wir haben es lang genug probiert, anders zu machen. Es wird Zeit, dass wir zumindest teilweise eine andere Strategie ausprobieren.

Wie gesagt, die Studienlage ist uneindeutig und manche würden einigen anderen Studien widersprechen. Aber ich schlage nicht vor, dass es alle so machen sollen. Das fände ich persönlich auch nicht gut. Ich mag meine trockenen, akademischen und verklausulierten Debunkings. Aber die scheinen ja ganz offensichtlich nicht auszureichen.

Ich verstehe, warum man als bestimmte Institution, die seriös auftreten will, sich nicht traut, beim Faktenchecken auch mal im Titel Emotionen zu bedienen – oder auch nur den Frame zu verlassen und ein Gegennarrativ anzusprechen, weil das »parteiisch« wirkt oder »unseriös«. Aber wenn es das ist, was Leute viel besser überzeugt oder viel mehr Menschen erreicht? »Volksverpetzer« – ein Wortspiel damit, dass wir »Volksverhetzer verpetzen« – ist kein seriöser Name. Wir machen keine »seriös« wirkenden Faktenchecks.

> **Wir nutzen Satire, Clickbait, Emotionen, Empörung, Wut, um genau die Mechanismen auszunutzen, die Desinformation in Social Media viral gehen lassen.**

Wozu sollen wir Faktenchecks machen, die keiner liest und nur ein kleiner Kreis, der ohnehin nicht auf die Dinge hereingefallen ist? Warum versuchen wir nicht, die Leute genau so von den Fakten zu »überzeugen«, wie es die Fake-Verbreiter tun? Wenn unsere ellenlange Liste an Studien, Quellen und transparenten Belegen, die jeder selbst nachprüfen kann, nicht ausreicht, seriös zu sein, dann weiß ich auch nicht, was das bedeuten soll. Es ist ja offensichtlich extrem effektiv. Und selbstverständlich ist das genau der falsche Ansatz für Menschen, die ihre Information sachlich, unaufgeregt und ruhig haben wollen und reißerische Überschriften ablehnen. Aber die fallen ja auch tendenziell nicht auf derartige Desinformation herein.

Keine Angst vor Haltung!

Es gibt Medien, die wirken auf den ersten Blick seriös und versuchen so, dir Desinformation unterzujubeln, und es gibt Medien, die sehen unseriös aus, schaffen aber das Gleiche. Ich hatte mir überlegt: Warum nicht auch mal unseriös aussehen, um Fakten zu verbreiten? Wenn es hilft, Fakten zu verbreiten? Was haben wir zu verlieren? Den Kampf gegen Desinformation? Der läuft ja gerade so erfolgreich.*

Man muss aber natürlich nicht gleich full Volksverpetzer gehen. Es ist ja nicht so, als würde man nicht weniger Morddrohungen bekommen oder Ziel von Hass und Verschwörungserzählungen, wenn man maximal bemüht ist, sachlich und »neutral« zu sein. Du wirst so lange als »linksgrünversiffte Lügenpresse« beschimpft, wie du nicht exakt das schreibst, was sie hören wollen. Vermutlich auch dann.

Selbst die BILD wird manchmal von Rechtsaußen beschimpft. Dazu auch der Hinweis an die Redaktionen, dass man sich Strategien für Shitstorms und Angriffe auf ihre Journalisten überlegt. Es kann ja nicht sein, dass der wütende Mob online und auch offline durch Einschüchterung ein Klima der Angst in den Redaktionen erzeugt, sodass man sich erfolgreich selbst zensiert.

In Hannover demonstrieren »Querdenker« wöchentlich vor der ARD und wollen die Journalisten einschüchtern.[437] Medienschaffende müssen akzeptieren, dass sie Parteien im Diskurs sind, auch wenn sie gern neutrale und faire Schiedsrichter wären, sonst gewinnen diejenigen, die sie skrupellos niederbrüllen und bedrohen. Und dann muss man lernen, sich zu wehren. Müssen die Redaktionen Strategien haben, ihre (auch freien) Journalisten schützen. Und auch mal zum »Gegenangriff« gehen, wenn man für guten und richtigen

* Sorry für den Zynismus :D

Journalismus angegriffen wird. Das sind wahre Narrative, dass die Presse unter Beschuss steht und bedroht und attackiert wird wie nie zuvor, das wird kaum erzählt.

Ich habe das Gefühl, die Opfer solcher Angriffe denken viel zu oft, sie würden etwas verlieren, wenn sie den Hass und die Attacken nach außen kommunizieren. Doch auch hier kann man von der AfD lernen: Eine Opferinszenierung ist extrem wirksam, um Support und Solidarität zu erzeugen. Nur im Gegensatz zur AfD ist man da halt wirklich das Opfer. Man versucht Medien als den Feind, als mächtig zu markieren, um den Hass und das Misstrauen zu rechtfertigen. Wenn aber Journalisten diejenigen sind, die Angst haben, zur Arbeit zu gehen, oder sich mundtot machen lassen (müssen), dann muss man die Täter gut benennen. Auch das gehört zum Kampf gegen Fake News dazu. Und da müssen Strukturen und Strategien her.

Ich möchte nicht, dass man mich falsch versteht. Ich plädiere nicht grundsätzlich dafür, dass jetzt alle journalistischen Grundsätze über Bord geworfen werden sollen und jeder nur noch »richtige« Meinungen machen soll. Oft ist ja genau das das Problem. Im Gegenteil:

> **Framing und Wertungen sollten nicht als Waffe verwendet werden, auch nicht für die »gute« Sache.**

Das geht regelmäßig schief. Wir müssen aber auch eingestehen, dass das, was wir kollektiv bisher versuchen, offensichtlich nicht mehr reicht. Wir müssen dazulernen, adaptieren und den seriösen Journalismus weiterentwickeln, wenn wir in einer sich drastisch verändernden Medienlandschaft und der steigenden Demokratiefeindlichkeit mehr Fakten und Wissenschaft verbreiten wollen. Es ist wichtig, auch die eigenen Framings und Motivationen offenzulegen.

> **Transparenz, Ehrlichkeit, Nachvollziehbarkeit sind der Schlüssel.**

Es würde aber schon reichen, wenn Medienschaffende im Kampf gegen Desinformation nicht so ungeschickt die Mythen wiederholen, die man eigentlich widerlegen will. Wenn man aufhört, in einem bereits irreführenden Framing stecken zu bleiben und auch mal deutlich ausspricht, was stattdessen wahr ist. Ein bisschen mehr Werbung für die Wahrheit, bitte!

»Die Wahrheit stiftet nicht so viel Gutes in der Welt, wie ihr Schein Schlechtes.«

François de La Rochefoucauld,[438]
französischer Literat, aus: »Maximen und Reflexionen«

DU KANNST
TEIL DER
LÖSUNG
SEIN

Fake News sind komplizierter, als dass es in Social Media nun mal viele Beiträge gibt, die faktisch nicht korrekt sind. Unsere gesamte mediale Infrastruktur, von Social-Media-Feeds bis zu Medienhäusern, sind anfällig dafür, Desinformation zu verbreiten. Es sind nicht nur einige schwarze Schafe, die dafür verantwortlich sind. Obwohl es durchaus solche gibt und die teilweise immer noch damit davonkommen. Solange Social Media und die Art und Weise, wie unsere politische Öffentlichkeit organisiert ist, so funktionieren wie jetzt, gehören Desinformation und Polarisation dazu.

Ich sage: Weil sie fundamental stets Narrative und Meta-Narrative bedienen. Sprich: sinnstiftende Erzählungen über die Welt und wie wir sie sehen. Ich habe lang und breit argumentiert, dass Fake News funktionieren, weil sie im Kleinen Narrative reproduzieren oder im Gesamtkontext der Social-Media-Feeds erst welche bilden. Und es genug Akteure gibt, die sich dessen bewusst sind und diese Umgebung durch trial and error oder gezielt ausnutzen, um über diese Narrative diverse Ziele zu erreichen, wie Geld verdienen, Einfluss auf Politik zu nehmen oder die gesellschaftliche Stimmung zu beeinflussen. Oder alles gleichzeitig.

Narrative wiederum bilden das Fundament unserer Ideologien und Weltanschauungen. Und deshalb fällt es zum einen oft so schwer, diese Fake News zu widerlegen, und zum anderen spielt deshalb paradoxerweise der jeweilige Wahrheitsgehalt einzelner Meldungen eine untergeordnete Rolle, wenn man um einen konkreten Fall diskutiert. Für diejenigen, die diese glauben, sowieso, aber wir dürfen auch nun mal nicht dem Irrtum aufsitzen, dass wissenschafts- und menschenfeindliche Ideologien verschwinden, nur weil wir die vielen Mythen und Missverständnisse jeweils einzeln aufklären, auf denen sie basieren. Wir müssen uns bewusst sein, was wir gegenüberstehen.

Fake News dienen gleichzeitig als (Selbst-)Versicherung und Bestärkung der jeweiligen Narrative, mit denen sich Menschen identifizieren, auch da sie durch Social Media in die Position gebracht wurden, selbst zu den Verbreitern dieser Dinge zu werden und sich dann auch dafür rechtfertigen wollen beziehungsweise müssen.

> **Es sind die Narrative, die letztlich geglaubt werden und die der Aufklärung im Weg stehen.**

Wenn wir versuchen, Fake News in Isolation zu betrachten und zu widerlegen, werden wir ultimativ in unserem Vorhaben versagen. Denn Fake News entstehen nicht in einem Vakuum, und sie so zu behandeln, führt oft sogar dazu, sie zu verstärken.

Wir müssen im Hinterkopf behalten, dass wir oft nicht (nur) einer einzelnen Behauptung widersprechen, sondern dass es Narrative sind, die sich durch viele einzelne Beiträge und Framing in den Köpfen der Leute gebildet haben.

> **Wir können Menschen nicht mit Fakten überzeugen, die ihren Glauben zuvor ohne Fakten erst gebildet haben.**

Um Menschen zu erreichen und zu überzeugen, die Fake-Narrativen anhängen, die extremistische und wissenschaftsfeindliche Ideologien glauben, müssen wir die Strategie wechseln. Diejenigen, die nicht einfach nur Fehler machen, sondern die aktiv Desinformation verbreiten und aktiv Aufrichtigkeit und Faktentreue aufgeben, um ihre Narrative zu bestärken, müssen wir anders behandeln. Wir müssen Gegennarrative bedienen und unsere Kommunikation anpassen. Wir müssen es auch akzeptieren, dass wir selbst nicht immer die neutrale Instanz spielen können, spätestens wenn wir selbst Ziel von Hass und Opfer von Desinformation werden. Was zwangsläufig passiert, weil Propagandisten und Ideologen ungestört bleiben wollen und all diejenigen attackieren, die ihnen einen Strich durch die Rechnung machen.

Ich finde, wenn wir Leute mit Aufklärung erreichen wollen, dürfen wir Aufklärung nicht nur so betreiben, wie sie am besten funktionieren *sollte,* sondern so, wie sie auch tatsächlich am besten funktioniert. Wenn wir wollen, dass sich etwas ändert und wir etwas erreichen, dann müssen wir schauen, wie wir das können und das anwenden. Wenn wir die ganze Zeit schon mit Wissenschaftlern sprechen und Studien zitieren, warum dann nicht auch darauf hören, was die Wissenschaft sagt, wie wir Menschen besser überzeugen können, und das umsetzen? Und am besten zügig.

WAS DU KONKRET TUN KANNST

Ich weiß, viele der Dinge und Verbesserungsvorschläge, die ich hier aufgezählt habe, richten sich an diejenigen, die Faktenchecks machen. Du bist vielleicht kein Faktenchecker oder Journalist. Das musst du nicht sein, um von diesen Informationen zu profitieren. Ich bin auch nicht als Faktenchecker auf die Welt gekommen, ich komme wie gesagt eigentlich aus der Literaturwissenschaft. Ich habe vor vielen Jahren nur einfach die vielen Fakes gesehen und auch einige Freunde an diesen Strudel verloren und wollte selbst etwas unternehmen, um meinen kleinen Beitrag zu leisten, dagegen zu halten. Nur dank vieler toller Menschen, die mich und mein inzwischen zehnköpfiges Team durch Crowdfunding unterstützen, konnte ich diesen ehrenamtlichen Aktivismus zu meinem Beruf machen.*

Meinen riesigen, aufrichtigen Dank dafür an dich und an euch alle. Wenn ich könnte, würde ich euch allen persönlich danken, aber dann hätte ich keine Zeit mehr, Faktenchecks zu machen. Also versuche ich lieber, die ordentlich zu machen, selbstkritisch und fair zu bleiben und dein Vertrauen in mich nicht zu enttäuschen. Aber worauf ich hinauswill: Du kannst das auch. Also du musst jetzt nicht gleich deinen eigenen Faktencheck-Blog gründen oder dergleichen. Du musst nicht selbst zu einem großen »Influencer« werden. Du hast andere Stärken oder andere Kanäle. Das ist voll okay. Man muss nichts auf Teufel komm raus versuchen, mach, was für dich funktioniert. Aber denk daran: Du bist ein Sender, du hast Reichweite, auch wenn es jetzt nicht ein Millionenpublikum ist.

---

* Ich lasse mal unauffällig den Link hier da: https://www.volksverpetzer.de/unterstutzen/

Nicht nur online, sondern auch in deinem persönlichen Umfeld. Und für die trägst du eine Verantwortung. Und wenn du ein paar Basics beachtest, kannst du deinen Teil beitragen, Fakten statt Desinformation zu streuen.

Ich habe nicht die Lösung für Desinformation. Ich habe hier nicht die absolute Wahrheit aufgeschrieben, und auch wenn ich es in den Titel geschrieben habe, weil es eine schöne Alliteration ergab, will ich nicht behaupten, dass es die *eine* Wahrheit gibt und ich sie kenne. Ich mache Fehler, ich falle selbst laufend auf Fake News herein. Keiner von uns ist immun dagegen.

> **Der Trick ist, nicht alles sofort reflexhaft zu teilen, wenn du was siehst, und dich dann emotional daran festklammerst, wenn du es getan hast.**

Wenn ich das machen würde und falschläge, würde ich sehr schnell was zu hören kriegen von den Leuten, die nur darauf warten, dass ich einen Fehler mache, um das gegen mich zu verwenden. Wir haben alle eine Weltanschauung, eine Ideologie, eine Haltung. Wer dir was anderes erzählen will, will dich nur über seine hinwegtäuschen. Und das ist auch okay und das werden wir auch nicht ändern. Es ist nur wichtig, sich dessen bewusst zu sein. Jeder denkt, er wüsste alles besser und nur alle anderen fallen auf Fake News herein. Alle, die das denken, haben unrecht. Es ist außerdem okay, Dinge auch mal nicht zu teilen. Sich in einigen Themen nicht auszukennen. Du musst nicht zu allem eine Meinung haben. Es muss nicht immer einen Bösen und einen Guten geben. Es ist okay, Widersprüche auszuhalten, es ist okay, wenn Menschen, die du nicht magst, was Richtiges sagen, und Menschen, die du bewunderst, können auch mal falschliegen. Es ist okay, mal Luft zu holen und abzuschalten.

Es ist diese Hektik, diese Dauerbeschallung durch die Feeds, diese Dauerempörung und Aufregung, die uns fertigmacht. Die uns zum schnellen Liken, Teilen veranlasst, und unser kritisches Denken abschaltet. Und dann denken wir, wir hätten Recherche gesehen oder

Zusammenhänge verstanden, weil uns das jemand in einem TikTok- oder Telegram-Beitrag gesagt hat.

Wie kannst du diesen Strudel durchbrechen und zumindest nicht das Problem schlimmer machen? Du kannst dazu beitragen, wenn du deine Stimme auch nutzt. Buchstäblich natürlich. Geh demokratische Parteien wählen und überzeuge andere, das zu tun. Es ist so unglaublich wichtig, und denke nie, dass deine Stimme nicht wichtig sei. Die AfD ist auch stark, weil sie Leute überzeugt, wählen zu gehen, die zuvor Nichtwähler waren.[439] Wir haben eine Demokratie. Wir sollten sie auch nutzen. Selten kannst du direkter beeinflussen, was in unserem Land gemacht wird, als hier. Du kannst und sollst deine Stimme aber auch anders einsetzen.

Teile Beiträge, die sich gegen Hass und Desinformation einsetzen.

Und lies Artikel, bevor du sie teilst zumindest, nicht nur, weil dir die Überschrift gefällt.* Wenn mehrere Experten und Wissenschaftler etwas sagen, was nicht mit deiner Weltanschauung übereinstimmt, ist es wahrscheinlicher, dass du falschliegst, und nicht, dass es eine Verschwörung gibt. Nutze deine Reichweite, so klein oder groß sie auch sein mag, um positive Botschaften zu streuen, Fakten und die Wahrheit. Unterstütze Seiten, Medienschaffende und Politiker, die das auch tun.

Der Finanzdruck ist ebenfalls eine Ursache für viele Mechanismen, die Desinformation unterstützen.

Supporte freiwillig oder via Crowdfunding Medien, damit die Fakten oder Faktenchecks nicht hinter Paywalls versteckt werden müssen, sondern sie allen zugänglich gemacht werden können.

Wenn die Fakes gratis sind, darf die Wahrheit nicht hinter einer Paywall versteckt werden. Supporte, wenn jemand Fehler korrigiert,

* Ich mache das auch immer noch manchmal, aber es ist eine schlechte Angewohnheit!

damit das Schule macht. Wenn der Shitstorm genauso groß ist, wenn jemand einen Fehler zugibt, als wenn er das nicht tut, gibt es immer weniger Anreize, das zu tun. Du musst nicht jede Meldung selbst factchecken, es ist zielführender, wenn du ausgewählte Medien genau unter die Lupe nimmst und sie als vertrauenswürdig einstufst. Arbeiten sie seriös und transparent? Geben sie Quellen an? Stützen sie sich auf Forschung und Studien? Korrigieren sie sich? Ob sie sagen, was du hören willst, ist zweitrangig. Sei streng mit diesen Kriterien und entzieh Medien das Vertrauen, wenn sie es enttäuschen. Die anderen sind Medien, denen du vorsichtig vertrauen kannst. Das sind Medien, die du auch finanziell mit Spenden und Abos supporten sollst, damit sie überleben.

Ich hatte mich über Clickbait beschwert, das Desinformation treibt, und so kannst du Medien unabhängiger davon machen. Auch wenn es natürlich richtig ist, darauf zu verweisen, dass das ein strukturelles Problem ist. Da nehme ich Volksverpetzer nicht heraus. Vertrau mir bitte nie blind, schau meine Quellen an. Und sag mir gern, wenn ich falschliege, damit ich mich aus- und verbessern kann. Außerdem ganz wichtig:

> **Widerstehe immer dem Reflex, dich einfach der Meinung anzuschließen, die dein Umfeld zu jedem neuen Thema sofort annimmt.**

Das ist ein gefährlicher Mitläuferreflex und eine Hauptursache, wie Leute in Desinformation und Verschwörungsmythen abdriften.[440] Umgekehrt gehören Medien kritisiert und boykottiert, die das ignorieren, die systematisch Desinformation verbreiten und ihre Macht missbrauchen, um ihr Publikum zu täuschen.

> **Dazu gehört auch, nicht ihre Artikel anzuklicken, zu verlinken oder auch einfach nur ihre bösartigen Schlagzeilen zu teilen, nur um sich darüber aufzuregen.**

Ebenso wichtig ist, von allen anderen Journalisten und Medien zu verlangen, diese nicht als Quelle oder Inspiration für Themen oder Framing zu nutzen. Es tut mir leid für diejenigen, die in jenen Medien vielleicht aufrichtig gute Arbeit machen wollen. Aber solange es keine echten Konsequenzen dafür gibt, oder sie sogar viel Geld und Klicks damit machen, virale Trends setzen, wenn sie journalistische Standards brechen und aktiv Desinformation streuen, das ihr Zielklientel lesen will, werden sie ihre Methoden nicht überdenken. Wenn wir da wegschauen, und auch andere Medien kritiklos wegschauen lassen, wird sich das nicht ändern. Du kannst mithelfen und das jedes Mal kritisieren und dich sachlich (!) beschweren. Egal wie wütend du sein magst, lass dich nie zu Beleidigungen herab. Sonst wirst du zu dem, was wir hier eigentlich bekämpfen wollen. Vor dem Tippen lieber mal kurz aufstehen und eine Pause machen.

LEBE STETS SO, DASS DEMOKRATIEFEINDE ETWAS DAGEGEN HABEN

Nachdem du auf deine eigenen Vorurteile geachtet hast und dir einen kritisch geprüften Feed aus vertrauenswürdigen Quellen zusammengebaut hast, kannst du deine Reichweite nutzen, um Faktenchecks und Aufklärung zu verbreiten. Denk daran: Es macht nicht viel Sinn, online mit Fremden zu diskutieren, das wird schnell hitzig und kontraproduktiv.

Ich bin weder ein Experte dafür, noch geht es in dem Buch darum, wie das am effektivsten gelingt, aber ein persönliches Gespräch im echten Leben kann viel vielversprechender sein.* Empfehle gute Artikel, like, teile und kommentiere unter Medien, die du supporten willst. Du könntest dir – sorry für Eigenwerbung – auch die Volksverpetzer-App holen, um Push-Benachrichtigungen für aktuellste

* Dazu empfehle ich gern »Einspruch« von Ingrid Broding.

Faktenchecks zu erhalten. Reichweite und Interaktion bringt oftmals mehr als eine Geldspende, und wenn es bei dir finanziell knapp ist, ist es voll okay, dass du es nicht für komische Blogs im Netz ausgibst, besonders wenn du sie auch anders supporten kannst.

Ich könnte und müsste noch so viel mehr schreiben. Und wer weiß, vielleicht bekomme ich in Zukunft noch die Gelegenheit dazu. Falls du dich wunderst, warum ich das vermeintlich heiße Thema bei Fake News, KI und Deep Fakes gar nicht erwähnt habe, dann weil ich den Hype und Horror überzogen finde. Klar, Deep Fakes und KI-generierte Desinformation werden immer häufiger werden und viele werden auf Derartiges hereinfallen. Schon heute marschieren Rechte auf Demos und beschallen die Umgebung mit KI-generierten Tagesschau-Tonspuren, in denen die Sprecher angeblich zugeben, absichtlich falsch berichtet zu haben bei Corona oder Ukraine.[441] Aber ob Deep Fake oder nicht – ich habe im ganzen Buch ja erklärt, dass die Menschen auf Desinformation hereinfallen, wenn sie ihren Narrativen entspricht. In welcher Form diese daherkommt, ist zweitrangig. Das wird nur die Form und Technik der Fake News verändern, nicht das Grundproblem.

Ich habe verschiedene konkrete realitätsferne Narrative und Meta-Narrative erwähnt, und das Thema dabei nur am Rand und als Beispiele angerissen. Dabei würde mich selbst einmal interessieren, welche es da gibt, wo es Parallelen und Überschneidungen gibt. Das könnte man sicherlich noch ausführlicher machen, und vielleicht mache ich das woanders noch einmal. Ich habe die AfD weniger erwähnt, als sie verdient hat, aber auch, weil ich das Gefühl habe, man muss gar nicht mehr großartig erklären, wieso sie so gefährlich sind und wie eng sie verwoben sind mit dem Problem der Desinformation. Man könnte noch viel tiefer in die Wissenschaft rund um Faktenchecks eintauchen und Volksverpetzer plant dazu ein tolles Projekt – kleiner Teaser.

Seit Jahren schon wollte ich dieses Buch schreiben und bin sehr froh, das nun endlich geschafft zu haben. Es ist mir eine Herzensangelegenheit gewesen, diese Problematik anzusprechen, etwas, das mir täglich im Kampf gegen Desinformation begegnet, und was ich nie in nur wenigen Worten zusammenfassen konnte.

Danke dir, dass du dir die Zeit dafür genommen hast. Und falls du etwas gelernt hast, umso besser. Erzähl es weiter. Dann haben wir beide was Positives erreicht. Ich halte Desinformation und wie wir in Social Media kommunizieren für eines der zentralen Probleme unserer Gesellschaft, das enorm zu Demokratiefeindlichkeit, Polarisierung und Spaltung führt. Und du kannst vielleicht mit mir gemeinsam zusammenstehen und besser dagegenhalten.

Wir schaffen das nur zusammen. Wir müssen unsere Demokratie und all unsere Mitmenschen in unserem Land schützen. Indem wir auch für eine gemeinsame Faktengrundlage kämpfen. Denn:

> **Keine Demokratie ohne Fakten.**
> **Kein Frieden ohne Fakten.**
> **Dazu brauchen wir bessere Werbung für die Wahrheit.**

DANKSAGUNG

Dieses Buch habe ich in vielerlei Hinsicht nicht allein schreiben können und deshalb ist es nur fair, dass ich all diejenigen würdige, die es mir möglich machten, einen Kindheitstraum von mir zu erfüllen – ein eigenes Buch zu veröffentlichen.

Ganz zu Beginn muss ich natürlich meine Partnerin Sophie erwähnen, die nicht nur die allererste Leserin des Manuskriptes war, sondern mich immer wieder an die wissenschaftliche Methode und jede Menge Studien erinnert, wenn mein Fokus wieder zu viel auf dem »Werbung«-Teil liegt.

Natürlich gebührt auch meinen Eltern viel Dank, die mich seit Jahren unterstützen. Ebenso meinem Bruder und Lina, deren Erfahrung mit Verlagen einen nicht unwesentlichen Teil dazu beitrug, dieses Projekt endlich anzugehen, das ich mir seit einigen Jahren schon vorgenommen hatte.

Dann möchte ich meinem ganzen Team danken, ohne das ich das Projekt Volksverpetzer und damit auch dieses Buch längst nicht mehr stemmen könnte: Danke an Charlotte Theis, Daniel von Savigny, Frederik Mallon, Gordana Rammert, Marcello Orlik, Philip Kreißel, Saskia Pfalz, Sophie Scheingraber und danke an Jan Hegenberg, den du vielleicht eher als »Graslutscher« kennst, für das Herstellen des Kontaktes zum Verlag und jede Menge exzellente Artikel bei Volksverpetzer.

Ich möchte besonders Saskia und Gordana danken, die ebenfalls einen wichtigen Anteil hatten, dass dieses Buch entstehen konnte. Danke auch an Larena Klöckner und Doro Krämer und besonders Andreas Bergholz, die das Team inzwischen wieder verlassen, aber auch einen großen Beitrag geleistet haben.

Und natürlich gilt mein Dank den vielen freien Autoren und Autorinnen, die gegen Honorar oder ehrenamtlich für uns geschrieben haben und die nicht wenig Expertenwissen oder Recherche beigesteuert haben, auf die ich mich auch in diesem Buch stützen konnte. Hier besonders mein Dank an Tobias Wilke, der Kriminalstatistiken wälzen kann wie kein Zweiter und der quasi alles herausfand, was du in diesem Buch darüber lesen konntest. Danke auch an Anke Meeuw, die ihre Praxis in Berlin für unser Impressum hergegeben hat, damit wir weniger leicht Ziel für Anschläge werden können. Und danke an Vanessa Magri und Claus, die ganz am Anfang diesen Blog mit mir aufgesetzt haben und ohne die ich sicherlich heute nicht hier wäre.

Mein Dank gilt außerdem Tom Wannenmacher und André Wolf von Mimikama, die mir nicht nur das eine oder andere beim Bloggen und Faktenchecken gezeigt haben, sondern auch wesentlich mithalfen, dass ich die Seite 2018 in ihrer jetzigen Form als Anti-Fake-News-Blog überhaupt erst neu starten konnte. Und danke an Chan-jo Jun, der nicht mein Stamm-Anwalt ist, aber im juristischen Bereich den Kampf gegen Hass und Desinformation im Netz kämpft und wo wir uns gegenseitig gut ergänzen. Und auch Bela B von »Die Ärzte«, der ein großer Volksverpetzer-Unterstützer ist!

Ich danke Komplett-Media und besonders Julia Loschelder, die von Anfang an ebenso begeistert hinter diesem Projekt standen wie ich und weit mehr Engagement hineingesteckt haben, als ich erwartet habe. Ich hätte es mir nicht besser wünschen können. Auch die Zusammenarbeit mit meiner Lektorin Diana Napolitano war großartig und extrem produktiv und konstruktiv, danke dir!

Zu guter Letzt gilt mein unendlicher Dank allen einmaligen oder regelmäßigen Unterstützern von Volksverpetzer. Mein Dank gilt auch dir, der/die du das hier liest. Ohne euch wäre ich nicht hier. Ich kann das alles nur machen, weil ihr das alles erst finanziell, aber auch moralisch erst möglich macht. Ihr seid das Rückgrat von Volksverpetzer, ohne euch gäbe es das alles nicht. Ich kann nicht genug betonen, wie viel ich euch verdanke. Ich werde euch nicht enttäuschen und weiter mein Bestes geben.

Anmerkungen

https://www.werbung-fuer-die-wahrheit.de/quellen

1 Robert Alexander und Christine Isager, Fear and Loathing Worldwide: Gonzo Journalism Beyond Hunter S. Thompson (New York: Bloomsbury Academic, 2018)

2 https://www.sciencedirect.com/science/article/abs/pii/S0160289620300350

3 https://pubmed.ncbi.nlm.nih.gov/37591707/

4 Luis Ortega-Paz u. a., »One-Year Cardiovascular Outcomes after Coronavirus Disease 2019: The Cardiovascular COVID-19 Registry«, PLOS ONE 17, Nr. 12: e0279333, https://doi.org/10.1371/journal.pone.0279333

5 Zahra Raisi-Estabragh u. a., »Cardiovascular Disease and Mortality Sequelae of COVID-19 in the UK Biobank«, Heart 109, Nr. 2: 119–26, https://doi.org/10.1136/heartjnl-2022-321492

6 Laschyk, Thomas, »Wir leben alle noch: Warum Querdenker immer noch Wendler & Co. glauben«, Volksverpetzer (blog), 1. Oktober 2021, https://www.volksverpetzer.de/aktuelles/wendler-warum-glauben/

7 https://www.duden.de/rechtschreibung/Luege

8 https://www.t-online.de/unterhaltung/stars/id_90884620/michael-wendler-so-viel-geld-verdient-er-mit-schwurbler-produkten-.html

9 http://www.unwortdesjahres.net/index.php?id=35

10 https://www.duden.de/rechtschreibung/Falschmeldung

11 https://www.duden.de/rechtschreibung/Zeitungsente

12 Thomas Laschyk, »Skandal!! Volksverpetzer hat Corona verharmlost?!«, Volksverpetzer (blog), https://www.volksverpetzer.de/schwer-verpetzt/volksverpetzer-corona/

13 https://www.ptaheute.de/aktuelles/2020/01/14/raetselhafte-lungenkrankheit-in-china-ein-neues-virus

14 https://www.tagesschau.de/ausland/lungenkrankheit-china-who-101.html

15 https://www.afd.de/alice-weidel-covid19-nichtstun-der-bundesregierung-gefaehrdet-leib-und-leben-der-menschen/

16 Alice Weidel, »Jetzt kommt die #Ausgangssperre: NRW & BaWü zünden die nächste Eskalationsstufe und sperren die Bürger gleich ganz ein, der Rest folgt sicher bald. Kein #LockdownJetzt, sondern Rückkehr zu Vernunft & Menschlichkeit! #Cola #lockdown #Lockdownmonat #Seehofer«,Tweet, Twitter, 11. Dezember 2020, https://twitter.com/Alice_Weidel/status/1337355771764412417

17 Prof. Dr. Jörg Meuthen [@Joerg_Meuthen], »Guten Morgen Deutschland! Deutschland steht unmittelbar vor einer Katastrophe: Bleibt das Wachstum der #Corona-Infektionen unverändert, reichen die Beatmungskapazitäten wahrscheinlich schon in wenigen Wochen nicht mehr aus. Wir brauchen den sofortigen #Shutdown!«, Tweet, Twitter, 20. März 2020, https://twitter.com/Joerg_Meuthen/status/1240872446674288640

18 Alice Weidel [@Alice_Weidel], »Der #Corona #Lockdown wurde nicht nur viel zu spät beendet, sondern hätte in dieser Form nie geschehen dürfen, @jensspahn. Einer viel zu langsamen Reaktion folgte eine völlig panische, die Deutschland in ihren überzogenen Maßnahmen bis heute lähmt. #AfD #Bundestag«, Tweet, Twitter, 2. September 2020, https://twitter.com/Alice_Weidel/status/1301173357317103616

19 Thomas Laschyk, »Der heimliche Grund, warum dir Rechte Angst vor dem Corona-Virus machen wollen«, Volksverpetzer (blog), 27. Januar 2020, https://www.volksverpetzer.de/politik/rechte-panik-corona-virus/

20 https://www.duden.de/rechtschreibung/Fake_News

21 https://www.morgenpost.de/vermischtes/article233221549/michael-wendler-covid-19-telegram-corona-impfung-twitter.html

22 https://www.hna.de/kassel/wunderheiler-messe-kassels-image-leidet-4814000.html

23 Judith Möller und Michael Hameleers, »Different types of disinformation, its political consequences and treatment recommendations for media policy and practice«, Landesanstalt für Medien NRW WAS IST DESINFORMATION? Betrachtungen aus sechs wissenschaftlichen Perspektiven (6. März 2020), https://www.medienanstalt-nrw.de/fileadmin/user_upload/NeueWebsite_0120/Themen/Desinformation/WasIstDesinformation_Paper_LFMNRW.pdf

24 https://www.deutschlandfunk.de/soziale-medien-und-das-brexit-referendum-propaganda-luegen-100.html

25 World Meteorological Organization [@WMO], »We've Updated the WMO #heatwave Roundup with Some of the Extreme Temperatures Recorded Today. Eg Sicily/Italy Licata, 46.3 °C Riesi, 45.8 °C Spain Figueres (Catalonia), 45.3 °C Porqueres (Catalonia), 44.3 °C Granada (Andalucia), 43.3 °C Stay Tuned:«, Tweet, Twitter, 18. Juli 2023, https://twitter.com/WMO/status/1681350952329134101

26 https://www.rnd.de/wissen/experten-bestaetigen-juli-2023-war-weltweit-heissester-monat-seit-jahrtausenden-RPQLIY2A5ZBA5HMQYX7R3JF2CM.html

27 Andreas Bergholz, »Die 48 Grad Wahrheit: ESA-Wettervorhersage für Italien eingetroffen«, Volksverpetzer (blog), 20. Juli 2023, https://www.volksverpetzer.de/faktencheck/48-grad-esa-wettervorhersage-eingetroffen/

28 https://www.tagesschau.de/ausland/europa/europa-hitze-100.html

29 ORF at aloh, »CoV-›Querdenker‹: Gutes Geschäft mit Groll gegen Maßnahmen«, news.ORF.at, 28. November 2020, https://orf.at/stories/3191221/

30 https://www.sueddeutsche.de/politik/michael-ballweg-querdenker-festnahme-1.5611992

31 https://www.swr.de/swraktuell/baden-wuerttemberg/stuttgart/anklage-querdenken-ballweg-stuttgart-100.html

32 https://www.tagesschau.de/faktenfinder/sammelklage-corona-119.html

33 Frag lieber nicht. Guck hier: Volksverpetzer reagiert auf Querdenker Fuellmich, 2021, https://www.youtube.com/watch?v=IvxFNGgzIHo

34 Gordana Rammert, »Haus weg, Geld weg, Haftbefehl? Querdenker Fuellmich am Ende«, Volksverpetzer (blog), 9. August 2023, https://www.volksverpetzer.de/aktuelles/fuellmich-vertraute-packen-aus/

35 Thomas Laschyk, »Darum glauben so viele den Fake, dass Flüchtlinge 700€ Weihnachtsgeld bekommen«, Volksverpetzer (blog), 10. Oktober 2018, https://www.volksverpetzer.de/analyse/700e-weihnachtsgeld/

36 Möller und Hameleers, »Different types of disinformation, its political consequences and treatment recommendations for media policy and practice«

37 https://onlinelibrary.wiley.com/doi/full/10.1002/jts5.73

38 Nathan Walter u. a., »Fact-Checking: A Meta-Analysis of What Works and for Whom«, Political Communication 37, Nr. 3 (3. Mai 2020): 350–75, https://doi.org/10.1080/10584609.2019.1668894

39 Vgl. Janice M. Morse, »Cherry Picking: Writing From Thin Data«, Qualitative Health Research 20, Nr. 1 (1. Januar 2010): 3–3, https://doi.org/10.1177/1049732309354285

40 Möller und Hameleers, »Different types of disinformation, its political consequences and treatment recommendations for media policy and practice«

41 Wortgucker, »Wie wir dazu gebracht werden, uns über Flüchtlinge und Hartz-4-Empfänger aufzuregen«, Volksverpetzer (blog), 31. Januar 2018, https://www.volksverpetzer.de/hintergrund/framing-asyl-hartz4/

42 https://www.bpb.de/themen/migration-integration/zahlen-zu-asyl/265711/asylentscheidungen-und-klagen/

43 https://www.sueddeutsche.de/politik/asyl-fluechtlinge-klage-gericht-1.3918139

44 https://www.zeit.de/politik/deutschland/2018-01/bamf-klagen-asylbescheide-erfolg

45 https://www.welt.de/regionales/hamburg/article165346088/Asylklagen-bringen-Gerichte-kurz-vor-den-Kollaps.html

46 https://www.stiftung-mercator.de/de/publikationen/fuenf-jahre-medienberichterstattung-ueber-flucht-und-migration/

47 »PKS Bundeskriminalamt 2022«, Bundeskriminalamt, März 2022

48 Hestermann, »Wie Medien über Messerangriffe berichten«

49 https://www.duden.de/rechtschreibung/Narrativ_Erzaehlung

50 Jean-Francois Lyotard, Das postmoderne Wissen. Ein Bericht., Bd. Passagen, 7 (Wien: Passagen Forum, 2012)

51 Michael Müller und Petra Grimm, Narrative Medienforschung. Einführung in Methodik und Anwendung (Konstanz, München: UVK Verlagsgesellschaft, 2016)

52 Bundeszentrale für politische Bildung, »Was ist Z-Faschismus?«, bpb.de, 30. Oktober 2022, https://www.bpb.de/themen/deutschlandarchiv/513092/was-ist-z-faschismus/

53 Natascha Strobl, »Unkontrollierte Durchseuchung: Warum Faschisten bei Corona Menschen Opfern wollen«, Volksverpetzer (blog), 7. April 2020, https://www.volksverpetzer.de/analyse/corona-opfern-faschismus/

54 https://doi.org/10.1017/S0007123423000571

55 Tobias Wilke, »Offizielle(!) Zahl der Messer-Attacken halb so hoch wie die sog. ›Experten‹ – Volksverpetzer«, https://www.volksverpetzer.de/analyse/selbsternannte-messer-experten/

56 Sophie Scheingraber, »Sorry, CSU: wir brauchen keinen Atomstrom für den Winter!«, Volksverpetzer (blog), 28. September 2023, https://www.volksverpetzer.de/faktencheck/csu-kein-atomstrom-fuer-winter/

57 Malte Kreutzfeldt, »Deutsche Stromimporte: Günstiger und sauberer als heimische Kohle«, Berlin, Table, 26. September 2023, https://table.media/berlin/analyse/deutsche-stromimporte-guenstiger-und-sauberer-als-heimische-kohle/

58 Katharina Nocun und Pia Lamberty, Fake Facts. Wie Verschwörungstheorien unser Denken bestimmen. (Köln: Quadriga, 2020)

59 Nocun und Lamberty

60 https://www.rnd.de/politik/usa-2020-starben-so-viele-us-amerikaner-wie-noch-nie-in-einem-jahr-6SALXJ7ZI5AN6GDKOMVSRW2JGU.html

61 »Fainting after Vaccination | Vaccine Safety | CDC«, 25. August 2020, https://www.cdc.gov/vaccinesafety/concerns/fainting.html

62 »Conspiracy theorists made Tiffany Dover into an anti-vaccine icon. She's finally ready to talk about it.«, https://www.nbcnews.com/tech/misinformation/tiffany-dover-conspiracy-theorists-silence-rcna69401

63 »Efficacy and safety of COVID-19 vaccines - Graña, C - 2022 | Cochrane Library«, https://www.cochranelibrary.com/cdsr/doi/10.1002/14651858.CD015477/full

64 Nurse speaks out after being subject of anti-vaccine conspiracy theory, 2023, https://www.youtube.com/watch?v=TW5BttKUlZo

65 »Conspiracy theorists made Tiffany Dover into an anti-vaccine icon. She's finally ready to talk about it.«

66 https://www.rnd.de/panorama/corona-impfung-wie-eine-krankenschwester-opfer-von-impfgegnern-wurde-GKQUAOGLBBCSLGDSYKQDFEOQ2Y.html

67 »Tiffany Dover - Dario Musso | Il videoclip di Tiffany Dover di Dario Musso, quando le verità nascoste diventano canzone. Testo e canzone #DarioMusso Videoclip diretto da... | By Playmastermovie«, 19. April 2023, https://web.archive.org/web/20230419143947/https:/www.facebook.com/playmastermovie/videos/1459119671171987/

68 https://www.spiegel.de/sport/american-football/nfl-american-football-profi-damar-hamlin-nach-herzstillstand-zurueck-im-stadion-der-buffalo-bills-a-bb01b1df-8a56-49c5-b873-382ce9b111c2

69 https://www.buffalorumblings.com/2023/6/26/23772469/90-buffalo-bills-players-in-90-days-safety-damar-hamlin-2023

70 Nocun und Lamberty, Fake Facts. Wie Verschwörungstheorien unser Denken bestimmen

71 https://www.kas.de/de/web/extremismus/rechtsextremismus/was-verstehen-rechtsextremisten-unter-globalismus

72 https://www.zeit.de/gesellschaft/zeitgeschehen/2020-08/anti-corona-demonstration-berlin-coronaleugner-querdenken-711-rechtsextremismus-abstandsregel

73 Thomas Laschyk, »Faktencheck: Nur 17.000 - So lügen die Pandemie-Leugner über ihre Teilnehmerzahlen«, Volksverpetzer (blog), 2. August 2020, https://www.volksverpetzer.de/corona-faktencheck/teilnehmerzahlen-nur-17-000/

74 Thomas Laschyk, »Auch Sonnenstand WIDERLEGT 1,3 Millionen-Lüge: Denkfehler-Video zerlegt«, Volksverpetzer (blog), 6. August 2020, https://www.volksverpetzer.de/analyse/sonnenstand-fake/

75 https://www.spiegel.de/panorama/gesellschaft/techno-festival-besucherrekord-bei-loveparade-a-566881.html

76 Jay F. Rosenberg, Philosophieren: ein Handbuch für Anfänger, 25.–27. Tausend, Klostermann RoteReihe (Frankfurt am Main: Vittorio Klostermann, 2020)

77 https://www.belltower.news/identitaere-bewegung-wie-sich-die-rechtsextreme-jugendbewegung-neu-ausrichtet-127183/

78 https://www.volksverpetzer.de/analyse/steinmeier-ausladung/

79 https://www.dw.com/de/faktencheck-wie-sch%C3%A4dlich-f%C3%BCr-das-klima-ist-der-verzehr-von-fleisch-wirklich/a-63252828

80 http://www.dge.de/wissenschaft/fbdg/

81 https://www.bmel.de/SharedDocs/Downloads/DE/_Ernaehrung/ernaehrungsstrategie-eckpunktepapier.pdf?__blob=publicationFile&v=4

82 https://uebermedien.de/84877/wenn-aus-der-currywurst-eine-ente-gemacht-wird/

83 https://www.lebensmittelzeitung.net/politik/nachrichten/nachhaltigkeit-ernaehrungsstrategie-nimmt-form-an-171348

84 https://web.archive.org/web/20231104121854/https://www.bild.de/politik/inland/politik-inland/ernaehrungsverband-will-weniger-fleischkonsum-nur-noch-eine-currywurst-im-monat-84075944.bild.html

85 https://www.pnp.de/nachrichten/bayern/ministerpraesident-soeder-kaempft-gegen-fleischverbot-doch-das-gibt-es-gar-nicht-13982690

86 Werner Krause, Denis Cohen und Tarik Abou-Chadi, »Does Accommodation Work? Mainstream Party Strategies and the Success of Radical Right Parties«, Political Science Research and Methods 11, Nr. 1 (Januar 2023): 172–79, https://doi.org/10.1017/psrm.2022.8

87 https://www.heise.de/news/Das-Zeitalter-der-Paywalls-4696357.html

88 https://www.rightwingwatch.org/post/the-post-millennial-canadian-rage-bait-far-right-america/

89 https://www.ndr.de/nachrichten/info/58-Coronavirus-Update-Das-Gedaechtnis-der-Zellen,podcastcoronavirus246.html

90 »Drosten: Wir sind ›zu großen Teilen schon geschützt‹ – reitschuster.de«, https://web.archive.org/web/20230714035518/https://reitschuster.de/post/drosten-wir-sind-doch-zu-grossen-teilen-schon-geschuetzt/

91 »Virologe Drosten: Breite Immunität beendete Corona-Pandemie«, 21. April 2023, https://www.zdf.de/uri/358ae497-c3fe-4342-80ec-576218b9452c

92 Volksverpetzer Team, »Faktencheck: Warum der Blog Reitschuster.de keine seriöse Seite ist«, Volksverpetzer (blog), 18. April 2021, https://www.volksverpetzer.de/corona-faktencheck/reitschuster-faktencheck-unserioes/

93 https://www.zeit.de/2023/34/robert-habeck-ampel-regierung-klimapolitik/komplettansicht

94 »Trotz Wirtschaftskrise und Heiz-Debatte: Habeck hat ›null Bedauern‹ …«, archive.ph, 10. August 2023, https://archive.ph/xSnJr

95 Maksym Gabielkov u. a., »Social Clicks: What and Who Gets Read on Twitter?«, 2016, https://inria.hal.science/hal-01281190

96 Kevin Aslett u. a., »News credibility labels have limited average effects on news diet quality and fail to reduce misperceptions«, Science Advances 8, Nr. 18 (6. Mai 2022): eabl3844, https://doi.org/10.1126/sciadv.abl3844

97 https://www.deutschlandfunknova.de/beitrag/medien-und-macht-hundepfeifen-in-der-politik

98 https://www.amadeu-antonio-stiftung.de/wp-content/uploads/2021/11/210922_aas_broschuere-da-105x148_web_doppelseiten.pdf

99 Müller und Grimm, Narrative Medienforschung. Einführung in Methodik und Anwendung

100 Gerald Prince, A Grammar of Stories: An Introduction, De Proprietatibus Litterarum. Series Minor, 13 (De Gruyter Mouton, 1974)

101 Müller und Grimm, Narrative Medienforschung. Einführung in Methodik und Anwendung

102 Silke Jäger, »Storytelling – Das Gehirn will Geschichten, https://www.torial.com/silke.jaeger/portfolio/269974

103 Stefan Stieglitz und Linh Dang-Xuan, »Emotions and Information Diffusion in Social Media—Sentiment of Microblogs and Sharing Behavior«, Journal of Management Information Systems 29, Nr. 4 (April 2013): 217–48, https://doi.org/10.2753/MIS0742-1222290408

104 Allyssa McGabe und Carole Peterson, Developing Narrative Structure, Bd. 34, Language and Speech (London: Yale University, 1991), https://www.proquest.com/docview/1299121896

105 https://www.rnd.de/digital/algorithmen-wenn-maschinen-auf-social-media-plattformen-entscheiden-HIS5N3SXRVE3THWPVFILKIYSXE.html

106 »Facebook Is Changing News Feed (Again) to Stop Fake News | WIRED«, https://www.wired.com/story/facebook-click-gap-news-feed-changes/

107 Nahema Marchal u. a., »Junk News During the EU Parliamentary Elections: Lessons from a Seven-Language Study of Twitter and Facebook« (Oxford University, 21. Mai 2019), https://demtech.oii.ox.ac.uk/wp-content/uploads/sites/12/2019/05/EU-Data-Memo.pdf

108 »The spread of true and false news online | Science«, https://www.science.org/doi/10.1126/science.aap9559

109 »Valuable Virality - Ezgi Akpinar, Jonah Berger, 2017«, https://journals.sagepub.com/doi/10.1509/jmr.13.0350

110 »How Social Media Platforms Can Reduce Polarization«, Brookings, https://www.brookings.edu/articles/how-social-media-platforms-can-reduce-polarization/

111 »Is President Trump Good for Twitter's Bottom Line?«, NBC News, 9. Februar 2017, https://www.nbcnews.com/tech/social-media/president-donald-trump-good-twitter-s-bottom-line-n718896

112 https://www.zeit.de/gesellschaft/2021-11/frances-haugen-facebook-whistleblowerin-oeffentlichkeit-sicherheit-bedenken

113 https://futurezone.at/digital-life/dokumente-geleakt-kritik-an-facebook-gefaehrliche-inhalte-fake-news-whistleblower/401781926

114 https://uebermedien.de/44183/faktencheck-mit-haken-das-facebook-dilemma-von-correctiv/

115 Philip Kreißel, »Facebook versagt jämmerlich bei Faktenchecks: Fake-Schleudern lügen munter weiter«, Volksverpetzer (blog), 6. Juli 2020, https://www.volksverpetzer.de/social-media/fb-faktenchecks/

116 Bernard Pörksen, Die große Gereiztheit (München: Goldmann, 2021)

117 https://counterhate.com/research/the-toxic-ten/

118 »Ivermectin: Impfgegner vergiften sich mit Tier-Entwurmer, statt Impfung zu nehmen – Österreich – Volksverpetzer«, https://www.volksverpetzer.de/aktuelles/ivermectin-impfgegner-oesterreich/

119 Voltaire hat nur etwas Sinngemäßes gesagt, hier der Faktencheck: »Voltaire-Zitat wird genutzt, um Stimmung gegen Covid-19-Impfstoffe zu machen«, correctiv.org (blog), 5. Januar 2022, https://correctiv.org/faktencheck/2022/01/05/voltaire-zitat-wird-genutzt-um-stimmung-gegen-covid-19-impfstoffe-zu-machen/?lang=de

120 https://www.berliner-zeitung.de/mensch-metropole/13-jaehrige-lisa-aus-marzahn-von-der-vergewaltigungsluege-zum-diplomatischen-gewitter-li.6848

121 https://www.stern.de/politik/ausland/lisa-f----russland-wirft-der-deutschen-polizei-vertuschung-von-vergewaltigung-vor-6666758.html

122 https://www.dw.com/de/der-fall-lisa-ein-jahr-danach-war-da-was/a-37079923

123 Amanda Bennett und Council Academies, Fault Lines: Expert Panel on the Socioeconomic Impacts of Science and Health Misinformation, 2023

124 Peter Stützle, »Deutscher Bundestag – Bundestag beschließt Gesetz gegen strafbare Inhalte im Internet«, https://www.bundestag.de/dokumente/textarchiv/2017/kw26-de-netzwerkdurchsetzungsgesetz-513398

125 https://www.deutschlandfunk.de/fake-news-in-frankreich-per-gesetz-gegen-falschnachrichten-100.html

126 https://www.tagesspiegel.de/gesellschaft/medien/eu-einigt-sich-auf-digital-gesetz-gegen-hass-und-hetze-4324543.html

127 https://background.tagesspiegel.de/digitalisierung/netzdg-verstoesst-laut-gericht-gegen-das-europarecht

128 »Twitter Insiders: We Can't Protect Users from Trolling under Musk«, BBC News, 5. März 2023, Abschn. Technology, https://www.bbc.com/news/technology-64804007

129 Shirin Ghaffary, »Elon Musk Won't Stop Tweeting His Way into Trouble«, Vox, 20. Mai 2023, https://www.vox.com/technology/2023/5/20/23730607/elon-musk-conspiracy-twitter-texas-shooting-bellingcat-taylor-lorenz-psyops

130 Philip Kreißel, »Die blauen Haken: Mörder, Kriegsverbrecher, Nazis: Auch solche Leute zahlen für Twitter Blue«, Volksverpetzer (blog), 22. April 2023, https://www.volksverpetzer.de/aktuelles/moerder-kriegsverbrecher-nazis-blauen-haken/

131 »100 Jewish Leaders Call out Elon Musk for Antisemitism on X, Formerly Twitter: ‚We Have Watched in Horror' – CBS News«, https://www.cbsnews.com/news/elon-musk-antisemitism-on-x-twitter-jewish-leaders/

132 https://www.heise.de/news/Antisemitismus-bei-X-Twitter-Hollywood-Studios-verstummen-immer-mehr-Abschiede-9541693.html

133 https://www.tagesspiegel.de/politik/verletzte-moderationspflichten-der-plattform-so-versagt-die-staatliche-aufsicht-bei-twitter-9463859.html

134 SWR Aktuell, »BW-Antisemitismusbeauftragter Michael Blume klagt vor dem Landgericht Frankfurt gegen Twitter«, swr.online, 25. November 2022, https://www.swr.de/swraktuell/baden-wuerttemberg/landgericht-frankfurt-michael-blume-klagt-gegen-twitter-100.html

135 SWR, »Erfolg vor Twitter muss Verleumdungen löschen: Gericht für BW-Antisemitismusbeauftragten Blume«, swr.online, 14. Dezember 2022, https://www.swr.de/swraktuell/baden-wuerttemberg/gerichtsverfahren-gegen-twitter-wegen-verleumdung-100.html

136 https://www.amnesty.de/informieren/amnesty-journal/deutschland-hassrede-hate-speech-social-media-twitter-urteil-chan-jo-jun-interview

137 »Hass und Hetze im Netz«

138 »Information Disorder: Toward an Interdisciplinary Framework for Research and Policy Making«, Council of Europe Publishing, zugegriffen 19. Oktober 2023, https://edoc.coe.int/en/media/7495-information-disorder-toward-an-interdisciplinary-framework-for-research-and-policy-making.html

139 Übermedien, »Entscheidet jetzt die EU, was Desinformation ist?«, Übermedien, 19. Oktober 2023, https://uebermedien.de/89068/entscheidet-jetzt-die-eu-was-desinformation-ist/

140 https://www.brodnig.org/2023/07/05/fake-news-gesetzlich-verbieten-wieso-das-umstritten-ist/

141 École de journalisme de Sciences Po, »How the French law fails to protect users from hate speech and misinformation on TikTok«, Présidentielle 2022 – French Election 2022 (blog), 20. April 2022, https://sciencespoedj2022.fr/2022/04/20/how-the-french-law-fails-to-protect-users-from-hate-speech-and-misinformation-on-tiktok%ef%bf%bc/

142 https://www.mdr.de/altpapier/das-altpapier-3366.html

143 Nicole Diekmann [@nicolediekmann], »Leute, die es unverschämt (!) finden, dass Journalisten AfD-Chef Tino Chrupalla in einer Pressekonferenz kritische Fragen stellen – was haben die eigentlich für ein Verständnis von Presse? Nächstes Mal erkundigen wir uns nach seinem Beautygeheimnis? Empfehlen ihm Ärzte? Oder was?«, Tweet, Twitter, 15. Oktober 2023, https://twitter.com/nicolediekmann/status/1713456188749156651

144 Rüdiger Jungbluth, »Mit keiner Sache gemein? Die Wahrheit über das Hanns-Joachim-Friedrichs-Zitat«, Übermedien, 2. November 2021, https://uebermedien.de/64851/mit-keiner-sache-gemein-die-wahrheit-ueber-das-hanns-joachim-friedrichs-zitat/

145 https://www.mdr.de/nachrichten/deutschland/panorama/corona-impfung-wirkung-kritik-ungeimpfte-100.html

146 Dirk Brockmann, »Die Pandemie wird durch fehlenden Impfschutz getrieben: Was ist zu tun?«, Dirk Brockmann – Research on Complex Systems, 25. November 2021, https://rocs.hu-berlin.de/publication/maier-2021-pandemie/

147 Frederik Mallon, »MDR veröffentlicht ›Querdenker‹-Fake News über Impfungen«, Volksverpetzer (blog), 1. Dezember 2022, https://www.volksverpetzer.de/faktencheck/mdr-querdenken-fake-news/

148 »Impfdurchbrüche: Ungeimpfte 9-mal häufiger auf Intensivstation als Geimpfte – Volksverpetzer«, https://www.volksverpetzer.de/analyse/impfdurchbrueche-haeufiger-intensivstation/

149 https://www.rnd.de/politik/warum-bjorn-hocke-als-faschist-bezeichnet-werden-darf-T3X3A4NZFZHYPHUSFWNEPO6FPQ.html

150 Thomas Laschyk, »25 krasse Zitate, die zeigen, dass Höcke ein waschechter Faschist ist«, Volksverpetzer (blog), 3. Juli 2023, https://www.volksverpetzer.de/analyse/25-krasse-hoecke-zitate/

151 https://www.rnd.de/politik/bjoern-hoecke-im-mdr-sommerinterview-erschreckende-aussagen-ueber-kinder-mit-behinderungen-RECDI7PAEVA3FDX4V6IVMBKYTU.html

152 https://www.rnd.de/politik/afd-mann-hocke-bricht-zdf-interview-ab-mit-einer-drohung-IOT6VEQECJF7NM7CZIP5FOYX5E.html

153 Andreas Fischer-Lescano und Georg Restle, »Kein Anspruch auf Sendezeit: Warum die Rundfunkfreiheit kein Einlassticket für rechte Parteien ist«, Verfassungsblog, 9. Juni 2021, https://doi.org/10.17176/20210610-003934-0.

154 https://www.bundesverfassungsgericht.de/SharedDocs/Entscheidungen/DE/2007/09/rs20070911_1bvr227005.html

155 Katharina Schipkowski, »Polizeiberichte über Leipzig-Connewitz: Die Bösen sind immer die Linken«, Die Tageszeitung: taz, 7. Januar 2020, Abschn. Politik, https://taz.de/!5650504/

156 Andrej Reisin, »I predict a riot«, Übermedien, 4. Januar 2023, https://uebermedien.de/80538/mediale-silvester-randale-i-predict-a-riot/

157 https://www.dw.com/de/verletzte-bei-silvester-randale-in-leipzig/a-51852870

158 https://www.djv.de/startseite/profil/der-djv/pressebereich-download/pressemitteilungen/detail/news-polizeiberichte-kritisch-hinterfragen

159 https://www.freitag.de/autoren/sebastian-friedrich/silvester-der-krawall-dieser-einen-nacht-des-jahres

160 »PKS Bundeskriminalamt 2022«

161 https://www.faz.net/aktuell/gesellschaft/kriminalitaet/berliner-silvesternacht-videos-zeigen-aggression-gegen-polizisten-15970925.html

162 https://www.tagesschau.de/inland/silvester-deutschland-103.html

163 https://www.spiegel.de/panorama/silvester-polizei-meldet-ausschreitungen-in-leipzig-und-dresden-a-685409e9-d65c-4dab-9bf3-ea9253bae8a6

164 https://www.swr.de/swraktuell/baden-wuerttemberg/stuttgart/silvesternacht-in-baden-wuerttemberg-100.html

165 https://www.zeit.de/gesellschaft/zeitgeschehen/2023-01/silvester-einsatzkraefte-angriffe-feuerwerk-verbot/komplettansicht

166 Bargel, Musharbash und Steffen

167 Reisin, »I predict a riot«

168 https://de.statista.com/statistik/daten/studie/197/umfrage/straftaten-in-deutschland-seit-1997/

169 https://www.berliner-zeitung.de/news/dunkle-haut-cdu-innenexperte-sorgt-mit-tweet-ueber-silvester-fuer-empoerung-li.303446

170 Bargel, Musharbash und Steffen

171 https://www.tagesspiegel.de/berlin/neue-zahlen-zu-berliner-silvester-krawallen-nur-38-festgenommene-wegen-boller-attacken--mehrheitlich-deutsche-9147513.html

172 »Die Bevölkerungstruktur Neuköllns«, 21. Oktober 2021, https://www.berlin.de/ba-neukoelln/politik-und-verwaltung/beauftragte/integration/artikel.125023.php

173 Reisin, »I predict a riot«

174 Dorothée Krämer, »Video aus Hongkong 2019: Das ist nicht Silvester in Berlin«, Volksverpetzer (blog), 4. Januar 2023, https://www.volksverpetzer.de/faktencheck/video-aus-hongkong-2019-das-ist-nicht-silvester-in-berlin/

175 https://www.tagesschau.de/faktenfinder/pks-kriminalitaet-zuwanderung-101.html

176 Dietrich Oberwittler und Dr Susanne Karstedt, Soziologie der Kriminalität (Springer-Verlag, 2004)

177 Johannes Giesecke u. a., »Armutsgefährdung bei Personen mit Migrationshintergrund — Vertiefende Analysen auf Basis von SOEP und Mikrozensus«, DIW Berlin, SOEPpapers on Multidisciplinary Panel Data Research, 2017

178 Rauf Ceylan und Michael Kiefer, »Ursachen der Silvesterkrawalle - Die sozialräumlichen Hintergründe von Straßengewalt«, Konrad Adenauer Stiftung, Analysen und Argumente, März 2023

179 https://www.tagesschau.de/inland/innenpolitik/fluechtlingsunterkuenfte-anschlaege-103.html

180 https://taz.de/Drohbriefe-vom-NSU-20/!5949467/

181 https://www.nrz.de/region/niederrhein/rassismus-an-schulen-woher-der-hass-in-klassenchats-kommt-id240592168.html

182 Thomas Laschyk, »AfD-Alltag: ›Hirnlose Nachgeburt‹, ›Alte Drecksmade‹, ›Wixxer abknallen!‹«, Volksverpetzer (blog), 29. August 2023, https://www.volksverpetzer.de/aktuelles/afd-alltag-hirnlose-nachgeburt-alte-drecksmade-wixxer-abknallen/

183 Bundeszentrale für politische Bildung, »Nachrichtenwert-Theorie«, bpb.de, https://www.bpb.de/themen/kriege-konflikte/dossier-kriege-konflikte/504312/nachrichtenwert-theorie/

184 https://www.zeit.de/gesellschaft/zeitgeschehen/2023-05/pressefreiheit-journalisten-angriffe-reporter-ohne-grenzen

185 Why Noam Chomsky is garbage, 2021, https://www.youtube.com/watch?v=VCcX_xTLDIY

186 »Wie viel Meinungsfreiheit?«, Neue Zürcher Zeitung, 17. September 2010, https://www.nzz.ch/wie_viel_meinungsfreiheit-ld.1000744

187 Alexey Kovalev, »For ›Peace Activists‹, War Is About America, Never Russia«, Foreign Policy (blog), 22. Dezember 2022, https://foreignpolicy.com/2022/12/22/russia-ukraine-war-left-progressives-peace-activists-chomsky-negotiations-diplomatic-solution/

188 https://www.e-flux.com/notes/470005/open-letter-to-noam-chomsky-and-other-like-minded-intellectuals-on-the-russia-ukraine-war

189 Edward S. Herman und Noam Chomsky, Manufacturing consent: the political economy of the mass media (New York: Pantheon Books, 2002)

190 Von Horst Röper, »Zeitungsmarkt 2022: weniger Wettbewerb bei steigender Konzentration«, o. J.

191 https://www.presseplus.de/blog/groesste-verlage-in-deutschland-fuer-zeitschriften-die-erfolgreichsten-medienhaeuser/

192 https://www.sueddeutsche.de/medien/journalismus-wenn-milliardaere-zeitungen-kaufen-1.4139487

193 https://www.deutschlandfunk.de/fuenf-jahre-nach-dem-kauf-amazon-gruender-fuehrt-washington-100.html

194 https://www.zeit.de/wirtschaft/2019-09/berliner-verlag-zeitung-unternehmer-friedrich-privateigentuemer

195 https://www.braunschweiger-zeitung.de/mitreden/antworten/article233326123/Diese-Familie-steckt-hinter-der-FUNKE-Mediengruppe.html

196 https://www.bertelsmann.de/unternehmen/aktionaere/

197 https://www.abendblatt.de/hamburg/kommunales/article107893221/Bauer-Verlag-Yvonne-Bauer-ist-die-neue-Verlegerin.html

198 »Axel Springer SE – Aktionärsstruktur«, Statista, https://de.statista.com/statistik/daten/studie/411232/umfrage/aktionaersstruktur-der-axel-springer-se/

199 https://www.newsroom.de/news/aktuelle-meldungen/vermischtes-3/die-reichsten-deutschen-verleger-2022-942209/

200 Daniel Krcmaric, Stephen C. Nelson und Andrew Roberts, »Billionaire Politicians: A Global Perspective«, Perspectives on Politics, 25. Oktober 2023, 1–15, https://doi.org/10.1017/S1537592723002761

201 Caspar Busse, »Warum Verleger Dirk Ippen Enthüllungen verhinderte«, Süddeutsche.de, 19. Oktober 2021, https://www.sueddeutsche.de/medien/springer-dirk-ippen-julian-reichelt-ippen-investigativ-1.5444106

202 Rainer Geißler, Kristina Enders und Verena Reuter, »Wenig ethnische Diversität in deutschen Zeitungsredaktionen«, in: Massenmedien und die Integration ethnischer Minderheiten in Deutschland, hg. von Rainer Geißler und Horst Pöttker (transcript Verlag, 2009), 79–118, https://doi.org/10.1515/9783839410271-003

203 Geißler, Enders und Reuter

204 Herman und Chomsky, Manufacturing consent

205 https://www.tagesspiegel.de/politik/roland-tichy-scheitert-mit-erneuter-klage-gegen-claudia-roth-5723551.html

206 https://www.turi2.de/aktuell/tichys-einblick-und-achse-des-guten-beklagen-anzeigenboykott/

207 https://www.welt.de/politik/deutschland/article221381670/Coronavirus-Intensivmediziner-warnen-Das-haben-wir-noch-nie-erlebt.html

208 https://web.archive.org/web/20210309175615/https://www.divi.de/divi-intensivregister-tagesreport-archiv/viewdocument/5508/divi-intensivregister-tagesreport-2021-03-04

209 https://www.br.de/nachrichten/wissen/corona-auf-intensivstationen-wenn-zahlen-nicht-alles-verraten,SUl57fT

210 https://web.archive.org/web/20210615172734/https://www.welt.de/debatte/kommentare/plus231138847/Auslastung-der-Intensivstationen-Immer-schoen-bei-der-Wahrheit-bleiben.html

211 Thomas Laschyk, »›Irreführende Vorwürfe‹: WELT verbreitet Fakes über DIVI-Auslastung – Intensivmediziner entsetzt«, Volksverpetzer (blog), 17. Mai 2021, https://www.volksverpetzer.de/aktuelles/welt-fakes-divi-intensivbetten/

212 https://www.lifepr.de/inaktiv/deutsche-krankenhausgesellschaft-ev/Gemeinsame-Erklaerung-von-DIVI-Marburger-Bund-und-DKG-Intensivstationen-haben-grossartige-Arbeit-geleistet/boxid/848207

213 https://www.mdr.de/altpapier/das-altpapier-2146.html

214 https://medieninsider.com/weltgate-welt-schafft-mit-umstrittener-berichterstattung-conversion-rekord/5060/

215 https://www.bjv.de/news/freie-journalisten-unverzichtbar-aber-unterbezahlt

216 https://reutersinstitute.politics.ox.ac.uk/digital-news-report/2023

217 Steffen Grimberg, »Stellenabbau bei Gruner +Jahr: Kabale und Magazine«, Die Tageszeitung: taz, 10. Februar 2023, https://taz.de/!5912359/

218 Shoko Bethke, »Wenn Journalist:innen streiken: Bundesweit die Nachrichten kappen«, Die Tageszeitung: taz, 27. März 2023, https://taz.de/!5921844/

219 https://www.dailymail.co.uk/news/article-11211739/Queens-funeral-set-worlds-watched-broadcast-time-4-1BILLION-viewers.html

220 https://www.rnd.de/panorama/haelfte-der-weltbevoelkerung-koennte-queen-beisetzung-verfolgen-RXMNCXL7R7MB2EHRKDLCMHU4EQ.html

221 https://www.deutschlandfunk.de/wie-die-queen-die-medien-gepraegt-hat-100.html

222 https://uebermedien.de/76932/41-milliarden-zuschauer-oder-halt-irgendeine-andere-ausgedachte-zahl/

223 Peter Weissenburger, »Kommentar Kritik an dpa-Meldung: Vertrauen gibt es nicht umsonst«, Die Tageszeitung: taz, 19. Dezember 2016, https://taz.de/!5365017/.

224 https://www.bmwk.de/Redaktion/DE/Downloads/Gesetz/entwurf-geg.html

225 https://www.augsburger-allgemeine.de/politik/heizungsgesetz-habeck-plant-befreiung-von-waermepumpe-bei-ausbau-der-fernwaerme-id66787581.html

226 Thomas Laschyk, »Heizungsgesetz: Nein, Medien, ›Ausnahme‹ stand die ganze Zeit schon drin!«, Volksverpetzer (blog), 12. Juni 2023, https://www.volksverpetzer.de/faktencheck/heizungsgesetz-ausnahme-ganze-zeit-drin/

227 Herman und Chomsky, Manufacturing consent

228 Tobias Wilke, »Rassistische Polizeikontrollen nur einzelne Ausrutscher? Nein, ›Racial Profiling‹ ist der Marschbefehl!«, Volksverpetzer (blog), 11. Juni 2020, https://www.volksverpetzer.de/analyse/racial-profiling-polizeikontrolle/

229 https://www.zeit.de/gesellschaft/zeitgeschehen/2017-01/polizist-opfer-gewalt-fischer-im-recht

230 Tobias Wilke, »BKA-Statistik macht gewalttätige Beamte zu Opfern & ihre Opfer zu Tätern«, Volksverpetzer (blog), 9. Oktober 2021, https://www.volksverpetzer.de/analyse/bka-polizei-opfer-fake/

231 »PKS Bundeskriminalamt 2022«

232 Bundespolizei Mitteldeutschland [@bpol_pir], »#Görlitz Kontrolle eines 37j Polen. Wie sich heraustellte, hatte die Ausländerbehörde dem Mann u.a. wegen Raubes das Recht auf Freizügigkeit als EU- Bürger für Deutschland aberkannt. Zusätzlich hatte er zwei offene Haftbefehle. Anzeigen und Einlieferung JVA«, Tweet, Twitter, 2. Juni 2022, https://twitter.com/bpol_pir/status/1532297296511127553

233 Tobias Wilke, »Bei Zuwanderern verzählt, bei Kriminalität verrechnet: Nicht nur Rechte stolpern über BKA-Statistik«, Volksverpetzer (blog), 4. August 2019, https://www.volksverpetzer.de/analyse/zuwanderer-grafik/.

234 https://www.bka.de/SharedDocs/Downloads/DE/Publikationen/JahresberichteUndLagebilder/GewaltGegenPVB/GewaltGegenPVBBundeslagebild2021.html?nn=60092

235 »Polizeiberichte kritisch hinterfragen«

236 http://www.verfassungsschutz.de/DE/service/publikationen/publikationen_node.html

237 Herman und Chomsky, Manufacturing consent

238 https://www.zeit.de/politik/deutschland/2018-07/overtone-fenster-diskussionen-debatten-diskurse-radikal

239 https://www.faz.net/aktuell/politik/inland/afd-chefin-frauke-petry-fodert-schiessbefehl-an-grenze-14044672.html

240 https://www.tagesspiegel.de/politik/fischen-am-rechten-rand-kritik-an-spahn-fur-forderungen-nach-gewalt-gegen-migranten-10679719.html

241 Joachim Wagner, »Die AfD und der Rechtsstaat: Von wegen Law and Order«, Die Tageszeitung: taz, 24. Oktober 2023, https://taz.de/!5960088/

242 Andreas Bergholz, »Veranstalter der Berlin-Demos: Ist ›Querdenken‹ verfassungsfeindlich?«, Volksverpetzer (blog), 4. September 2020, https://www.volksverpetzer.de/aufklarer/querdenken-verfassungsfeindlich/

243 »Lebensmittelbezogene Ernährungsempfehlungen der DGE (FBDG) – Überarbeitung und Weiterentwicklung«

244 Rücker, »Wenn aus der Currywurst eine Ente gemacht wird«

245 https://correctiv.org/faktencheck/2023/07/27/doch-im-landwirtschaftsministerium-darf-noch-fleisch-gegessen-werden/

246 »Aufregung um CDU-Politikerin: Ministerin nimmt an Veggie-Tag teil – und muss sich rechtfertigen«, www.t-online.de, 17. Mai 2023, https://www.t-online.de/-/100177642

247 https://uebermedien.de/44946/eklatante-verletzung-der-rundfunkfreiheit-wdr-redakteure-kritisieren-buhrow/

248 https://rp-online.de/nrw/panorama/koeln-wdr-umweltsau-lied-strafen-fuer-protestaktion-auf-funkhaus-dach_aid-54869419

249 https://www.spiegel.de/politik/deutschland/fall-claas-relotius-der-schock-und-seine-folgen-fuer-den-deutschen-journalismus-a-58e62e29-131d-4d2d-84af-6e8178791888

250 https://www.nzz.ch/feuilleton/holger-friedrich-wie-putin-freundlich-ist-die-berliner-zeitung-ld.1738285

251 Steffen Grimberg, »Holger Friedrich in russischer Botschaft: Enteignet die Putin-Versteher!«, Die Tageszeitung: taz, 11. Mai 2023, https://taz.de/!5933975/

252 Jan-Henrik Gerdener, »Musterbeispiel ›False Balancing‹: Wie die Berliner Zeitung faktenwidrige Behauptungen pushte«, Volksverpetzer (blog), 6. April 2023, https://www.volksverpetzer.de/aktuelles/berliner-zeitung-false-balancing/

253 https://www.faz.net/aktuell/feuilleton/medien/holger-friedrich-ist-ein-unwuerdiger-verleger-18890002.html

254 https://www.tagesspiegel.de/gesellschaft/medien/holger-friedrich-und-der-leserbrief-von-diether-dehm-wie-sich-die-berliner-zeitung-einem-querdenker-anbiedert-10659187.html

255 »Telegram-Analyse zum Ukraine-Krieg: RT DE dominant im verschwörungsideologischen Milieu«, CeMAS, https://cemas.io/blog/telegram-rt-ukraine/

256 https://www.welt.de/politik/deutschland/plus231223231/Intensivstationen-Wie-berechtigt-sind-Zweifel-am-Schrappe-Papier.html

257 https://www.tagesspiegel.de/wissen/grossteil-der-corona-toten-stirbt-offenbar-tatsachlich-an-covid-19-4734778.html

258 https://dgk.org/pressemitteilungen/2021-jahrestagung-pressemitteilungen/2021-jt-statements/2021-jt-statements-tag1/schwere-covid-19-faelle-auf-der-intensivstation/

259 Luis Ortega-Paz u. a., »One-Year Cardiovascular Outcomes after Coronavirus Disease 2019: The Cardiovascular COVID-19 Registry«, PLOS ONE 17, Nr. 12 (30. Dezember 2022): e0279333, https://doi.org/10.1371/journal.pone.0279333

260 Ziyad Al-Aly, Benjamin Bowe und Yan Xie, »Long COVID after Breakthrough SARS-CoV-2 Infection«, Nature Medicine 28, Nr. 7 (Juli 2022): 1461–67, https://doi.org/10.1038/s41591-022-01840-0

261 https://web.archive.org/web/20210910234753/https://www.welt.de/politik/deutschland/plus233426581/Seit-Juli-2021-Corona-bei-80-Prozent-der-offiziellen-Covid-Toten-wohl-nicht-Todesursache.html

262 Thomas Laschyk, »Der ›80%-Corona-Tote‹-Fake: Häussler distanziert sich von ›falscher‹ WELT-Schlagzeile«, Volksverpetzer (blog), 31. August 2021, https://www.volksverpetzer.de/aktuelles/fake-haeussler-distanziert-welt/

263 BKK Dachverband e.V. [@BKKDV], »Stellungnahme zur Veröffentlichung der @BKKProVita zu vermeintlichen #Impfreaktionen: Wir teilen mit, dass die Daten nicht wie gemeldet vom BKK Dachverband stammen. Inhaltlich nehmen wir dazu keine Stellung.«, Tweet, Twitter, 24. Februar 2022, https://twitter.com/BKKDV/status/1496804973417488384

264 https://web.archive.org/web/20220223204036/https://www.welt.de/politik/deutschland/plus237106177/Coronavirus-Mehr-Impf-Nebenwirkungen-als-bisher-bekannt.html.

265 BKK ProVita [@BKKProVita], »Auf seiner heutigen Sitzung hat d. Verwaltungsrat d. BKK ProVita beschlossen, sich mit sofortiger Wirkung vom bisherigen Vorstand Andreas Schöfbeck zu trennen. Die Führung der BKK ProVita geht nahtlos in die Hände von Walter Redl über, Schöfbecks langjährigem Stellvertreter. 1/2«, Tweet, Twitter, 1. März 2022, https://twitter.com/BKKProVita/status/1498708471990001670.

266 Volksverpetzer Team, »WELT täuscht über Fakten zum PCR-Test - bekommt Applaus von Rechtsextremen & Querdenkern«, Volksverpetzer (blog), 16. April 2021, https://www.volksverpetzer.de/aktuelles/welt-pcr-test/

267 https://www.science.org/content/article/how-pandemic-made-virologist-unlikely-cult-figure

268 https://bildblog.de/121365/wie-die-bild-redaktion-mit-schmutzigen-tricks-versucht-christian-drosten-zu-zerlegen/

269 https://www.deutschlandfunk.de/bild-anfrage-an-drosten-ein-stunden-frist-ist-100.html

270 Thomas Laschyk, »Keiner nimmt sie ernst: BILD-Hetze gegen Drosten geht nach hinten los«, Volksverpetzer (blog), 26. Mai 2020, https://www.volksverpetzer.de/medien/bild-drosten/

271 https://web.archive.org/web/20210525120631/https://www.bild.de/politik/inland/politik-inland/nach-riesen-debatte-2020-um-schulschliessungen-drosten-studie-noch-immer-nicht-v-76508632.bild.html

272 Terry C. Jones u. a., »Estimating infectiousness throughout SARS-CoV-2 infection course«, Science 373, Nr. 6551 (9. Juli 2021): eabi5273, https://doi.org/10.1126/science.abi5273

273 https://www.zeit.de/wissen/2020-04/corona-krise-christian-drosten-morddrohungen

274 https://www.handelsblatt.com/politik/deutschland/nature-umfrage-beschimpft-bedroht-koerperlich-attackiert-wissenschaftler-wurden-in-der-pandemie-zur-zielscheibe/27704930.html

275 https://www.zeit.de/gesellschaft/zeitgeschehen/2020-09/christian-drosten-deutscher-presserat-corona-studie-berichterstattung-bild-zeitung

276 https://web.archive.org/web/20210223044056/https://www.welt.de/debatte/kommentare/plus224647521/Corona-Massnahmen-Fuer-manche-nur-das-Vorspiel-zum-Systemwechsel.html

277 »Ulf Poschardt auf Twitter: ‚gleich kommt ein exzellenter, scharfer kommentar von boris palmer, @Die_Gruenen, zu den neuen ziemlich absurden lockdown-massnahmen @welt #vorfreude‘«, zugegriffen 26. Oktober 2023, https://web.archive.org/web/20210106131547/https://twitter.com/ulfposh/status/1346807565624221696

278 »Ulf Poschardt Twitterissä: ›Wäre die Politik den Panikfreunden gefolgt in Richtung No-Covid-Lockdown, die Bilder aus dem bürgerlichen Hamburg wären wohl überall zu bestaunen gewesen. Die Polizei im Einsatz gegen soziale Regungen und menschliche Selbstverständlichkeiten. https://t.co/KSOFFeSTbf via @welt‹«, zugegriffen 26. Oktober 2023, https://web.archive.org/web/20210226205434/https://twitter.com/ulfposh/status/1365404835026259973

279 »Ulf Poschardt on Twitter: ›freiheit! https://t.co/yZHsJCaKF0 via @welt‹«, 29. März 2021, https://web.archive.org/web/20210329111041/https://twitter.com/ulfposh/status/1376491907606544389

280 https://uebermedien.de/57337/welt-redakteur-bedauert-extrem-zugespitzte-formulierung-ueber-drosten/

281 NDR, »(58) Coronavirus-Update«

282 https://uebermedien.de/48856/von-welt-experten-und-wirklichen-fachleuten/

283 »Ulf Poschardt on Twitter: ›Die Metaphorik der Virenbekämpfung wird immer archaischer. https://t.co/uG1qIFuKQa via @welt‹«, 31. März 2021, https://web.archive.org/web/20210331065404/https://twitter.com/ulfposh/status/1377152051738669056

284 Christian Drosten [@c_drosten], »Die Verkürzung durch die Medien wird immer archaischer. Sie sollten mal zum Äußersten schreiten und die Quelle konsultieren, bevor Sie sich hier in dieser Art über mich verbreiten.«, Tweet, Twitter, 1. April 2021, https://twitter.com/c_drosten/status/1377524401919422465

285 Christian Drosten [@c_drosten], »Zu den klassischen Strategien der #Wissenschaftsleugnung (#PLURV) gehört auch die Strohmann-Argumentation: die Aussage eines abwesenden Wissenschaftlers wird zur Extremposition verzerrt, damit man seine eigene #Wissenschaftsleugnung als Stimme der Vernunft präsentieren kann.«, Tweet, Twitter, 1. April 2021, https://twitter.com/c_drosten/status/1377527531918782465

286 Christian Drosten [@c_drosten], »@OlafGersemann @Volksverpetzer Dort, wo ich es mit eigenem Hintergrundwissen beurteilen kann, hat der @Volksverpetzer noch nie die Zusammenhänge verändert oder ein Weltbild produziert. Ich denke dass seine Popularität vollkommen berechtigt ist. Ich sehe auch keinerlei Zusammenhang mit politischen Lagern.«, Tweet, Twitter, 21. Mai 2021, https://twitter.com/c_drosten/status/1395663187618455553

287 Thomas Laschyk, »Wie die WELT versehentlich Volksverpetzer an die Spitze der Twitter-Trends katapultierte«, Volksverpetzer (blog), 23. Mai 2021, https://www.volksverpetzer.de/aktuelles/welt-volksverpetzer-drosten/

288 »Zentrum Liberale Moderne: Wenn politischer Aktivismus staatlich subventioniert wird – WELT«, DIE WELT, 2. Februar 2023, https://web.archive.org/web/20230325194339/https://www.volksverpetzer.de/aktuelles/die-welt-hat-angst-vor-faktencheckern/

289 »Wissenschaftsrat – Pressemitteilungen – Allianz der Wissenschaftsorganisationen: Aufruf zu mehr Sachlichkeit in Krisensituationen«, 24. März 2022, https://web.archive.org/web/20220324140506/https://www.wissenschaftsrat.de/SharedDocs/Pressemitteilungen/DE/PM_2021/PM_Allianz_zur_BILD-Zeitung.html

290 »Wissenschaftsrat – Pressemitteilungen – Allianz der Wissenschaftsorganisationen«

291 »Ein Jahr Corona in ›Bild‹ – BILDblog«, 11. Mai 2021, https://bildblog.de/128137/ein-jahr-corona-in-bild/

292 »Two Years of U.S. COVID-19 Vaccines Have Prevented Millions of Hospitalizations and Deaths«, 13. Dezember 2022, https://doi.org/10.26099/whsf-fp90

293 https://kress.de/news/beitrag/141911-welt-herausgeber-stefan-aust-ich-begebe-mich-nicht-in-afd-naehe.html

294 »WELT-Herausgeber zerstört versehentlich E-Fuels beim Verbreiten eines Klima-Fakes – Volksverpetzer«, zugegriffen 26. Oktober 2023, https://www.volksverpetzer.de/aktuelles/welt-e-fuels-klima-fakes/

295 https://www.welt.de/debatte/kommentare/article13466483/Die-CO2-Theorie-ist-nur-geniale-Propaganda.html

296 https://www.schwaebische.de/politik/cdu-politiker-erwin-rueddel-kein-fass-ol-und-keine-tonne-kohle-wird-ungenutzt-bleiben-1754521

297 Volksverpetzer Team, »WELT lässt Klimakrise-Leugner Fake News unwidersprochen verbreiten – Faktencheck«, Volksverpetzer (blog), 20. Juni 2022, https://www.volksverpetzer.de/analyse/welt-klimakrise-leugner/

298 Marvin Schade, »Wissenslücke bei der Welt – Medieninsider«, (blog), 13. Juni 2022, https://medieninsider.com/wissensluecke-bei-der-welt/11253/

299 heisterhagen, »Wir sollten Experten zuhören, die keine Patentrezepte predigen«, bpö, 17. April 2021, https://www.blog-bpoe.com/2021/04/17/bojanowski/

300 https://www.bpb.de/shop/zeitschriften/apuz/300422/journalisten-im-klimakrieg-essay/

301 https://www.scientificamerican.com/article/exxon-knew-about-climate-change-almost-40-years-ago/

302 Paul J. Durack u. a., »Quantifying Underestimates of Long-Term Upper-Ocean Warming«, Nature Climate Change 4, Nr. 11 (November 2014): 999–1005, https://doi.org/10.1038/nclimate2389

303 https://web.archive.org/web/20210721010527/https://www.ndr.de/fernsehen/sendungen/zapp/Von-wegen-Klima-Wissenschaftsjournalisten-wettern,klima302.html

304 »Fehler im Artikel ›Rüpeleien unter Klimaforschern‹ von Axel Bojanowski, Spiegel Online«, https://www.pik-potsdam.de/~stefan/bojanowski.html

305 Prof. Anders Levermann, PhD [@ALevermann], »Aus gegebenem Anlass möchte ich einmal sagen, dass ich die Artikel von @Axel_Bojanowski zu tiefst ablehne. Er verdreht und verzerrt seit Jahrzehnten Fakten, um, wie ich nur vermuten kann, eine Stabilisierung des Klimas zu behindern. Das hat mit Journalismus meiner Auffassung …«, Tweet, Twitter, 25. Oktober 2023, https://twitter.com/ALevermann/status/1717108778380775544

306 Jan Hegenberg, »WELT will Klimawandel verharmlosen & nutzt dafür Studien, die das Gegenteil belegen«, Volksverpetzer (blog), 23. Juli 2021, https://www.volksverpetzer.de/aktuelles/welt-klimawandel/

307 »Energie-Krise: Deutschland braucht jetzt Fracking«, DIE WELT, 21. Juni 2022, https://web.archive.org/web/20231026150506/https://www.welt.de/debatte/kommentare/article239492385/Energie-Krise-Deutschland-braucht-jetzt-Fracking.html

308 »Axel Springer SE – Aktionärsstruktur«

309 »Private Equity Climate Risks | Homepage Private Equity Climate Risks«, https://www.peclimaterisks.org/

310 Nina Lakhani und Nina Lakhani climate justice reporter, »Private Equity Still Investing Billions in Dirty Energy despite Pledge to Clean Up«, The Guardian, 14. September 2022, https://www.theguardian.com/business/2022/sep/14/private-equity-dirty-energy-carlyle-warburg-pincus-kkr-climate-risks-scorecard

311 https://www.spiegel.de/wirtschaft/unternehmen/franca-lehfeldt-verlaesst-springer-verlag-a-accf7328-5ce9-44af-8c12-867ae02520a3

312 https://uebermedien.de/71709/und-nun-live-zur-verlobten-des-fdp-vorsitzenden/

313 https://www.zeit.de/2023/16/mathias-doepfner-axel-springer-interne-dokumente/komplettansicht

314 »Robert Habeck: ›Da haben wir alle nicht genau hingeschaut, da waren wir zu selbstvergessen, zu träge, zu bequem, vielleicht auch zu denkfaul‹ ZEIT ONLINE«.

315 »Trotz Wirtschaftskrise und Heiz-Debatte: Habeck hat ›null Bedauern, gar nichts‹ BILD.de«, https://archive.ph/xSnJr

316 Carla Reveland, »Debatte um Baerbock-Aussage: Eine pro-russische Kampagne?«, https://www.tagesschau.de/faktenfinder/baerbock-zitat-101.html

317 Volksverpetzer Team, »WELT & AfD übernehmen Pro-Kreml-Fake-Kampagne gegen Baerbock«, Volksverpetzer (blog), 1. September 2022, https://www.volksverpetzer.de/analyse/pro-kreml-kampagne-gegen-baerbock/

318 https://www.deutschlandfunkkultur.de/verlegerverband-waehlt-ersten-vorstand-nach-springer-chef-doepfner-100.html

319 https://www.spiegel.de/wirtschaft/skandal-um-julian-reichelt-ex-bild-mitarbeiterin-reicht-klage-gegen-axel-springer-wegen-sexueller-belaestigung-ein-a-7b268122-ed15-4afd-80e4-9f1f5957e6e3

320 https://www.spiegel.de/wirtschaft/unternehmen/julian-reichelt-springer-chef-mathias-doepfner-plante-angeblich-untersuchung-gegen-betroffene-frauen-a-34356595-eec9-4015-a0f2-57cd2bd9d3d8

321 Erika Solomon u. a., »Women spoke up, men cried conspiracy: inside Axel Springer's #MeToo moment«, Financial Times, 8. Februar 2022

322 https://theintercept.com/2023/10/19/upday-news-gaza-israel-axel-springer/

323 https://uebermedien.de/22482/wahrheitssucher-die-eine-luege-verteidigen/

324 https://uebermedien.de/20551/gefahr-durch-moslems-doepfner-haelt-an-falschem-bockwurst-beispiel-fest/

325 https://uebermedien.de/42290/die-vorwuerfe-von-bdzv-praesident-doepfner-und-das-schweigen-der-zeitungsverlage/

326 »Terror in Halle: Nie wieder ›nie wieder‹!«, https://web.archive.org/web/20230419225959/https://www.welt.de/debatte/kommentare/plus201718856/Terror-in-Halle-Nie-wieder-nie-wieder.html

327 Thomas Laschyk, »Wahnsinn! Springer-Chef verbreitet Lügen & gibt Merkel Schuld an Halle-Terror!«, Volksverpetzer (blog), 11. Oktober 2019, https://www.volksverpetzer.de/schwer-verpetzt/doepfner-halle/

328 https://www.bmwk.de/Redaktion/DE/Pressemitteilungen/2022/07/20220718-der-warmewende-neuen-schub-verleihen.html

329 https://www.bundesfinanzministerium.de/Content/DE/Pressemitteilungen/Finanzpolitik/2022/04/2022-04-27-zweites-entlastungspaket.html

330 https://www.bundesregierung.de/breg-de/suche/bundeskabinett-ergebnisse-2184828

331 https://www.morgenpost.de/politik/article238100461/robert-habeck-interview-heizungstausch-austauschpflicht-verbraucher.html

332 https://www.mein-eigenheim.de/heizen/oelheizungsverbot-wie-lange-sind-oel-und-gasheizungen-noch-erlaubt.html

333 Evangelos Panos u. a., »An Assessment of Energy System Transformation Pathways to Achieve Net-Zero Carbon Dioxide Emissions in Switzerland«, Communications Earth & Environment 4, Nr. 1 (8. Mai 2023): 1–18, https://doi.org/10.1038/s43247-023-00813-6

334 https://www.sueddeutsche.de/wirtschaft/energie-fdp-will-habecks-heizungsplaene-stoppen-dpa.urn-newsml-dpa-com-20090101-230301-99-779413

335 »Habecks Verbot von Öl- und Gasheizungen ist laut Verfassungs-Experten rechtswidrig«, https://web.archive.org/web/20230321041502/https://www.bild.de/politik/inland/politik-inland/habecks-verbot-von-oel-und-gasheizungen-ist-laut-verfassungs-experten-rechtswidr-83210662.bild.html

336 Zeitung, »FDP will Habecks Heizungspläne stoppen«

337 https://www.mdr.de/nachrichten/deutschland/politik/foerderung-heizung-100.html.

338 https://www.tagesschau.de/inland/heizung-einigung-opposition-kritik-101.html

339 https://www.energiewechsel.de/KAENEF/Redaktion/DE/FAQ/GEG/faq-geg.html

340 https://www.fr.de/verbraucher/autobahn-baustellen-stau-wissing-deutschland-verkehr-ausbau-bayern-hessen-niedersachsen-news-92184211.html

341 »Wärmepumpe: Die letzte Entfremdung des Menschen vom Feuer«, DIE WELT, 13. April 2023, https://web.archive.org/web/20230425205945/https://www.welt.de/kultur/plus244698950/Waermepumpe-Die-letzte-Entfremdung-des-Menschen-vom-Feuer.html

342 »Don Alphonso: Wie die Wärmepumpe bürgerliche Kultur zerstört«, DIE WELT, 12. Mai 2023, https://web.archive.org/web/20230524111239/https://www.welt.de/kultur/stuetzen-der-gesellschaft/plus245238790/Don-Alphonso-Wie-die-Waermepumpe-buergerliche-Kultur-zerstoert.html

343 »Habeck, der Ampel-Grinch? Wirtschaftsminister vermiest uns Weihnachten«, bild.de, 21. November 2022, https://www.bild.de/politik/inland/politik-inland/habeck-der-ampel-grinch-wirtschaftsminister-vermiest-uns-weihnachten-82013500.bild.html

344 https://www.zeit.de/politik/deutschland/2023-05/heizungsgesetz-bijan-djir-sarai-fdp

345 https://www.spiegel.de/politik/deutschland/fdp-und-parteitag-beschluss-gegen-den-heizungsplan-von-robert-habeck-a-d9827c33-ba9f-40b0-8b8e-b162d9fbd73e

346 https://web.archive.org/web/20230427062545/https://www.bild.de/bild-plus/politik/inland/politik-inland/jetzt-knallt-es-in-der-fdp-heiz-hammer-ist-eine-atombombe-fuer-unsere-waehler-83615300.bild.html

347 https://www.fdp.de/heizungstausch-muss-praxistauglich-sein

348 https://www.n-tv.de/politik/FDP-bremst-Fahrplan-fuers-Heizungsgesetz-aus-article24140875.html

349 https://www.stern.de/politik/deutschland/warum-die--fdp-nie-vorhatte--habeck-101-fragen-zu-stellen-33497194.html

350 https://www.spiegel.de/politik/deutschland/heizungsgesetz-das-sind-die-101-fragen-ans-wirtschaftsministerium-a-4482bebf-b8b9-47aa-b67a-486aa70ef5ea.

351 »Die FDP und Robert Habecks Heizungsgesetz«

352 https://www.t-online.de/nachrichten/deutschland/id_100191608/ampel-ist-sich-einig-heizungsgesetz-wird-deutlich-entschaerft.html

353 https://www.deutschlandfunk.de/klimaschutz-expertenrat-bundesregierung-100.html

354 https://www.lobbycontrol.de/lobbyismus-und-klima/wie-die-gaslobby-das-heizungsgesetz-entkernt-hat-109931/

355 https://www.tagesspiegel.de/politik/siebente-fdp-wahlschlappe-in-folge-fliegen-die-liberalen-aus-zwei-weiteren-landesparlamenten-10591675.html

356 Gareth Joswig, »AfD-Experte Hillje über Umfragehoch: ›Wir haben ein Demokratieproblem‹«, Die Tageszeitung: taz, 25. Juni 2023, Abschn. Politik, https://taz.de/!5939597/

357 Paul Hockenos, »The Scandalous History of America's Newest Media Baron«, Foreign Policy (blog), 6. Januar 2022, https://foreignpolicy.com/2022/01/06/axel-springer-politico-media-scandal-germany-bild/

358 https://www.meedia.de/medien/kommentar-in-jedem-anderen-unternehmen-waere-mathias-doepfner-jetzt-untragbar-34c94f8895f4db250e577d882041d921

359 KKR-Europachef Philipp Freise: Wir vertrauen Mathias Döpfner zu 100 Prozent — Daily | OMR, zugegriffen 27. Oktober 2023, https://omr.com/de/daily/kkr-philipp-freise-omr-podcast

360 https://www.stiftung-mercator.de/de/publikationen/fuenf-jahre-medienberichterstattung-ueber-flucht-und-migration/

361 Tobias Wilke, »Kriminalstatistik: Messer-Martin dreimal so kriminell wie Chorknabe Chalid?«, Volksverpetzer (blog), 11. August 2019, https://www.volksverpetzer.de/analyse/messer-martin/

362 Maurer u. a., »Fünf Jahre Medienberichterstattung über Flucht und Migration«

363 https://ec.europa.eu/migrant-integration/library-document/die-unsichtbaren-berichterstattung-ueber-eingewanderte-und-gefluechtete_de

364 https://www.umweltbundesamt.de/daten/klima/beobachtete-kuenftig-zu-erwartende-globale

365 »Sechster IPCC-Sachstandsbericht – AR6 - de-IPCC«, zugegriffen 27. Oktober 2023, https://www.de-ipcc.de/250.php

366 Robin Tschötschel u. a., »Inhaltsanalyse der ›Tagesschau‹ und des Gesamtprogramms von Das Erste, ZDF und WDR 2007 bis 2022 Der Klimawandel im öffentlich-rechtlichen Fernsehen«, Media Perspektiven, Nr. 12/2022 (2022)

367 https://correctiv.org/faktencheck/hintergrund/2020/01/17/narrativ-der-desinformation-luegenpresse/?lang=de

368 Exklusiv: Was geschah an Bord der »Sea-Watch 3«? | Panorama | NDR, 2019, https://www.youtube.com/watch?v=RLZ56rnQyZU

369 https://www.zeit.de/gesellschaft/zeitgeschehen/2021-12/carola-rackete-sea-watch-3-italien-anklage

370 https://correctiv.org/faktencheck/migration/2019/07/19/sea-watch-3-keine-belege-dafuer-dass-panorama-dokumentation-inszeniert-war/

371 »Narrativ der Desinformation«

372 https://www.bmi.bund.de/SharedDocs/downloads/DE/publikationen/themen/sicherheit/vsb-2016.pdf;jsessionid=E0FC4704F3D2332620ABDE499A5A1790.1_cid360?__blob=publicationFile&v=7

373 Niggemeier, »Eklatante Verletzung der Rundfunkfreiheit«

374 https://www.quotenmeter.de/n/15829/nahost-berichterstattung-einseitig-ard-wehrt-sich

375 Roland Schatz, »Die moderne Medienlandschaft mit der gleichgeschalteten DDR-Presse«, 24. Januar 2023, https://web.archive.org/web/20230124154250/http://de.mediatenor.com/images/Weissbuch_Web_Auszug.pdf

376 https://web.archive.org/web/20230125052018/https://www.welt.de/politik/deutschland/plus243383257/Oeffentlich-rechtlicher-Rundfunk-Wenn-ARD-RTL-und-ZDF-zu-gleichen-Urteilen-kommen-wozu-drei-Sender.html

377 Thomas Laschyk, »CDU-Bericht zeigt: ARD & ZDF berichten neutral und kritisieren Regierung«, Volksverpetzer (blog), 25. Januar 2023, https://www.volksverpetzer.de/faktencheck/ard-zdf-neutral-kritisieren-regierung/

378 Yariv Tsfati u. a., »Causes and Consequences of Mainstream Media Dissemination of Fake News: Literature Review and Synthesis«, Annals of the International Communication Association 44, Nr. 2 (2. April 2020): 157–73, https://doi.org/10.1080/23808985.2020.1759443

379 Johannes Kotz, Helge Giese und Laura M. König, »How to Debunk Misinformation? An Experimental Online Study Investigating Text Structures and Headline Formats«, British Journal of Health Psychology 28, Nr. 4 (November 2023): 1097–1112, https://doi.org/10.1111/bjhp.12670

380 John M. Carey u. a., »The Ephemeral Effects of Fact-Checks on COVID-19 Misperceptions in the United States, Great Britain and Canada«, Nature Human Behaviour 6, Nr. 2 (Februar 2022): 236–43, https://doi.org/10.1038/s41562-021-01278-3

381 Man-pui Sally Chan und Dolores Albarracín, »A Meta-Analysis of Correction Effects in Science-Relevant Misinformation«, Nature Human Behaviour 7, Nr. 9 (15. Juni 2023): 1514–25, https://doi.org/10.1038/s41562-023-01623-8

382 Walter u. a., »Fact-Checking«

383 Viorela Dan u. a., »Visual Mis- and Disinformation, Social Media, and Democracy«, Journalism & Mass Communication Quarterly 98, Nr. 3 (September 2021): 641–64, https://doi.org/10.1177/10776990211035395

384 Christian Von Sikorski und Mark Ludwig, »The effects of visual isolation on the perception of scandalized politicians«, Communications 43, Nr. 2 (26. Juni 2018): 235–57, https://doi.org/10.1515/commun-2017-0054

385 Stephen D. Reese, Jr. Gandy und August E. Grant, Hrsg., Framing Public Life: Perspectives on Media and Our Understanding of the Social World, 0 Aufl. (Routledge, 2001), https://doi.org/10.4324/9781410605689

386 Sander Van Der Linden und Jon Roozenbeek, »Psychological Inoculation Against Fake News«, in The Psychology of Fake News, von Rainer Greifeneder u. a., 1. Aufl. (London: Routledge, 2020), 147–69, https://doi.org/10.4324/9780429295379-11

387 https://www.sciencemediacenter.de/alle-angebote/research-in-context/details/news/effekt-von-faktenchecks-auf-falschwahrnehmungen-zu-covid-19/

388 »Effekt von Faktenchecks auf Falschwahrnehmungen zu COVID-19«

389 https://cemas.io/publikationen/desinformation-und-angriffskrieg/

390 Jordis S. Tradowsky u. a., »Attribution of the Heavy Rainfall Events Leading to Severe Flooding in Western Europe during July 2021«, Climatic Change 176, Nr. 7 (Juli 2023): 90, https://doi.org/10.1007/s10584-023-03502-7

391 https://correctiv.org/faktencheck/2021/07/19/hochwasser-greta-aufkleber-auf-heckscheibe-ist-eine-faelschung/?lang=de

392 https://www.boeckler.de/de/boeckler-impuls-erfolgreich-aber-noch-zu-niedrig-4095.htm

393 https://www.sueddeutsche.de/wirtschaft/niedriglohn-deutschland-statistik-1.5501775

394 »Schlechte Löhne auf dem Arbeitsmarkt: Fast ein Viertel unter 14 Euro«, Die Tageszeitung: taz, 26. Juli 2023, Abschn. Öko, https://taz.de/!5951398/

395 https://bildblog.de/140389/die-die-wenig-haben-gegen-die-die-noch-weniger-haben/

396 https://web.archive.org/web/20230906151254/https://www.bild.de/politik/inland/politik-inland/buergergeld-irrsinn-chef-klagt-an-mein-mitarbeiter-kuendigt-weil-er-lieber-stuet-85280740.bild.html

397 BR24 [@BR24], »Spoiler: Ja! Mehr im Artikel.«, Tweet, Twitter, 7. September 2023, https://twitter.com/BR24/status/1699715736548073722

398 Cristian Vaccari und Andrew Chadwick, »Deepfakes and Disinformation: Exploring the Impact of Synthetic Political Video on Deception, Uncertainty, and Trust in News«, Social Media + Society 6, Nr. 1 (Januar 2020): 205630512090340, https://doi.org/10.1177/2056305120903408

399 Tanjev Schultz u. a., »Medienvertrauen nach Pandemie und ›Zeitenwende‹«, Nr. Mainzer Langzeitstudie Medienvertrauen 2022 (August 2023)

400 Stephan Lewandowsky, Ullrich K. H. Ecker und John Cook, »Beyond Misinformation: Understanding and Coping with the ›Post-Truth‹ Era.«, Journal of Applied Research in Memory and Cognition 6, Nr. 4 (Dezember 2017): 353–69, https://psycnet.apa.org/doiLanding?doi=10.1016%2Fj.jarmac.2017.07.008

401 Pia Lamberty und Frühwirth, »Ein Jahr russischer Angriffskrieg«

402 Andreas Zick u. a., Die distanzierte Mitte: rechtsextreme und demokratiegefährdende Einstellungen in Deutschland 2022/23, hg. von Franziska Schröter (Bonn: Dietz, 2023)

403 https://www.tagesschau.de/inland/gesellschaft/rechtsextremismus-studie-100.html

404 https://www.focus.de/wissen/mensch/philosophie/hannah-arendt-zitate-und-sprueche_id_7195033.html

405 https://faktencheck.afp.com/dieses-video-zeigt-keine-wdr-mitarbeiter-die-bilder-mit-reichsflagge-inszenieren-0

406 https://web.archive.org/web/20210418103640/https://reitschuster.de/post/reichsflaggen-traeger-waren-keine-wdr-mitarbeiter/

407 Aumyo Hassan und Sarah J. Barber, »The effects of repetition frequency on the illusory truth effect«, Cognitive Research: Principles and Implications 6, Nr. 1 (13. Mai 2021): 38, https://doi.org/10.1186/s41235-021-00301-5

408 Team, »WELT & AfD übernehmen Pro-Kreml-Fake-Kampagne gegen Baerbock«

409 Reveland, »Debatte um Baerbock-Aussage«

410 Thomas Laschyk, »Enthüllungs-Skandal: KenFM wird von Bill Gates finanziert! Wacht auf!«, Volksverpetzer (blog), 5. Mai 2020, https://www.volksverpetzer.de/satire/enthuellung-kenfm-gates/

411 https://www.spiegel.de/gesundheit/diagnose/corona-impfung-und-risikoabwaegung-einmal-impfen-ist-weniger-riskant-als-eine-woche-skiurlaub-a-6438059e-06e0-4340-add3-cc9b07a5f501

412 Thomas Laschyk, »Neue Meta-Studie zeigt: Corona-Impfung kann längeren Penis zur Folge haben«, Volksverpetzer (blog), 4. Januar 2021, https://www.volksverpetzer.de/glosse/meta-studie-corona-impfung-penis/

413 https://www.tagesschau.de/ausland/asien/israel-gaza-krankenhaus-rakteneinschlag-100.html

414 Der Postillon, »Video aus Syrien von 2017 beweist, dass Rakete auf Krankenhaus eindeutig von Israel stammt«, 19. Oktober 2023, https://www.der-postillon.com/2023/10/krankenhaus.html

415 Mark Boukes und Michael Hameleers, »Fighting Lies with Facts or Humor: Comparing the Effectiveness of Satirical and Regular Fact-Checks in Response to Misinformation and Disinformation«, Communication Monographs 90, Nr. 1 (2. Januar 2023): 69–91, https://doi.org/10.1080/03637751.2022.2097284

416 Dannagal G. Young u. a., »Fact-Checking Effectiveness as a Function of Format and Tone: Evaluating FactCheck.Org and FlackCheck.Org«, Journalism & Mass Communication Quarterly, 6. Juli 2017, https://doi.org/10.1177/1077699017710453

417 Reese, Gandy und Grant, Framing Public Life

418 Nyhan B. Reifler, »Opening the political mind? The effects of self-affirmation and graphical information on factual misperceptions.«, 2011

419 https://www.ndr.de/nachrichten/info/78-Die-Uhr-tickt,audio843258.html

420 https://web.archive.org/web/20230202024957/https://www.bild.de/politik/inland/politik-inland/schul-schliessungen-ein-fehler-lauterbach-stellt-drosten-an-den-corona-pranger-82734358.bild.html

421 https://www.zeit.de/2021/46/christian-drosten-coronavirus-virologie-pandemie-wissenschaft-impfung/seite-3

422 »BILD manipuliert den Diskurs: Drosten war gegen die Schulschließungen! - Volksverpetzer«, zugegriffen 31. Oktober 2023, https://www.volksverpetzer.de/aktuelles/bild-manipuliert-drosten-gegen-schulschliessungen/

423 Thomas Laschyk, »AfD-Alltag«

424 Thomas Laschyk, »Leute, diese Meldung über Dänemark & Biontech ist offensichtlich gefälscht«, Volksverpetzer (blog), 15. Februar 2022, https://www.volksverpetzer.de/analyse/daenemark-biontech-gefaelscht/

425 https://www.augsburger-allgemeine.de/politik/hetze-im-internet-netz-aktivisten-enttarnen-in-der-region-nachrichtenfaelscher-id36156297.html

426 Viorela Dan und R. Coleman, »Escaping the Misinformation Rabbit Hole: Video Fact Checks Outperform Text Fact Checks in Correcting Misperceptions Among Those Holding False or Uncertain Pre-Existing Beliefs«, 2024

427 »Misinformation Monitor: September 2022«, NewsGuard (blog), zugegriffen 2. November 2023, https://www.newsguardtech.com/misinformation-monitor/september-2022

428 https://www.br.de/nachrichten/deutschland-welt/faktenfuchs-warum-sich-desinformation-auf-tiktok-gut-verbreitet,TgONvKv

429 https://www.youtube.com/watch?v=AqImzIgzrFc

430 »How the Instagram Algorithm Works: Everything You Need to Know«, Buffer Library, 15. September 2023, https://buffer.com/library/instagram-feed-algorithm/

431 https://www.spiegel.de/politik/deutschland/afd-erfolge-in-hessen-und-bayern-was-der-aufstieg-mit-tiktok-zu-tun-hat-podcast-a-2300f852-f072-4866-886b-4efbecceea61

432 »What Is a ›Truth Sandwich‹?«, PBS Standards, zugegriffen 31. Oktober 2023, https://www.pbs.org/standards/blogs/standards-articles/what-is-a-truth-sandwich/

433 https://www.sueddeutsche.de/medien/tichy-roth-gericht-1.4806343

434 https://www.faz.net/aktuell/feuilleton/medien/tichy-siegt-gegen-recherche-gruppe-correctiv-vor-gericht-16789353.html

435 Derek J. Koehler, »Can Journalistic ›False Balance‹ Distort Public Perception of Consensus in Expert Opinion?«, Journal of Experimental Psychology: Applied 22, Nr. 1 (März 2016): 24–38, https://doi.org/10.1037/xap0000073

436 Walter u. a., »Fact-Checking«

437 https://omasgegenrechts-nord.de/2022/07/26/hannover-Leuchtturm-ARD-Ak/ https://omasgegenrechts-nord.de/2022/07/26/hannover-%f0%9d%97%9f%f0%9d%97%b2%f0%9d%98%82%f0%9d%97%b0%f0%9d%97%b5%f0%9d%98%81%f0%9d%98%81%f0%9d%98%82%f0%9d%97%bf%f0%9d%97%ba-%f0%9d%97%94%f0%9d%97%a5%f0%9d%97%97-%f0%9d%97%94%f0%9d%97%b8/

438 François de La Rochefoucauld, Konrad Nussbächer und François de La Rochefoucauld, Maximen und Reflexionen, Nachdr., Reclams Universal-Bibliothek, Nr. 678 (Stuttgart: Reclam, 2012)

439 https://www.rnd.de/politik/wer-die-afd-klein-kriegen-will-muss-nichtwaehler-mobilisieren-FPNWQBE5SBHLVMO5CKXE4XZIAM.html

440 Maria D. Molina u. a., »Reading, Commenting and Sharing of Fake News: How Online Bandwagons and Bots Dictate User Engagement«, Communication Research 50, Nr. 6 (August 2023): 667–94, https://doi.org/10.1177/00936502211073398

441 https://t3n.de/news/fake-news-tagesschau-ki-generierte-audiodateien-1589029/

Auf alle Links ohne genannten Datum wurde am 16. Oktober 2023 zugegriffen.